·海疆鎖鑰·

故宮檔案與
清代臺灣史研究
（二）

莊吉發 著

文史哲學集成
文史哲出版社印行

國家圖書館出版品預行編目資料

故宮檔案與清代臺灣史研究 / 莊吉發著. -- 初版. --
臺北市 : 文史哲,民 108.04
　　冊:　　公分. -- (文史哲學集成; 715)
　　ISBN 978-986-314-459-5 (第 1 冊；平裝)
　ISBN 978-986-314-460-2 (第 2 冊；平裝)
　ISBN 978-986-314-461-8 (第 3 冊；平裝)
　ISBN 978-986-314-462-5 (第 4 冊；平裝)

1.清史　2.歷史檔案　3. 臺灣史

655.5　　　　　　　　　　　　　108006616

文 史 哲 學 集 成　716

故宮檔案與清代臺灣史研究㈡

著　者：莊　　　吉　　　發
出 版 者：文 史 哲 出 版 社
　　　　　http:// www.lapen.com.tw
　　　　　e-mail：lapen@ms74.hinet.net
登記證字號：行政院新聞局版臺業字五三三七號
發 行 人：彭　　　正　　　雄
發 行 所：文 史 哲 出 版 社
印 刷 者：文 史 哲 出 版 社
　　　　　臺北市羅斯福路一段七十二巷四號
　　　　　郵政劃撥：16180175　傳真886-2-23965656
　　　　　電話 886-2-23511028　　886-2-23941774
第 2 冊定價新臺幣四八〇元
民 國 一〇八 年 （ 2019 ） 四 月 初 版
民 國 一〇九 年 （ 2020 ） 二 月 初 版 三 刷₂

故宮檔案與
清代臺灣史研究

（二）

目　　次

承恩門（北門）

城內通大稻埕孔道，城門附設外郭（俗稱甕門），門額刻「巖疆鎖鑰」，嗣拆除移總督官邸充作音樂亭礎石，民國七十四年移臺北新公園碑林保存。城外建有接官亭（見圖中之門枋），用以迎迓欽差、大吏之所，省治、府治水陸要衝處設之。該亭建於光緒元年，當時淡水河可通船舶，於河溝頭下船後，在接官亭行官式儀節後，引請入城，日據後建公園及道路拆毀。

結盟拜會

──天地會的起源分析

火燒少林寺傳說與天地會起源的商榷

有清一代，秘密會黨名目繁多，天地會是其中一個重要的秘密會黨，早為世人所矚目。自十九世紀初葉以來，陸續發現了各種天地會文件，除各種圖像外，其文字部分，依照其性質，可以分為結會緣起、誓詞、祝文、口白、歌訣、詩句、對聯、隱語、雜錄等項，因經輾轉傳抄，既多訛脫，又有異文。專就天地會的結會緣起而言，或詳或略，神話成分居多。各文所述人物、時間、地點，亦互有牴牾，史學界探討天地會起源問題時，也因此存在著極大的歧見，異說紛紜，莫衷一是。

嘉慶十六年（1811），廣西巡撫成林查辦東蘭州天地會成員姚大羔糾夥拜會一案，除審明定擬具奏外，又將所搜獲的三角木戳，紅布三塊，會簿一本，於同年五月初七日咨送軍機處。會簿中敘述天地會結會緣起云：

> 崇禎十二年，李自成造反被奪江山後，走出西宮娘娘李神妃。起至伏華山，懷胎後走至雲南高溪廟，生下小主，蒙上天庇佑，又蒙萬家恩養。十六年六月初六日，開封府天水沖出有劉伯溫碑記。康熙年間，有西魯番作亂。康熙主挂起榜文，誰人征得西魯番者，封得萬代公侯。甘肅省有一位〔座〕少林寺，內有總兵官，挂起先鋒，受了帥印。印是鐵鑄的，重二斤十三

兩。印寫囤山二字為記。少林寺人等就領先鋒，就去征西魯番。不用一兵將，只得寺內一百二十八人，就與西魯番交戰對壘。西魯番敗走，死者不計其數。少林寺人等打得勝鼓回朝。康熙主賞，寺內不受官職，仍歸少林寺誦經、說法、修道。後來奸臣一時興兵追趕，慘極。一十八人，走越四年，走至海石連天，長沙漢口。海水面上浮起一個白石香爐，重有五十二斤。香爐底有「興明絕清」四字。眾人就取一百〔白〕錠香爐，當天盟誓。正〔止〕剩師徒六人，師尊萬提起，法號曰雲龍，與兄弟再集一百零七人。有一位小子，亦來起義，共湊成一百零八人。甲寅年七月廿五日丑時聚集，當天結義，指洪為姓，插〔歃〕血拜盟，結為洪家。眾兄弟拜萬師傳〔傳〕為大哥。至九月初九日，雲龍擇日與清兵交戰。雲龍陣上死去，少〔小〕軍報知五位兄弟，保駕小主。兄弟得知，即日出軍，與清對壘交戰。清兵敗走，後來兄弟將萬大哥尸首收回，向東燒化。萬大哥云〔魂〕上九霄而去，尸首葬在高溪廟三層樓腳下，冀箕湖子山午向。五位兄弟回來，不見小主，不知下落，身無依靠[1]。

會簿中所述少林寺僧征西魯及其被陷害內容，情節簡單粗糙。文中的師尊萬提起，就是乾隆年間倡立天地會的洪二和尚萬提喜，廣東客家語「起」、「喜」同音。乾隆四十四年（1779），萬提喜病故，卒年六十九歲。從清初至乾隆年間，並無西魯其名，亦無西魯入侵的歷史事件。會簿中所謂少林

---

1 中國人民大學清史研究所、中國第一歷史檔案館合編《天地會（一）》（北京，中國人民大學出版社，1980年11月），頁4。

寺僧征西魯的故事，是由後人模仿史書記載與民間傳說，以洪二和尚萬提喜為藍本，結合僧兵退敵，而虛構拼湊的神話。民間相傳當唐太宗為秦王時，王世充僭號，署曰轅州，乘其地險，以立烽戎，擁兵洛邑，將圖焚宮，少林寺僧志操、曇宗等率眾以拒偽師，上表以明大順，執世充姪仁則以歸唐朝。唐太宗嘉其義烈，頻降璽書宣慰，當時寺僧立功者，十有三人，惟曇宗授大將軍，其餘不欲授官，賜地四十頃。唐太宗賜少林寺主教碑後來仍保存在寺內，少林寺十三和尚救秦王李世民的故事，也保存在寺內白衣殿壁畫之上[2]。在羅祖教中也流傳著類似的傳說內容。據《清門考源》記載，明代嘉靖年間（1522-1566），土魯番入侵，羅祖率領弟子前往征討，打敗土魯番。羅祖等回京後，因遭奸臣嚴嵩誣陷，羅祖被囚於天牢[3]。姚大羔所藏會簿中少林寺僧征西魯後遭受陷害的傳說，與羅祖遭受嚴嵩誣陷的內容更為接近。

　　天地會的會簿，稱為秘書，是傳會的工具，嘉慶中葉以來，輾轉傳抄，經官方多次查獲秘書咨送軍機處銷燬。嘉慶十七年（1812）九月間，福建武平縣人劉奎養，與謝幗勳會遇閒談。謝幗勳因素知添弟會秘訣，邀允劉奎養入會，拜謝幗勳為師。謝幗勳傳授暗號，並給與秘書一本。嘉慶十八年（1813）二月間，劉奎養邀允朱鳳光入會，照傳暗號，又將秘書給朱鳳光照抄一本。嘉慶十九年（1814）四月間，朱鳳光攜帶秘書到浙江，投寓童隆興飯店，擺攤測字，被遂昌縣兵役連書拏獲，解往省城訊供，並咨提劉奎養到浙江歸案質

<hr />

2　劉秉英撰〈少林古寺觀寶藏〉，《北京晚報》，1981 年 11 月 27 日。
3　陳國屏著《清門考源》（臺北，古亭書屋，民國 64 年 8 月），第 3 章，頁 42。

訊。據劉奎養供稱：

> 此書實係謝幗勳給與，當時曾向查問。據謝幗勳云，係康熙年間洪二和尚即萬提喜舊事，相沿抄錄，實不知何人編造，伊粗識數字，不諳文義，書內所敘情節及對聯、詩句俱不能講解。因謝幗勳告知有此秘書可以傳徒得錢，故求謝幗勳照抄一本，嗣轉糾朱鳳光為徒，將書給抄後，即因查拏緊急，將書燒燬，並未再有傳抄之人，委無謀為不軌情事[4]。

秘書也將洪二和尚萬提喜事蹟上溯至康熙年間，但因有此秘書或會簿就可以傳徒得錢，所以編造秘書或會簿，只是把它作為傳會工具。浙江巡撫顏檢查閱秘書內容，據稱書內首敘夢兆，並敘萬提喜得夢緣由，因即編成此書。顏檢指出「此書語句，亦多鄙俚妄誕，莫能理解，似係從前不法棍徒妄造邪言，藉此煽惑人心，以為糾眾斂錢之計[5]。」

　　雲貴地區，與廣西、湖南毗連，秘密會黨頗為活躍。貴州平越直隸州湄潭縣人楊正才，載縣冊名作「楊茂志」。嘉慶十六年（1811），楊正才到雲南寶寧縣琅珮所屬坡門地方訓蒙。廣西南寧府隆安縣人黃鳳朝，寄居雲南寶寧縣屬麻賴地方，相距坡門約四里。嘉慶十七年（1812）三月初四日夜間，黃鳳朝等聚集七十六人造臺拜會。嘉慶二十一年（1816）四月十七日，會內小頭目吳紹益的母親生辰，邀請楊正才前往吃酒，眾人勸楊正才入會，楊正才未應允，決定入京告發。同年十月初六日，楊正才因見貴州遵義府人謝二在黃鳳朝家

4　《宮中檔》（臺北，國立故宮博物院），第 2723 箱，99 包，19432 號，嘉慶二十年七月二十七日，浙江巡撫顏檢奏摺。

5　《宮中檔》（臺北，國立故宮博物院），第 2723 箱，99 包，19432 號，嘉慶二十年七月二十七日，浙江巡撫顏檢奏摺。

做工，用錢四千八百文買囑謝二偷出會中的秘密文件即秘書
一本，原書共有八十餘頁，楊正才攜至學堂抄寫未完，被會
內成員徐萬壽看見，把原書扯去數編，頭尾尚完整。徐萬壽
揚言要告知會首黃鳳朝，把楊正才捉去溺死。楊正才聽聞後，
即於十月初十日夜間攜帶秘書返回湄潭，於十二月十一日到
家。次年四月間，楊正才撰寫呈詞，因乏盤費，而將家中水
田典當銀十二兩，楊正才帶銀六兩二錢起程入京，剩下五兩
八錢留交其妻養家。同年七月初二日，湖南辰州府屬沅陵縣
差役在清浪地方盤獲楊正才，並搜出呈詞二紙、秘書一本[6]。
在具告京狀呈詞內敘述黃鳳朝結拜天地會，會中相傳明朝後
裔玄孫朱大洪，身長一丈，腰大若干，有帝王之位，欲扶立
為君，以會中十大頭目為臣。楊正才抄錄的秘書，標為「天
地起列根本，扶朱家天下」。其內容如下：

> 起祖長房姓蔡，名興，字德忠，他是福建漳州府漳浦
> 縣人氏，鎮守東營，用是青色旗洪字號。二房祖姓方，
> 名榮，字大洪，他是福建延平府南平縣人氏，鎮守南
> 營，用是黃旗洛字號。三房祖姓吳，名全，字天成，
> 他是福建福州府古田縣人氏，鎮守帶領二位將軍，鎮
> 守西北二營，一個姓蔡，名威，字定國，為左將軍；
> 一個姓方，名勇，字鎮國，為右將軍。中營軍師官姓
> 張，名開，字引進，保護中營行軍令。二位先鋒，一
> 個姓楊，名興，字定乾；一個姓林，名雄，字安坤，
> 用赤色旗海字號，二人四門立營四哨不居東西南北前
> 後尋走訪查行事。至是三房祖帶領將軍先鋒把守。前

6　《軍機處檔‧月摺包》（臺北，國立故宮博物院），第 2751 箱，31
　　包，52754 號，嘉慶二十二年八月初一日，湖廣總督阮元咨呈。

後營四房祖鎮守，姓吳，名旺，字德帝，問他甚麼色旗，甚麼字號？答：他用是謀字號，白色旗。問中營何人鎮守？答曰：中營是五房祖鎮守，是姓李，名相，字色開。問他用甚麼色旗，甚麼字號？答曰：他用是黑色旗添字號旗令。

始祖姓洪，名信，字啓勝，別名姓洪，名順天，他是福建汀州府連城縣人氏。長房祖姓蔡名興，字德忠，他是福建漳州府漳浦縣人氏，在福建、江西二省起義。二房（祖）姓方，名榮，字大洪，是福建延平府南平縣人氏，在廣東、廣西二省起義。三房祖姓吳，名全，字天成，他是福建福州府古田縣人氏，他在陝西、甘肅二省起義。四房祖姓吳，名旺，字德帝，他是福建汀州府連城縣人氏，在湖南、湖北二省起義。五房祖姓李，名相，字色開，他是福建漳州府都陽縣人氏，在雲貴、四川三省起義（中略）。凡有搭臺之時，所安聖牌五張，上面找扎四門，東門用對聯云：絕清興明乾坤在，翻天覆地日月明。南門有幅對聯詩云：南天飄下木立斗世，玉闕誰許八八之秋。中營有對聯一幅云：五祖傳下詩一首，存記當初拜洪旗。西門有幅對聯云：不用妙法除清主，天地會中扶宋王。北門有幅對聯云（以下殘缺）[7]。

楊正才將天地會秘書標寫「逆書」字樣，書中所述天地會五房祖內容，較廣西東蘭州天地會成員姚大羔所藏會簿的記載更為詳細，為了便於比較，先將姚大羔藏本所載五祖姓名、

7 　《軍機處檔・月摺包》，第 2751 箱，31 包，52755 號，天地會秘書抄本。

旗號如下：

> 長房吳天成，在浙江，旗號鴻江；二房洪大歲，在福
> 建，旗號洪洪；三房李色地，在廣東，旗號沭汨；四
> 房桃必達，在雲南、四川，旗號泊旗；五房林永招，
> 在湖廣，旗號淥淥。此十八人眾兄弟在紅花內，乃是
> 趙文良為長，吳成貴在山東為大〔太〕守，名為五虎
> 大將[8]。

姚大羔所藏會簿，於嘉慶十六年（1811）被查獲，其中關於
天地會五房的記載頗簡略。楊正才於嘉慶二十一年（1816）
在雲南寶寧縣所抄錄的逆書，前後相隔五年，雲南東界廣西，
時空相近，其秘書所述同一事，內容詳略卻頗有出入。會簿
中長房吳天成，與逆書三房祖姓名相同；三房李色地，與五
房李色開相近，其餘出入頗大，旗號及方位也不同，可以說
明在嘉慶年間天地會成員杜撰的五祖名姓及其虛構故事已因
傳說或傳抄而有很大的歧異，道光以來，又經過不斷的增刪
及修改。十九世紀中葉以來，天地會文件又陸續發現，並經
刊佈。荷蘭人施列格（Gustave Schlegel），曾任荷屬東印度公
司中文通事，同治二年（1863），蘇門答臘巴東埠警察破獲華
僑會黨組織，起出天地會誓詞、會章、暗號、隱語等資料多
種，交由施列格研究。他參考米因博士（Dr. Milne）著《三
合會》及其他文獻以英文撰寫成《天地會研究》（Thian Ti Hwui,
The Hung League, or Heaven-Earth League: A Secret Society
With the Chinese in China and India），同治五年（1866）出版
於巴城。民國二十八年（1939）四月，薛澄清將原著譯成中
文，翌年，由上海商務印書館出版。譯本第一編詳述〈天地

8　《天地會（一）》，頁5。

會的政治史〉，文中將西魯大將軍彭龍天率領二十萬兵卒攻陷西涼的時間，繫於康熙甲午年（1714）。福州府鼓嶺少林寺住寺方丈達宗為了救民水火，「保持皇朝」，於是率領寺中一百二十八名和尚，平定西魯，功成不居，返回少林寺後，照舊靜修。雍正十一年（1733），有鄧勝者，被派至福州府充任法官，他想奪取少林寺中御賜玉環及印章，而密奏少林寺和尚煽惑民心，圖謀不軌。鄧勝奏准帶兵夜焚少林寺，劫餘五僧由佛祖及朱光、朱開二神保佑逃走。這五個和尚就是蔡德忠、方大洪、馬超興、胡德帝、李色開，他們到達福建省雲霄縣的高溪住定下來。後來吳天成、李色智、洪太歲、姚必達和林永超五個騎師聞知和尚受屈，都來幫忙。未久，兵部尚書、兼翰林院學士陳近南也來歸附。雍正十二年，歲次甲寅（1734）三月二十一日巳時，眾人歃血瀝酒，結拜天地會[9]。文中所述故事，純屬虛構，彭龍天、鄧勝、陳近南等人物，俱屬杜撰，不能反映天地會的歷史。

　　光緒二十二年（1896），日本東西同文會的會員平山周加入興中會。同年二月，日本外務省派遣平山周、宮崎滔天等人來華考察秘密社會及革命黨的活動。平山周與哥老會首領畢永年等人過從甚密，蒐集了不少秘密會黨的內部文件，後來撰成《中國秘密社會史》一書，民國元年（1912）五月，由上海商務印書館出版，書中保存了不少天地會文獻。原書第二章〈天地會〉，首敘天地會起因的傳說。文中謂少林寺座落於福州府浦田縣九連山中，西魯寇邊年分，並列康熙、乾隆二說。偕一百二十八僧應募的，是少林寺諸徒中的鄭君達，

9　施列格原著，薛澄清譯述《天地會研究》（臺北，古亭書屋，民國64 年 8 月），頁 52-62。

征服西魯後，僧軍歸少林寺，獨鄭君達留就總兵職。構陷寺僧的，是廷臣陳文耀、張近秋二人。寺僧馬儀福，武藝居第七，因引誘鄭君達之妻郭秀英及其妹鄭玉蘭，被眾僧逐出寺外，馬儀福就成了火燒少林寺的嚮導。差遣朱開、朱光二天使引十八僧逃遁的是始創少林寺的達摩尊神。途經黃泉村，十三僧戰死，所存五人姓名分別為蔡德忠、方大洪、馬超興、胡德帝、李式開，即所謂前五祖，前來護救的吳天成、洪太歲、姚必達、李式地、林永超五人，即所謂後五祖。陳近南為創會之人，因高溪廟狹隘，領僧眾移居紅花亭。甲寅年七月二十五日，在紅花亭舉行洪家大會後，募集兵馬，進擊清軍，敗陣，退至萬雲山，萬雲寺院長萬雲龍就是達宗，被尊為大哥，痛擊清軍，九月九日陣亡，陳近南尊其為達宗神[10]。

　　民國二十一年（1932），蕭一山赴歐考察文化史跡，於旅英期間，在倫敦大英博物館內發現晚清廣東人手抄天地會文件多種，都是英國波爾夫人（Mrs. Ball）在香港、廣州等地所購得者。蕭一山從事抄錄，因加編次，歸類汰繁，附加說明，於是成《近代秘密社會史料》六卷，民國二十四年（1935），由國立北平研究院排印出版。書中《西魯敘事》與《西魯序》，都是敘述西魯犯境的故事，但詳略不同，故事中的人物，頗有出入。大致而言，施列格著《天地會研究》所引故事較接近《西魯敘事》；平山周著《中國秘密社會史》所引故事則較接近《西魯序》，《西魯序》與《西魯敘事》就是清代後期流傳較廣的兩本天地會秘書。

　　廣西是太平軍發難的地區，秘密會黨極為活躍。民國二

10　平山周著《中國秘密社會史》（臺北，古亭書屋，民國 64 年 8 月），頁 12-19。

十二年（1933），貴縣修志局局長躬訪邑中遺老，徵求天地會
文獻，終於發現抄本一帙。次年，經羅爾綱整理刊佈，載於
《國立北平圖書館館刊》，第八卷，第四號，題為〈貴縣修志
局發現的天地會文件〉。民國二十五年（1936）冬，羅漢將其
家守先閣舊藏天地會文件發表於《廣州學報》，第一卷，第一
期。其文件來源，據羅漢本人自誌云：「余家守先閣藏鉢本天
地會文件一冊，蓋為表兄鄧錫朋所蒐遂者[11]。其後，羅爾綱又
彙集〈貴縣修志局發現的天地會文件〉、〈守先閣本天地會文
件〉、〈陶成章教會源流考〉三種資料，以及編者所撰〈水滸
傳與天地會〉、〈論近代秘密社會史料的本子〉等文而成《天
地會文獻錄》一書，於民國三十二年（1943）七月，由上海
正中書局出版。貴縣修志局本與廣東守先閣本的內容都包括
始祖萬雲龍與五祖遇合結盟的傳說，就是各本內容的共同要
素。至於各項重要情節的年代，貴縣修志局本又較守先閣本
尤早。貴縣修志局本〈反清復明根苗第一〉詳細敘述天地會
結盟拜會的故事，其原文如下：

> 大清康熙年間，甲寅年，三月二十五日，洪家結拜之
> 期，眾兄弟知悉：情因康熙時，西魯番造反，朝內點
> 起御林軍兵數萬，不能征服，屢屢損兵折將，無人敢
> 敵。以後皇上出下榜文，不論軍民人等，僧家女將，
> 山林豪傑，有能者到來扯榜，征服西魯，即封萬戶侯，
> 賞黃金萬兩。粘有日久，無人敢扯。後來少林寺眾僧
> 聞知，前來扯榜。軍士看見，帶至玉田縣知縣，至京
> 都朝見皇上。龍顏大悅，帝開金口，問眾僧人要多少

---

11 羅爾綱著《天地會文獻錄》（上海，正中書局，民國36年10月），
　　頁58。

兵馬？僧奏曰：「不用一兵一卒，即要杜龍解糧，蘇洪為先鋒，兩事足矣。」此二人是起創少林施主，故此將恩報恩。帝即問眾大師何日祭旂興師。僧奏曰：「即日。」帝即取酒賜僧人三杯，歡聲而去。僧人一百零八人，個個英雄無特，方征服西魯，得勝回朝。龍顏大悅，敕封眾僧萬戶侯，賜黃金萬兩。僧奏道：「我等出家人，不願為官，黃金要來何用？即望我主賜一堂袈裟足矣。何必過賞，不過為朝廷出力。」帝見奏，過意不去；又見眾僧十分見卻，即賜袈裟一堂，衣錦回寺。眾僧謝恩，回轉少林不題。眾僧一百零八人，內中有一名馬二福，乃少林寺第七條好漢，使鐵棍一條，重三十六斤，故此名叫亞七。因他回寺之時，他不細心，將少林寺寶燈打爛，—誰知此燈乃佛門中第一寶燈，今年正月十五夜添油，點到來年正月十五夜方可添油—眾人見他打爛寶燈，大怒，趕他出去。他懷不忿，直入京都，叩見左右丞相陳文耀、鄧德勝二人面前哭哭啼啼奏曰：「我不願棄了這一座明主江山，少林寺眾僧蓄意謀反，上年征魯，通番賣國，作為內應。我見主上仁慈，不忍坐視。」說得二相信實。細想上年征番時，見此人亦在內。況聖上御林軍共調外省兵馬數萬，不能取勝，他一百零八人不傷一卒，全勝而回。今日馬二福所奏必實。二相待至五更，帶馬二福面奏。這昏皇不問虛實，不念前功，問：「眾卿有何高見，能滅少林？倘被他走出，定有後患。」二相出班奏曰：「依臣愚見，賞賜御酒為名，順帶御林軍數萬，暗帶硫磺引火之物，視其飲醉睡著，團團圍著，

焚之，方無後患。」蘇洪、杜龍初戰削職，因蘇洪有
一妹，天姿國色，亞七一心追尋二人。二人聞知，自
盡而死，留下桃木劍，將亞七萬剮千刀，七月二十五
夜三更時候，少林寺被火盡焚，可惜有功之人，一概
不知。驚動佛祖下凡，化成火坑一座，救出一十八人。
師徒走至下嶺尾，滅清村，又被清兵追來，那時手無
寸鐵，被他殺死一十三人，只剩五人。走至龍虎山，
五虎大將會成張敬紹、楊文左、林大洪帶了數百羅漢
兵下山擋著清兵。五人走至岳神廟，望一望，前有大
江攔住，後有追兵，驚動岳神朱光、朱開二聖，化成
銅鐵橋，五人隨橋而過。來至惠州府云霄家洪珠寺太
歲廟方無清兵來追。此時五祖無計可施，欲想投水自
盡，五人來至白沙灣口，忽然海面浮起舊麻石三塊，
石面有一隻白碇香爐，三腳二耳，重五十二斤十三兩，
底有「反清復明」，中心有「洪英」二字。五人抬起，
當時對天盟誓，插草為香。後來五人，走至長林寺借
宿，僧長萬雲龍（號慈光，字達宗公）盤問五人情由。
五人告訴前情。後來拜萬雲龍為大哥，在高溪起義。
因明朝崇禎帝失位，於後有忠臣蘇洪元帶出西宮娘娘
李新燕出外省，產下太子朱洪英，改名天祐。高溪廟
起義之時，有仙人將太子霎時出現。查問根由，原來
係太子朱洪英。後五祖拜他為盟主，拜陳近南先生為
軍師，蘇洪元為先鋒，五子為五虎大將。清兵聞知，
前來征剿。高溪寺萬雲龍大哥帶支人馬丁山腳下大
戰，失機而亡。五祖帶支人馬退入白苟洞。團團圍住，
太子絕糧而死。後來清兵退去，五祖尋著萬雲龍屍首，

用火燒化，帶在身邊，走去烏龍崗安葬，坐東南，向
西北，壬申分針，碑高一尺九寸三分，葬一寸深，碑
上有十六字，共成四十八點，每字有三點為例。安葬
之後，五祖在白苟峒萬雲龍大哥碑前哭得半死，大罵
昏君害得少林寺好苦。即時扯爛衣裳，咬破五人手指，
共合血一堆，寫成朵五本，每人各執一本，隨至各省
招集忠心義氣，暗藏三點革命，誓滅清朝，扶回大明
江山，共享榮華，同樂太平天下，是以為引[12]。

貴縣修志局局長龔雨庭所發現的天地會文件，是用一種很厚
的毛邊紙抄寫的原抄本，其內容雖然簡樸，但對照東蘭州姚
大羔藏本後，可知貴縣修志局本頗多增飾，杜撰了更多的人
物，虛構了更細膩的情節。

　　天地會是清代歷史上一個重要的秘密會黨，其起源問
題，長期以來，受到史學界的重視。西魯犯境，僧兵退敵，
清帝火燒少林寺，劫餘五僧結拜天地會的故事，就是學者討
論天地會起源問題時所引用的主要資料。但因天地會文件所
述結會緣起，或詳或略，傳說內容出入頗大，有關人物、地
點、時間，亦互有牴牾，所以推論所得結果，並不一致。連
橫著《臺灣通史》一書謂「延平郡王入臺之後，深慮部曲之
忘宗國也，自倡天地會而為之首，其義以光復為歸。延平既
沒，會章猶存。數傳之後，遍及南北，且橫渡大陸，浸淫於
禹域人心，今之閩粵尤昌大焉[13]。」鄭成功是驅逐荷蘭殖民主
義者的反清復明英雄，鄭成功在臺灣倡立天地會的說法，長

12　《貴縣修志局發現的天地會文件》，《國立北平圖書館館刊》，第 8
　　卷，第 4 號（北平，國立北平圖書館，民國 23 年 7 月），頁 31。
13　連橫著《臺灣通史》（臺北，臺灣銀行經濟研究室，民國 51 年 2
　　月），卷 30，〈朱一貴列傳〉，頁 784。

期以來，對史學研究有極大的影響。陶成章撰〈教會源流考〉一文亦謂「何謂洪門？因明太祖年號洪武，故取以為名。指天為父，指地為母，故又名天地會，始倡者為鄭成功，繼述而修整之者，則陳近南也[14]。」引文中的陳近南，就是天地會文件中虛構的軍師。溫雄飛著《南洋華僑通史》引述天地會流傳的神話故事後指出《西魯敘事》是「以神話故事之體裁方式，描寫當時鄭氏之歷史」，而認為天地會就是起源於臺灣，正式成立於康熙十三年（1674），為輔佐鄭成功的陳永華所創立，後世所稱天地會的大哥萬雲龍，就是鄭成功，香主陳近南軍師，就是陳永華之自託[15]。黃玉齋撰〈洪門天地會發源於臺灣〉一文認為天地會，「根據現有文獻來看，鄭成功在日即已組成。」又說：「實則朱一貴也是以結天地會起兵的。官書所記載，而小說野史所紀，如彭公案、施公案的江湖黑語，都和天地會的隱語相同，可見天地會在康熙年間就已成立了[16]。」學者甚至根據《漢留全史》一書所述鄭成功於順治十八年（1661）在臺灣開金臺山，陳近南奉命往四川雅州，於康熙九年（1670）開精忠山的故事[17]，結合福建平和縣人嚴煙供詞中「天地會起於川省，年已久遠」的話，以斷定天地會「起源於清初鄭成功的經營福建臺灣，再由福建臺灣而轉入廣東、四川[18]。」

---

14 陶成章撰〈教會源流考〉，見羅爾綱編著《天地會文獻錄》，頁63。

15 溫雄飛著《南洋華僑通史》，見蕭一山編《近代秘密社會史料》（臺北，文海出版社，民國64年9月），卷首，〈天地會起源考〉，頁10。

16 黃玉齋撰〈洪門天地會發源於臺灣〉，《臺灣文獻》，第21卷，第4期（臺灣，臺灣文獻會，民國59年12月），頁18。

17 劉師亮著《漢留全史》（臺北，古亭書屋，民國64年8月），頁3。

18 胡珠生撰〈天地會起源初探─兼評蔡少卿同志關於天地會的起源

　　蕭一山撰〈天地會起源考〉一文在大體上支持溫雄飛的推論，贊成天地會是陳永華和鄭氏舊部組織的說法。但他不同意將洪門傳說的故事及人物都依附到鄭氏一系身上，張念一即一念和尚的事蹟與天地會的傳說相近。一念和尚是大嵐山的首領，扶朱三太子起義而被捕，此與萬雲龍為大普庵的和滿長老聞火燒少林寺而有仗義之心，眾人遂拜為大哥，出與清兵交戰失馬陣亡的事蹟相仿。《西魯序》上說五僧五將祭旗興兵，經過浙江省遇見萬雲龍，恰與一念和尚的根據地相合。因此，天地會與張念一之役，應有相當的淵源。天地會的故事是拼湊而成的，鄭君達的冤死是影射鄭芝龍的，萬雲龍的起事是影射張念一的，少林寺被焚燬是影射某俠僧的，三種故事是三個時期發生的，最後發生的一個故事，後來居上，變成了洪門傳說的中心。而且當康熙十三年（1674）的時候，鄭氏尚據有臺灣，志士遺民未必願意放棄目前復仇的機會，而從事秘密結社。蕭一山指出天地會起源於康熙十三年的說法是顯然的錯誤，而另據天地會文件證明天地會成立於雍正十二年（1734）甲寅七月二十五日[19]。蕭一山著《清代通史》指出俄國在清代稱為羅刹，「魯」、「羅」同音，羅刹在極西，故稱西魯。天地會文件中所述少林寺僧人征西魯之事，是影射俄國於康熙年間入侵黑龍江，建義侯林興珠率福建降人五百名編組藤牌兵，隨彭春征討雅克薩，有功不賞，餘眾一百二十八人於薊縣法華寺出家。後又調征準噶爾，因怨望不服指揮，為清廷派人毒斃，只十八人逃脫，沿途死傷十三

19　蕭一山撰〈天地會起源考〉，《近代秘密社會史料》，卷首，頁 12。

人，僅餘五人，在衡陽遇救，乃奔臺灣，成立天地會[20]。衛聚賢著《中國幫會青紅漢留》也認為天地會五祖的影射對象是康熙三十五年（1696）參與彭春征剿準噶爾的福建藤牌兵劫餘分子[21]。翁同文撰〈康熙初葉「以萬為姓」集團餘黨建立天地會〉一文也是使用影射推論的方法，他對天地會的結會緣起及創立時間，提出了看法，其主要論點如下：

> 當康熙十三年吳三桂舉兵之後，席捲七省，反清復明陣營遠達中原，「以萬為姓」集團成員如萬五達宗與萬二郭義都已出現反清，尚有降清的萬七蔡祿與其他人下落不明，故此頗疑該年是否尚有其他有關事故發生。因清實錄編年紀事，最易考索，遂取康熙實錄翻檢，初不料一索即得其解。蓋康熙實錄十三年甲寅四月戊午日下一條記載，當時河南總兵蔡祿率部謀叛響應吳三桂，事洩以後，與部下暨家屬等若干人，皆為清軍圍捕遇難。按當時舉國騷動，這種事原本尋常，但我們既知蔡祿在降清之前原是「以萬為姓」集團的萬七，且萬五達宗當即天地會始祖長林寺僧，就立刻領悟下列諸點。所謂少林寺僧兵退敵立功，清帝負義遣兵放火焚寺，乃影射蔡祿率部降清，又與其部下在河南（少林寺所在之地）被殺。所謂少林寺焚餘五僧逃出與長林寺僧遇合結盟，當指蔡祿部下有殘餘分子脫逃回閩與萬五重聚。五僧雖未必就是從未出現的「以萬為姓」集團成員如萬三、萬四、萬六等人，也屬該

20　蕭一山著《清代通史》，第一冊（臺北，臺灣商務印書館，民國51年9月），頁901。

21　衛聚賢著《中國幫會青紅漢留》（重慶，說文出版社，民國38年），頁18。

集團範圍，故此可說少林寺五僧與長林寺僧達宗，兩方都是「以萬為姓」集團的人，天地會即由彼等建立。只因諱言降清而又被殺，故此以少林寺僧兵故事影射，不如長林寺僧達宗之為實錄罷了。由於「以萬為姓」集團於崇禎年間結盟，當彼等於康熙十三年甲寅建立天地會時，年事已高，又是歷經滄桑的殘餘分子，故此如說該會是該集團餘黨所建，比較尤其切合[22]。

影射索隱的方法，過去曾被人用來從事《紅樓夢》的研究，但因其方法不妥，已經受到大多數學者的批評，使用影射索隱的方法研究歷史，穿鑿附會，捕風捉影，憑主觀臆測，尤其不妥。張菼撰〈天地會的創立年代與五祖之為臺灣人〉一文對天地會成立於康熙十三年（1674）的傳說提出了質疑，原文指出「如果事在康熙十三年，有明朝的正朔可用，為何不稱「永曆甲寅」呢？這是有背事理的。或許有人說當時不知有永曆年號：當然，一班普通人如果不是涉獵南明史的，確實不易知道有永曆年號，但用永曆年號從政的陳永華如果不知道永曆年號，那不是天大的笑話嗎[23]？」天地會文件是內部秘書，既標舉反清復明口號，卻又冠以康熙年號，真是匪夷所思。滿洲入關後，明朝遺老及知識分子領導漢族抗清，企圖恢復明室。當清軍大舉南下，南京福王政權傾覆後，清廷為了防範漢人的反抗運動，實施慘殺政策，江南、閩浙抗清最烈，清軍屠戮最慘，傳說中的「揚州十日」、「嘉定三屠」

22　翁同文撰〈康熙初葉「以萬為姓」集團餘黨建立天地會〉，《中華學術與現代文化叢書》，第三冊，《史學論集》（臺北，中華學術院，民國 66 年 4 月），頁 442。

23　張菼撰〈天地會的創立年代與五祖之為臺灣人〉，《臺灣風物》，第 35 卷，第 2 期（臺北，臺灣風物雜誌社，民國 74 年 6 月），頁 78。

等即當時的浩劫，其悲慘事蹟，家喻戶曉，然而各種抄本的天地會內部文件，竟隻字未提。天地會既以反清復明為共同宗旨，何以竟捨棄為先民家族復仇的意志，反而假借神話故事為少林寺僧眾或陳近南、鄭君達等虛構人物復仇？顯然不合情理。當此種族意識高昂，漢人赴湯蹈火以抵抗「滿清」統治之際，少林寺僧眾竟主動為異族效力，退敵立功，接受賞賜，確實與歷史背景不合。清初順治年間，朝廷厲行薙髮令，相傳有「留頭不留髮，留髮不留頭」之謠，有志之士為保衛衣冠髮式，紛紛削髮出家，遁入空門，河南少林寺當不至於數典忘祖，毫無民族觀念。蔡祿降而復叛，反覆無常。蔡祿被殺後，其部下是否由河南逃回福建？是否與達宗遇合？是否建立天地會？俱未詳考，缺乏說服力。歷代以來，我國到底有幾座少林寺？清帝燒了那一座少林寺？究竟是誰燒了河南嵩山少林寺？自南北朝以來，嵩山少林寺號稱天下第一古剎，天下功夫出少林。傳說甘肅少林寺、福建少林寺、河北少林寺，都是嵩山少林寺的分支。到了明代，嵩山少林寺傾圮已久，有清一代，實無焚燒少林寺之舉，檢查現存檔案，康熙十三年（1674）被火焚燒的是創建於南齊的江蘇常州府屬荊溪縣的善權寺禪林祖塔，起因於地方上的恩怨，與反清復明無涉[24]。王士俊在河東總督任內曾奏聞嵩山少林寺歲久失修，派人相度確估，重加修建，並繪圖呈覽。雍正十三年（1735）閏四月初五日，清世宗據奏後諭令軍機大臣寄信王士俊，略謂：

24　《宮中檔雍正朝奏摺》，第 24 輯（臺北，國立故宮博物院，民國 68 年 10 月），頁 425，雍正十三年四月二十二日，蘇州巡撫高其倬奏摺。

朕覽圖內有門頭二十五房，距寺較遠，零星散處，俱不在此寺之內。向來直省房頭僧人類多不守清規，妄行生事，為釋門敗種。今少林寺既行脩建，成一叢林，即不應令此等房頭散處寺外，難於稽查管束，應將所有房屋俱拆造於寺牆之外左右兩旁，作為察房。其如何改造之處，著王士俊酌量辦理，至工竣後應令何人住持，候朕諭旨，從京中派人前往，欽此[25]。

同年閏四月十八日，河東總督王士俊接奉寄信諭旨後，將少林寺改造情形，繕摺覆奏，其原摺略謂：

少林寺門頭二十五房，查其僧眾雖散居寺外，論其支派，皆同屬寺中。緣歷來住持退院之後，各於門外另築小庵，以為養靜憩息之所，統計二十八代，各傳二十八房，今僅二十五房者，其三已不傳也。嗣後門頭日盛，方丈席虛，常住少供養之田，禪房多坍塌之處，而門頭又各以拳勇相傳，技擊為業，遂與寺內竟相間隔，是實因寺內殿圯僧散，不能貫攝至此。皇上因直省房頭類多不守清規，特念少林散處寺外之僧難於稽查管束，睿慮周詳，委係脩建叢林第一切要急務。臣查此項門頭房屋，原與寺相毗連，繪圖之中，雖覺距寺較遠，其實總依寺界之內。臣遵奉諭旨，細度形勢，再於東西兩邊增築繚牆一帶，將此二十五房零星住居之屋，悉圈在內，或改其方向，或易其門垣，使俱緊貼寺牆，作為兩旁僧察，皆從大門出入，規模彌覺嚴整，呼吸倍覺周通矣。又此項門頭向習拳勇技擊，今

25　《宮中檔雍正朝奏摺》，第 24 輯，頁 548，雍正十三年閏四月十八日，河東總督王士俊奏摺。

　　其法已不傳，現今一百七十餘眾，非復以前獷悍積習[26]。
歷代以來，少林寺高僧遵守清規，受戒茹素，安靜拜佛，並
未涉足江湖，妄行生事，其傳習少林拳，以技擊為業的是少
林寺牆外的門頭，統計二十八代，各傳二十八房，至雍正年
間，其中三房已失傳，僅剩二十五房，共有僧眾一百七十餘
人，不習拳勇技擊，少林拳法久已失傳，由此可知少林寺並
未被焚燒，寺僧亦未遇害。火燒少林寺是後人虛構的故事，
用它作為研究天地會起源的根據，是值得商榷的。秦寶琦撰
〈天地會檔案史料概述〉一文已指出少林寺僧征西魯的故
事，大約是從乾隆末年至嘉慶年間開始逐步形成，後世所見
天地會文件，大多為咸豐、同治（1851-1874）以來的抄本，
經過不斷增刪及修改[27]。秦寶琦著《清前期天地會研究》一書
進一步指出萬五達宗是否就是西魯傳說中的達宗？尚待考
證。在《西魯序》中，對達宗其人有著明確的介紹，達宗與
《臺灣外紀》中所述萬五道宗，並非一人。可見，根據《臺
灣外紀》和盧若騰《贈達宗上人》詩序證明天地會為蔡祿餘
黨和萬五達宗所創立的說法，亦不足採信[28]。

　　蔡祿餘黨等人創立天地會的說法，固然不可信。至於天
地會起於康熙十三年（1674），起會地點在臺灣，萬雲龍影射
鄭成功，陳近南即陳永華的說法，也是神話中的神話，並無

26　《宮中檔雍正朝奏摺》，第 24 輯，頁 548，雍正十三年閏四月十
　　八日，河東總督王士俊奏摺。
27　秦寶琦撰〈天地會檔案史料概述〉，《歷史檔案》，1981 年，第 1
　　期，頁 113。
28　秦寶琦著《清前期天地會研究》（北京，中國人民大學出版社，1988
　　年 7 月），頁 86。

史實根據[29]。鄭成功創立天地會一說的流傳，與民國初年以來會黨首領的宣傳不無關係。民國建立後，「反清復明」的口號，在政治上已失去意義，洪門中人以反清目的已經達到而逐漸渙散，各會黨首領為了擴展勢力，提高自己在政治上的地位，希望藉鄭成功的威望來振興組織，於是竭力宣傳鄭成功創立天地會的說法。臺灣是鄭成功反清復明的根據地，臺灣史學界受到政治反攻的宣傳的影響，幾乎眾口鑠金地主張鄭成功在臺灣創立天地會的說法，鄭成功成了天地會的始祖。誠然，鄭成功是一位有遠見的政治家與軍事家，但在有關鄭成功本人的大量滿漢文檔案中，却從未發現他在抗清過程中曾創立天地會來擴大軍隊的任何史料，關於鄭成功在臺灣於自己控制的軍隊之外，還另創一個以「反清復明」為宗旨的天地會的說法，顯然與鄭成功本人實際情況並不相符。秦寶琦撰〈鄭成功創立天地會說質疑〉一文指出鄭成功作為一個中華民族傑出的歷史人物與民族英雄，以他卓越的歷史功勛，理所當然地受到了我國人民的崇敬，因而史學界也很容易地接受了鄭成功創立天地會的說法。但是通過對歷史事實的分析，否定鄭成功創立天地會的說法，還歷史以本來面目，絲毫不會損害鄭成功作為民族英雄的光輝形象[30]。其實，天地會文件，除了敘述少林寺僧人征西魯的故事外，還記載天地會、添弟會、三合會等會黨的傳會暗號、隱語、詩句、問答、對聯等內容，各會黨的弟兄，凡持有會簿或秘書抄本者，便可自行立會。由於會簿或秘書的輾轉傳抄，其內容也逐漸豐富，天

29　戴玄之撰〈天地會的源流〉，《大陸雜誌史學叢書》，第 3 輯，第 5 冊（臺北，大陸雜誌社，民國 59 年 9 月），頁 79。
30　秦寶琦撰〈鄭成功創立天地會說質疑〉，《鄭成功研究論文選續集》（福州，福建人民出版社，1984 年），頁 93。

地會關於結會緣起的傳說便發生了很大變化。因此，天地會的傳說，只是一種傳會的工具，並非天地會創立的歷史紀錄[31]。秦寶琦著《清前期天地會研究》一書已指出按照西魯傳說的內容為藍本，尋找一件歷史上與之相似或相近的事例，說明傳說中某人某事，便是影射了歷史上的某人某事，人為地在二者之間建立起一種並不存在的「聯繫」，這種影射推求的研究方法，至少是不科學的[32]。索隱派最大的弱點，就是捨棄豐富的直接史料不用，而徒事影射推論的臆測，僅僅根據神話傳說內容就推論出天地會的創立時間、地點及人物，穿鑿附會，忽略了「有幾分證據說幾分話，有七分證據不能說八分話」的客觀態度，以致對當時的社會經濟並未作進一步的研究分析，而始終囿於單純起源年代、地點的考證，一直無從得到較有說服力的解釋。

鴨母王朱一貴結拜天地會起兵的傳說

　　地方官的苛徵暴斂，迫使朱一貴豎旗舉事，以朱明後裔為號召，率眾數萬，轉眼攻陷臺灣府城。可惜他身穿清朝衣、頭戴明朝帽，缺乏規劃與理想，使得一場大規模的民變，如煙火般地瞬間消逝。

31　劉美珍等撰〈關於天地會歷史上的若干問題〉，《明清史國際學術討論會論文集》（天津，人民出版社，1982年7月），頁1025。
32　《清前期天地會研究》，頁84。

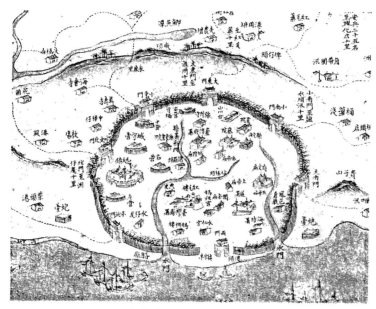

臺灣府城位置示意圖

　　朱一貴事件是康熙年間規模最大的一次民變，而在後世流傳的臺灣民間故事裡，朱一貴的傳說，更是生動。相傳他以養鴨為業，游飼各地，每至一處，即搭蓋鴨母寮居住，早晚編隊出入，民間稱呼他為「鴨母王」。他能任意指揮溪裡的鴨群，變換隊形。鴨群上岸後，也是聽令排陣，由一隻母鴨在前領隊，好像接受過軍事訓練一般。更不可思議的是，他所飼養的母鴨，每天生下兩個蛋。

　　傳說朱一貴為人豪爽，任俠好客，常與賓客烹鴨煮酒，但他的鴨隻任憑宰殺，卻一隻不少。有一天，他趕鴨到二層溪上游的岡山溪（今高雄岡山境內），在溪邊洗臉時，忽然看見水面上映著自己的人影，頭戴通天冠，身穿黃龍袍，和戲臺上明朝皇帝的裝扮一樣。當天夜晚，他就夢見自己當了臺灣皇帝殿國王。

關於朱一貴的傳說，其情節詳略不同，多屬穿鑿附會。各種故事、異象，主要是製造天意，即朱一貴是奉天承運的真命天子。

▶高雄縣內門鄉鴨母寮興安宮前水池中央的朱一貴塑像。由於這裡是當初朱一貴的大本營，鄉民為紀念這位起來反抗苛政的人物，便建廟供奉他的神位。（圖片提供：《鬥陣臺灣人》）

根據文獻記載，朱一貴是福建漳州府長泰縣人，兄朱勤，弟朱萬，他居次，小名朱祖，渡海來臺後，寄居羅漢內門（今高雄內門）。康熙五十三年（1714），朱一貴在臺廈道衙門充當兵營的一名哨探，因徹夜不眠，被稱「夜不收」。後來因事遭革退，便到大目丁地方，向當地人鄭九賽租地種田度日。

鄭成功創立天地會？

後世流傳的天地會文獻，敘述康熙年間，少林寺被燒後，劫餘五僧拜長林寺僧萬雲龍為大哥，以陳近南為香主，在高溪廟起義，萬雲龍失機陣亡，五僧分往各省傳會，成為天地會的五祖。學者論著多主張天地會起源於臺灣，始倡者為鄭成功，萬雲龍大哥就是影射鄭成功；繼續修整者則為輔佐鄭成功的陳永華，香主陳近南就是陳永華所自託，眾口鑠金，鄭成功成了創立天地會的始祖。

傳說朱一貴原來是鄭成功的部將，鄭克塽降清後，便避居今高雄縣內門鄉月眉潭一帶；他雖是養鴨人物，卻滿腹悲壯，常與故國遺老、奇僧劍客痛論亡國之恨。學者研究亦多主張朱一貴是以結拜天地會起兵的，故他起兵七日，即占領

臺灣全島，大半是假借天地會的力量。

朱一貴是不是鄭成功的部將，以及他是否以結拜天地會起兵的，都有待商榷。臺灣民間盛行的金

▶會黨相關書籍裡所繪的香主陳近南圖像。據說四川盧山縣有個五爺廟（又名武安君廟），就是當地人為紀念這位「反清復明的天地會英雄」所建立的。

蘭結義，在性質上是屬於一種異姓兄弟結拜的傳統。異姓兄弟舉行結拜儀式時，除跪拜天地外，並在神像前歃血瀝酒（即宰雞取血，用針刺指，滴血入酒內同飲）。隨著泛家族主義價值系統的滲入基層社會，許多本來沒有血緣關係的群體，也利用血緣紐帶的外部形式做為整合手段，模擬宗族血緣制的兄弟平行關係，彼此以兄弟相稱，形同手足。各異姓結拜組織，就是泛家族主義普及化的一種虛擬宗

◀會黨相關書籍裡所繪的鄭成功圖像。由於鄭成功反清復明的精神與毅力令人激賞，因此除了關於他的傳說不斷外，許多會黨亦將他奉為祖師爺，加以崇祀、附會。

族，也是引人矚目的一種地域化社會共同體。

天地會等會黨既是由異姓結拜團體發展而來的秘密組織，各會黨便多承襲了民間金蘭結義的傳統要素。例如天地

會創造了許多隱語暗號，彼此模仿，取菸吃茶，俱用三指；若遇搶劫，則用左手伸三指按住胸前；問對方從那裡來？只說「水裡來」三字；以五點二十一暗寓洪門；又有「開口不離本，出手不離三」，及以大指為天、小指為地等隱語暗號。曉得暗號，就是同會，即使素不認識之人，有事都來相助。

朱一貴與天地會無關

天地會的起源，最早只能追溯到乾隆二十六年（1761）的洪二和尚萬提喜。臺灣天地會是閩粵內地天地會的派生現象。福建漳州府平和縣人嚴煙，以賣布為生。乾隆四十七年，洪二和尚的嫡傳弟子陳彪到平和縣行醫，曾經糾邀嚴煙加入天地會。翌年嚴煙渡海來臺，在彰化開設布舖，並傳天地會。雲龍是洪二和尚的法號，萬雲龍就是洪二和尚萬提喜，並非影射鄭成功。

由此可知，鄭成功卒後一百年始有天地會出現，故天地會不是鄭成功創立的。

◀會黨相關書籍裡所繪的天地會創始人萬雲龍圖像。在檔案資料尚未被普遍使用前，關於天地會的傳說，除了鄭成功、陳永華外，尚有「西魯傳說」（即「火燒少林寺」的故事），而當時帶領南少林寺僧擊退西魯國敵軍的萬提喜和尚，不久也漸被「萬雲龍」這個名字所取代。

再則，鄭成功卒於康熙元年（1662），而朱一貴於康熙六十年被捕後供稱，他「今年三十三歲」，所以大約是生於康熙二十七年。朱一貴出生時，鄭成功已經逝世二十六年。因此，朱一貴是鄭成功部將的傳說，不足採信。

近年來，海峽兩岸對清宮檔案都已積極展開整理工作，檢查滿漢文資料，康熙年間並無天地會，所謂朱一貴假借天地會力量的說法，也只是學者的臆測。其實，朱一貴起事前的拜把結盟，是民間義結金蘭的共同模式；以朱明後裔相號召，則是清代地方民變的常見現象，所以不能因為朱一貴等人曾經拜把結盟，以「反清復明」為號召，就推論康熙年間已經出現天地會，朱一貴必然結拜天地會起事。事實上，朱一貴事件是官逼民反的群眾運動，不是反滿的種族革命，更不是典型的「農民起義」。

《臺灣朱一貴歌》的背景

傳說朱一貴是接受一位國公的勸說而起兵的；那位國公夜觀星象，望見月眉潭鴨母寮上空閃爍著兩道紅光，夜夜如此，他屈指一算，方知朱一貴是真命天子，於是力勸他順應天意，起兵抗清。朱一貴對此半信半疑，便提出三個起兵的願望：一願犁無牛能耕田，二願飯盒裡的乾魚放回溪中可以復生，三願一百隻母鴨能夠日下兩百個蛋。結果天地顯靈，讓朱一貴三願全償，促使他決定拜把起兵。

朱一貴起事後，在俗文學上除了「鴨母王造反」的故事外，還流傳一份《臺灣朱一貴歌》，是清代木刻本，共計二百六十四句，每句七字，從朱一貴聚眾起事、占領臺灣府治，到清軍渡海平亂、朱一貴兵敗被擒解京正法，都有描述，是一本珍貴的說唱文學資料。

例如在歌詞裡，有「大清帝王坐龍庭，萬國來朝賀太平；文武安邦能定國，海不揚波樂萬民」等頌揚清朝的太平盛世，也有「且說臺灣一樁情，養鴨村夫濫小人；結黨聚眾要謀反，可惡奴才害生靈。臺灣造反亂紛紛，聚集一堂逞威風；賊頭

姓朱名一貴，冒認明朝是祖宗」等反映部分的社會現象。

　　清初的治臺政策，雖然有其消極性及矛盾性，但也有它的積極性及前瞻性。康熙二十三年，清朝將臺灣納入版圖後，仍保存鄭氏時期的土地制度及行政架構，除設府治，領臺灣、鳳山、諸羅三縣外，並劃歸廈門為一區，設臺廈道，隸屬於福建省，又開科取士，實施和福建內地一致的行政制度。清朝將臺灣做為內地看待，未曾置於東三省、新疆、西藏之列，確實含有積極意義，對臺灣日後的歷史發展，影響深遠。

苛徵勒派導致官逼民反

　　然而，由於臺灣吏治欠佳，地方官苛徵勒派，以致民怨沸騰。朱一貴被擒後供出他聚眾起兵的主要原因說：

> 去年（康熙五十九年）知府王珍攝理鳳山縣事，他不曾去，令伊次子去收糧，每石要折銀七錢二分，百姓含怨。續因海水泛漲，百姓合夥，謝神唱戲。伊子說眾百姓無故拜把，拏了四十餘人監禁，將給錢的放了，不給錢的責四十板，又勒派騷擾不已。因此，今年三月內，有李勇等尋我去說，如今地方官種種騷擾，眾心離異，我既姓朱，聲揚我是明朝後代，順我者必眾，以後就得了千數餘人。

　　臺灣府知府王珍次子向百姓收糧，每石要折銀七錢二分，相當於番銀一圓（番銀即西班牙、葡萄牙等外國銀元，大多從菲律賓傳入，因成色足，常用做契約交易與重要買賣上），百姓個個含怨。後來又因地震，海水泛漲，官府賑災不力，百姓求神護佑，謝神唱戲。王珍次子以百姓無故拜把，拘拏他們，又逮捕砍竹工人二、三百名，誣指其謀逆，將給錢的釋放，不給錢的責打四十板，攆回原籍。

此外，民間飼養耕牛，每隻要抽重稅，給銀三錢打印子，方許使喚，不給銀兩的，即算私牛，不許使喚。每座糖磨舖要收銀七兩二錢，方許開張。閩浙總督覺羅滿保也查明朱一貴起事的緣由，是因知府王珍縱役生事、株連需索在前，遊擊周應龍縱番妄殺、焚毀民房在後，以致民怨沸騰。

◀《點石齋畫報》所描繪的百姓抗捐肇變情形。古代由於生活環境較艱苦，倘若遇欠收之年，官府並未依實際情況減稅或免稅，甚至還加重賦稅，就有可能讓百姓心生怨恨，為求溫飽鋌而走險。

朱大元帥豎旗起事

康熙六十年三月間，李勇、鄭定瑞等同至羅漢內門黃殿的家裡，邀約朱一貴密商大計。朱一貴以地方官屢次擾民，百姓已經忍無可忍，允諾拜把盟誓，起兵誅殺貪官污吏。

《臺灣朱一貴歌》描寫朱一貴起兵的經過說：「軍師二人把令行，傳令兵馬出寨門；四月二十九戌時後，起手就殺官員們。百姓紛紛大驚慌，大小相牽走無門；殺死官員有幾百，一直占領鹿耳門。兵馬紛紛好驚人，血戰陣亡歐總兵。」

歌詞中的「四月二十九戌時後，起手就殺官員們」，乃民間誤傳；朱一貴正式起兵日期，是在康熙六十年四月十九日的夜間。這一天，他帶領李勇、吳外、鄭定瑞等到黃殿庄（因黃殿是墾首，在該處擁有許多土地，並招募佃農墾種，故當

地人便將那裡稱為「黃殿庄」）上，一共五十二人，焚表拜把，各自分頭招人入夥，共邀了一千餘人。接著，眾人砍竹為尖槍，旗旛上寫著「激變良民，大明重興，大元帥朱」等字樣。四月二十日，臺灣鎮總兵官歐陽凱等始據報朱一貴豎旗起事，攻陷岡山汛（今高雄岡山境內）。

四月二十一日，南路下淡水檳榔林（今屏東內城義亭村）管施舍庄屯、客家庄粵籍的杜君英，派手下楊來、顏子京二人執旗二竿告知朱一貴說，他已會齊下淡水（今高屏溪）種地傭工人等，要打搶臺灣府倉庫，約朱一貴率眾會師攻打府治。四月二十四日，遊擊周應龍帶領官兵在二濫（今高雄路竹）地方防堵，並懸賞殺敵，傳諭殺賊首一名，賞銀五十兩，殺賊一名，賞銀三兩。原住民隨即殺了良民四人，放火焚毀道旁民宅，燒死居民八人。結果，百姓懼怕，投順朱一貴的多達二萬餘人。

◀乾隆十七年刊本的《重修臺灣縣志》裡所繪的「臺灣縣八景」之一，「鹿耳連帆」圖。「鹿耳門」因形狀像鹿耳而得名，是清代重要的航道出入口，向為兵家必爭之地。

四月二十六日，遊擊周應龍領兵四百餘名，會同南路官兵在赤山地方（今屏東萬巒境內）與朱一貴交戰，官兵傷亡慘重。次日，朱一貴與杜君英兩路夾攻，官兵寡不敵眾，遊

擊周應龍隻身逃回府治，千總陳元戰死，把總周應遂被擒，把總吳益重傷。杜君英在宛大江口大敗官兵，把總林富戰死，守備馬定國自刎身亡，參將苗景龍逃匿萬丹港，後來被擒殺。四月二十八日，總兵官歐陽凱帶領官兵一千餘名，水師營副將許雲等也帶領官兵一千名，在春牛埔（位於府城東門外）排陣架砲。四月三十日，雙方交戰，副將許雲躍馬當先陷陣，水師弁兵決命奮勇，陸師繼進，朱一貴退屯竿津林（今高雄岡山）。

稱王封官穿戲服

五月初一日，朱一貴與杜君英會合，民兵數萬人，攻打府治（今臺南市），結果官兵奔散。把總楊泰，綽號達勇，先已通敵，為朱一貴內應，乘機刺殺總兵官歐陽凱，副將許雲、遊擊游崇功等陣亡。同日午刻，府治失陷，杜君英進駐總兵官衙門，朱一貴入居臺廈道衙門，同開府庫，分掠金銀，復開赤嵌樓，獲得大小火砲、硝磺、鉛彈無數。

至此，朱一貴屬下李勇向眾人宣稱，朱一貴乃明朝王室後裔，稱為義王，說罷便替他穿上黃袍，並稱國號為大明，年號為永和。隨後，朱一貴將手下洪錯封為軍師，王進才封為太師，王玉全封為國師，李勇、吳外、陳印、翁飛虎等封為將軍，張阿三等封為都留。同時又派兵三千名，看守鹿耳門。

根據《平臺紀略》記載，朱一貴所封文武，上自國公，下至將軍，不計其數。由於起事倉促，來不及製作正式官服，大夥只得臨時穿戴戲服上朝，結果就連百姓，也譏笑他們的滑稽裝扮。《平臺紀略》描述說：「是時，偽職填街，摩肩觸額，優伶服飾，搜括靡遺。或戴幞頭，衣小袖，紗帽金冠，

被甲騎牛；或以色綾裹其首，方巾朝服，炫煌于道。民間為
之謠曰：『頭戴明朝帽，身穿清朝衣；五月稱永和，六月還康
熙。』蓋童孺婦女皆知其旦暮可滅而擒也。」

◀《重修臺灣縣志》
裡所繪的「臺灣縣
八景」之一，「赤
嵌夕照」圖。「赤
嵌」因當地為西拉
雅平埔族赤崁社的
居住地而得名，早
在鄭和下西洋時，
其遠征軍就曾在這
裡補給用水（《大
明會典》記載。

　　引文內容，頗能反映朱一貴倉促起事的現象，五月初建
號永和，同年六月就已兵敗，恢復了康熙年號。

三日打到府，一暝溜到厝

　　四月二十八日，朱一貴在岡山下紮營；三十日，與杜君
英合作攻打府治。五月初一日，府治失陷。但成功快，失敗
更快，後世流傳的《臺灣諺語》就有「三日打到府，一暝溜
到厝」之句，諷刺朱一貴雖然在短短三天內攻下位於臺南的
臺灣府治，卻在一夜之間又被官兵打敗，溜回家裡。

　　朱一貴失敗如此迅速的因素很多，黃秀政教授撰〈朱一
貴的傳說與歌謠〉一文，記述了朱一貴成王敗寇的傳說：當
朱一貴攻下臺灣府治後，清廷派員齎送金、銀、土、草四盤
禮物，讓他任選二種，藉以試探其是否有遠見。當中「土」
可以養兵，「草」則為糧食，故收取「土」和「草」，是愛民
養民，有遠見的表現。國公勸朱一貴收取「土」和「草」，但

朱一貴堅持收下金、銀兩盤。國公等人見狀，遂認為朱一貴並無大志，難圖大事。其實，這個傳說正好反映朱一貴急需餉銀與武器，以充實戰力。

六月十六日，南澳鎮總兵官藍廷珍等統率官兵一萬二千名、船六百艘進攻鹿耳門（今臺南安平一帶），並攻克安平寨。六月二十二日，官兵駕坐三板船，分三路登陸猛攻，朱一貴率眾退出府治。後來民間流傳著「全攻鹿耳門」的故事。傳說南澳鎮總兵官藍廷珍通曉兵法，他下達命令，指定各軍攻打路線，但卻交給各路主將一封信，吩咐非到半路，絕對不准拆閱。後來到了半路，各路主將拆閱信件，只見信上寫著「全攻鹿耳門」五字，於是六百艘兵船立即朝向鹿耳門，直撲安平，搶攻府治，終於打敗了朱一貴。

鹿耳門、七鯤身（今臺南灣裡一帶），夙稱天險，是臺灣府的大門。朱一貴攻取府治後，只派三千人看守，兵單力薄，不能堅守，而加速了敗亡。

◀《重修臺灣縣志》裡所繪的「臺灣縣八景」之一，「鯤身集網」圖。「鯤」是中國古代傳說中的一種大魚，而「鯤身」就是指看起來像大魚身體的沙洲，當時共有七個，分別稱為「一鯤身」、「二鯤身」等。

從康熙初葉繪製的〈臺灣略圖〉，可以了解鄭氏的承天府

（今臺南市），並無城郭，駕船登岸，就是大街市，官員們都住在兩邊街上。清朝領有臺灣後，鑒於臺灣是鄭氏反清復明的根據地，為了防範，府廳各縣俱未建立城垣。朱一貴起事後，雖然全臺淪陷，但旋得旋失，很快被清軍收復，主要原因就是由於府治或縣治均無城垣，據守不易。後來乾隆皇帝曾經針對臺灣城垣問題頒布了諭旨，節錄一段內容如下：

> 從前該處舊有城垣，俱係用莿竹等項編插，原以莿竹等物，雖不若磚石工程堅固，足資防守，但失之易，復之亦易。即如康熙年間，有奸民朱一貴滋事。臺灣全郡被陷，七日之內，即經收復，亦因該處舊無磚石城垣，賊人難以據守，故能剋日奏功。

由此可知，沒有城垣，難以據守，是朱一貴成功快、失敗更快的重要因素。此外，朱一貴等人進駐臺灣府治後，由於與杜哲英的內訌，彼此互爭雄長，也是加速敗亡的主要原因。

自亂陣腳，帝夢泡湯

朱一貴乃草莽英雄，他所憑藉的只是下層社會的種地傭工或販夫走卒，雖然以反清復明為政治口號，但卻沒有什麼

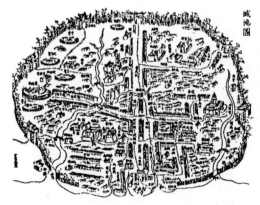

◀《重修臺灣縣志》裡所繪的臺灣府治城池圖。從圖中可以發現，城池四周只圍了竹籬，並沒用磚石砌築高城牆，因此攻陷容易，防守困難。

作用，還遭到義民的反制。

臺灣早期移墾社會裡，族群衝突是一種難以避免的社會現象。由於閩粵移民的社區意識強烈，分類械鬥的頻繁，使義民組織帶有濃厚的分類意識。而因為社會的不穩定，治安欠佳，義民組織頗能發揮守望相助、保境安民的作用，同時對抑制民變，也具有一定的成效。《平臺紀略》記載說：

> 方朱一貴作亂時，有下淡水客庄民人侯觀德、李直三等建「大清義民旗」，奉「皇帝萬歲牌」，聯絡鄉壯拒賊。一貴遣陳福壽、劉國基、薛菊、王忠、劉育等領賊眾數萬攻其庄。六月十有九日己酉，侯觀德等逆戰于淡水溪（今高屏溪），敗之。陣斬劉育，殺賊兵及迫入水死者萬計，屍骸狼藉溪沙間。

朱一貴的異姓結拜集團，與客庄粵民的義民組織勢不兩立，使他陷入兩面作戰，力量分散，而加速了失敗。

傳說朱一貴退出府治後，便連夜逃到諸羅縣溝尾庄（今嘉義太保），被村民誘擒。因為朱一貴是鴨母王，民間相信母鴨進了溝尾，就是走投無路。《平臺紀略》記載朱一貴被誘擒的經過很詳盡，節錄一段內容如下：

◀《平臺紀略》書影。《平臺紀略》為藍鼎元在朱一貴事件結束後，繼續停留臺灣考察一年多，返鄉所撰寫的，書中關於治臺的看法與實際觀察的心得，成為日後官員治臺的重要參考，影響臺灣發展甚深。

閏六月五日甲子，一貴率千人至溝尾庄索飯食，楊旭
等椎牛餉之，許號召六庄鄉壯相助。一貴往月眉潭，
乏食。乙丑夜，其黨散去六百餘人。丙寅，楊雄紿一
貴復回溝尾庄。薄暮霖雨，楊旭備館舍，將一貴等分
宿民家，傳集六庄鄉壯，佯為守護，潛以水灌賊砲。
夜五鼓，大譁，稱官兵至，金鼓火砲齊鳴，諸賊倉皇
驚起，不知所措，楊雄、楊旭、楊石、王仁和等遂擒
朱一貴、王玉全、翁飛虎、張阿山等四人，散其餘眾，
吳外、陳印各率黨逸出。楊旭縛一貴等置牛車赴八掌
溪交遊擊林秀，王仁和馳報藍廷珍，廷珍令解赴施世
驃軍前。

　　由引文內容可知，諸羅縣溝尾庄的鄉壯，就是當地守望相
助、保境安民的義民。由於受到義民強烈的反制，使鴨母王
朱一貴到溝尾庄時，已經步上窮途末路的命運，他的帝王夢
也終於成了泡影。

◀清人所繪的藍鼎元
畫像。藍鼎元是平定
朱一貴事件的南澳鎮
總兵官藍廷珍的堂
弟，平時出入軍府，
籌畫軍機，提供不少
高明的策略，被譽為
「籌臺之宗匠」。而
藍廷珍許多公文，亦
出自他筆下。

　　吳春瑩撰〈朱一貴奔命於臺南縣境〉一文敘述說：「朱一
貴少時名曰祖，世居漳州長泰，或說他曾為鄭成功的部將，
明朝滅亡後，避居於羅漢內門（今之高雄內門）。他生平飼鴨

為業，所以後來被稱為「鴨母王」。「鴨母王」性質自本豪俠，時常和故國的遺民往來，草澤壯士以至奇僧劍客，都來留宿他的家裡，他就宰鴨煮酒，痛談亡國之恨[33]。」朱一貴究竟是不是鄭成功的部將？有待商榷。鄭成功（1624-1662），卒於康熙元年（1662）。康熙六十年（1721），朱一貴起事失敗被捕後供稱他「今年33歲[34]」。由供詞可以推算出朱一貴約生於康熙二十七年（1688）。換句話說，朱一貴出生時，鄭成功已經逝世27年。因此，朱一貴曾充鄭成功部將的傳說，並不足採信。

　　郭廷以著《臺灣史事概說》認為「朱一貴之變不僅為臺灣歷史上一件大事，亦是近代中國史上一椿驚人的壯舉，更係天地會恢復運動上的大規模的、有計劃的革命[35]。」黃玉齋撰〈洪門天地會發源於臺灣〉一文，原載於《臺灣文獻》第21卷，第4期。原文共三個部分，福建人民出版社出版《臺灣鄭成功研究論文選》節選原文一、二部分，題為〈鄭成功與洪門天地會〉。文中指出，「天地會文件雖確記雍正十二年甲寅為設立的日期，但其創始又未必在雍正年間，而早在康熙時代就已經有了。為什麼呢？因為朱一貴在康熙六十年起義於臺灣，七日即占領全島，大半是假借天地會的力量，官書上也都這樣說。」文中又說：「在臺灣以天地會來號召起義的，有康熙末年的朱一貴，乾隆晚葉的林爽文，和同治初年的戴潮春，《臺灣通史》雖記述其事，但於結會始末則未詳，

33　吳春瑩撰〈朱一貴奔命於臺南縣境〉，《南瀛論叢》（臺南，臺南縣政府，民國71年4月），頁359。

34　《明清史料》（臺北，中央研究院歷史語言研究所，民國61年3月），戊編，第一本，頁21，朱一貴供詞。

35　郭廷以著《臺灣史事概說》，頁125。

只說：「天地會者，相傳延平郡王所設，以光復為旨，閩粵之人多從之，故爽文率以起事。實則朱一貴也是以結天地會起兵的。官書所記載，而小說野史所記，如《彭公案》、《施公案》的江湖黑語，都和天地會的隱語相同，可見天地會在康熙年間就已成立了。到戴潮春的時候，雖變名為八卦會，而香案謂之花亭，上供五祖，以一貴、爽文為賢而配之，非天地會而何？臺灣互數代皆有天地會的義師，其為天地會之發源地，似無疑義了[36]。」以臺灣為天地會的發源地，朱一貴結拜天地會起兵的說法，純屬推測，俱不見於官書記載。

蕭一山撰〈天地會起源的年代〉一文認為朱一貴與一念和尚都是康熙年間天地會中重要的人物。因為朱一貴在康熙六十年起義於臺灣，七日即佔領全島，大半是假借天地會的力量。官書上也有這樣的說法。《臺灣通史》於朱傳本文，雖未明言，但傳論却謂：「吾聞延平郡王入臺之後，深慮部曲之忘宗國也，自倡天地會而為之首，其義以光復為歸。延平既沒，會章猶存，數傳之後，遍及南北。且橫渡大陸，浸淫於禹域人心，今之閩粵尤昌大焉。可見著者的微意，是以朱一貴來傳延平郡王天地會之餘緒的[37]。」蕭一山等人都認為朱一貴是傳鄭成功天地會餘緒的，以訛傳訛，是一種臆測，並無證據。後人既相信天地會創始於鄭成功，成立於前，朱一貴起兵於後，當然就是假借天地會的力量，順理成章的推論，很容易被一般人所接受。

近年以來，海峽兩岸對現存清代檔案，都積極展開整理

36　黃玉齋撰〈鄭成功與洪門天地會〉，《臺灣鄭成功研究論文選》，頁251-256。

37　蕭一山撰〈天地會起源的年代〉，《暢流半月刊》，卷7期2（臺北，暢流半月刊社，民國42年3月），頁10。

工作，對清代史研究，提供了大量的原始資料。臺北國立故宮博物院典藏《宮中檔》康熙朝硃批奏摺內含有閩浙總督覺羅滿保奏報朱一貴起事經過的滿文奏摺、杭州織造孫文成奏聞訪查朱一貴預謀起事的滿文奏摺；《軍機處檔》方本《上諭檔》摘錄朱一貴的供詞。中央研究院歷史語言研究所現藏《明清史料》，也含有朱一貴等人的供詞。這些滿、漢文原始資料，都具有高度的史料價值。《重修鳳山縣志》記載，「五十九年，狂民高永壽冒首傀儡山後朱一貴聚眾謀逆，鞫之無實，杖逐回籍[38]。」杭州織造孫文成曾將訪查朱一貴起事緣由繕寫滿文摺具奏，先將滿文奏摺影印於後，並譯出漢文。

奏

　　奴才孫文成僅以所聞謹奏，為奏聞事。臺灣所聚之賊，皆係漳州、泉州、潮州此三府之人。鳳山縣地方，有名叫朱一貴之人為首聚眾起兵。自本年二月起，地方之人接連首告

38　《重修鳳山縣志》（南投，臺灣省文獻委員會，民國 82 年 6 月），
　　頁 272。

此情由，道員梁文煊即稟告總兵官歐陽凱派兵往查，據稱無此信息。二官遂商議將出首之人杖責枷號，據云亦有杖斃者。

〔硃批〕爾此無頭緒之言，實在不懂。

康熙六十年七月初一日[39]。

康熙六十年（1721）二月間，臺灣道梁文煊、臺灣鎮總兵官歐陽凱已經接獲地方人士的出首，朱一貴等人已經開始預謀起事。但地方文武並未能事先防範，朱一貴等人遂得從容佈署。朱一貴正式起事以後，閩浙總督覺羅滿保即繕寫滿文摺奏聞官兵失利情形。先將滿文奏摺影印於後，並譯出漢文。

---

39 《宮中檔康熙朝奏摺》，第 9 輯（臺北，國立故宮博物院，民國 66 年 6 月），頁 774，康熙六十年七月初一日，杭州織造孫文成奏摺。

奏

　　福建浙江總督奴才覺羅滿保謹奏，為敬謹奏聞事。臺灣地方，蒙聖主洪恩，此數十年，糧足民樂，地方絲毫無事，凡有賊案，奴才等即飭嚴緝重懲，毫不姑息，其私渡之人，亦嚴加禁止。今年四月間二十餘日，因海上風浪甚大，故船行稀少，官員稟告文書，亦較他月為少。五月初六日，忽接廈門密報稱，經從臺灣前來之商船探取信息，據云：今年四月二十日，南路鳳山縣地方，出現賊徒，樹立旗纛，到處行搶。二十三日，為官兵所敗，進入山內。二十五日，復出交戰，官兵受創。現今賊眾攻打總兵、副將等語。尋提督穆廷栻、施世驃皆先後派人來報此情由。臺灣官員雖未來報，惟因事屬實，是以奴才與將軍、巡撫商議，當即派出參將王萬化、遊擊邊士偉領兵一千名，船十五艘，救援臺灣。即令於初六日夜由福州起程。復星夜差遣官員，在澎湖等地，將現在正巡行海面兵船，亦調往救援臺灣。次日初七日，總兵歐陽凱於四月二十八日發自臺灣之札文到來。閱看札文，內稱，南路岡山地方，匪徒聚集舉旗，於四月二十二日到處焚搶，總兵臣給與遊擊周應龍兵丁，二十三日，在二濫地方殺敗賊徒。二十五日，周應龍領兵四百餘名，會同南路

官兵，在赤山地方遇賊交戰時，因南路營地為賊焚燬，官兵被傷甚
眾，守備馬定國自刎身故，參將苗景龍不知去向。今總兵臣率領官
兵，在臺灣府五里外立營圍守。副將許雲領兵四百名，在南路口立
營。臺灣地方因無城郭，甚為可虞，請即速派遣援兵等語，現正行
文各處催調援兵。初八日，提督施世驃來文稱，臺灣總兵家人蘇九
哥曾在戰地，今來至廈門，見面詢問時，據稱，四月三十日，賊來
犯臺灣府，總兵歐陽凱會同副將許雲，兩次敗賊。五月初一日，賊
復來犯，於鏖戰時，總兵歐陽凱負傷，為賊所害，其時副將許雲尚
在殺賊，後來究竟如何？不得而知等語。查得臺灣地方不小，官兵
亦不少，今賊自四月二十日起至五月初一日，甫及十日，在此期間，
對於賊之姓名，及起事聚眾之緣由，尚未確知，援兵亦未及時抵達，
遂致地方為賊所據，實出意料之外，此皆鎮道文武各員之罪，亦即
皆奴才之罪也。今不可不奮死以圖恢復，即同將軍、巡撫等商議，
自南澳、銅山等營調兵一千二百名，備船二十艘，交付南澳總兵藍
廷珍，乘風東驅臺灣，取打狗江，由此登陸，恢復南路營；調將軍
標下綠旗兵三百名、興化等營兵九百名，備船二十艘，交與興化副
將朱杰，直驅臺灣，取蚊江、三林江，由此登陸，以救援北路營；
提督施世驃標下兵二千五百名，各水師營兵三千名，奴才等標下兵
一千名，提督施世驃率此六千五百名兵由鹿耳門恢復臺灣本府，俱
約期齊進，各自辦訖。奴才等復商議，巡撫呂猶龍留駐省城辦事，
奴才揀選臣標兵一千五百名，乘船三十艘，由奴才親自率領，於本
五月初十日馳往廈門相機而行。今所指示三路兵，若不克進入臺
灣，奴才即親率福建兵船，亦請鄰省兵船支援，以全力奮渡臺灣，
務圖收復。惟奴才庸懦愚魯，缺乏用兵經驗，叩請聖主明鑒，施恩
將奴才之罪暫記，為先行收復地方，請詳示謀略，將臺灣地方復行
收回，恢復原狀。臺灣地方被據，皆奴才之罪，何敢不即具題，惟
題達本章，天下皆得聽聞。今適西陲用兵之時，叩請聖主明鑒，將
定限具本題報恩准展限一月，奴才至臺灣，若不克收復臺灣之時，
再將所有緣由查覈確實，悉行具題，為此不勝惶恐羞愧，叩請呈奏。
〔硃批〕此事甚大，所繕招撫敕書，由驛馳發，與其大肆剿滅，不

如稍看形勢，招撫為要。

康熙六十年五月初八日[40]。

《重修臺灣省通志》記載朱一貴正式起事，攻下岡山駐地的時間，是在康熙六十（1721）四月十九日夜裡[41]。閩浙總督覺羅滿保滿文奏摺繫於四月二十日，時間相近。根據杭州織造孫文成、閩浙總督覺羅滿保滿文奏摺的描述，都不能支持朱一貴是以天地會起兵的說法。

朱一貴起事失敗被捕後，解送北京，經刑部會同都察院、大理寺審擬，刑部等衙門具題，並錄有朱一貴供詞。乾隆五十一年（1786）十一月，林爽文起事以後，軍機大臣遵旨將朱一貴聚眾抗官一案相關卷宗調取查閱。將其中紅本即題本查出後摘敘略節清單，並將閩浙總督覺羅滿保、提督施世驃、總兵藍廷珍等列傳副本進呈御覽。國立故宮博物院典藏乾隆朝《臺灣檔》抄錄了朱一貴的供詞，其內容如下：

> 我係漳州府長泰縣人，康熙五十三年，我到臺灣道衙門當夜不收。後我告退，在大目丁地方種地度日。去年知府王珍攝理鳳山縣事，他不曾去，令伊次子去收糧，每石要折銀七錢二分，百姓含怨。續因海水泛漲，百姓合夥謝神唱戲。伊子說眾百姓無故拜把，拏了四十餘人監禁，將給錢的放了，不給錢的責四十板，又勒派騷擾不已。因此，今年三月內，有李勇等尋我去說，如今地方官種種騷擾，眾心離異，我既姓朱，聲揚我是明朝後代，順我者必眾，以後就得了千數餘人，

40　《宮中檔康熙朝奏摺》，第 9 輯，頁 767。康熙六十年五月初八日，閩浙總督覺羅滿保奏摺。

41　《重修臺灣省通志》（南投，臺灣省文獻委員會，民國 83 年 6 月），卷 1，大事志，頁 101。

要打搶臺灣倉庫，臺灣府發官兵四五百與我們打仗，被我們殺敗。傍晚時，游擊周應龍帶領兵丁番子前來，周應龍懸賞殺賊，番子就殺了良民四人。因此，百姓們懼怕，投順我的有二萬餘人，殺散周應龍的兵丁。後總兵歐陽凱、副將李雲、游擊游崇功等帶兵來戰，我們數萬人將總兵殺死，兵丁俱各潰散，進了臺灣府，佔了道衙門並倉庫。我手下李勇出來向眾人說，我姓朱，係明朝後代，稱為義王，與我黃袍穿了，國為大明，年號永和，將手下洪鎮封為軍師，王進才為太師，王玉全為國師，李勇、吳外、陳印、翁飛虎等封為將軍，張阿三等為都留，即派兵三千看守鹿耳門。六月十六日，大兵來攻鹿耳門，礮臺爆炸，大兵殺進，取了安平寨。我差翁飛虎等與大兵對敵，互相放礮。二十二日早，大兵駕坐三板船，分三路從沼亭等處上岸來攻，我們就敗了，各自奔散。我逃到下加冬地方，同李勇、吳外等到楊旭家去，楊旭等將我們誘拏出首[42]。

前引供詞，是林爽文起事以後調閱康熙六十年（1721）原案後摘錄朱一貴供詞的要點，並非全文。其原供存放於內閣大庫，臺灣中央研究院歷史語言研究所出版的《明清史料》中含有朱一貴原供，但脫漏殘闕之處甚多。為了便於對照，將原供照錄於下：

> 我係漳州府長泰縣人，今年三十三歲，我母李氏，兄朱勤，弟朱萬，俱現在家，我並無妻子。康熙五十三年，我到臺灣道衙門當夜不收。後我告退，在大目□

42　《清宮諭旨檔臺灣史料（一）》（臺北，國立故宮博物院，民國85年10月），頁292。乾隆五十一年十一月二十五日，略節清單。

□□□□民人鄭九賽田地度日。去年知□□□□□□山縣事務，他不曾去，令伊次子□□□□□□間要糧，每石要折銀七錢二分，百□□□□□眾人俱各含怨。續因地震，海水泛漲，眾百姓合夥，謝神唱戲。知府王珍又令伊次子去說百姓無故拜把，拿了四十餘人監禁。又拿了砍竹的二三百人，將給錢的放了，不給錢的責四十板，俱逐過海，攆回原籍。又民間耕牛每隻給銀三錢打印子，方許使喚，不給銀，即算私牛，不許使喚。每座糖磨舖要銀七兩二錢，方許開舖。又向來米隆砍藤人俱勒派抽分，騷擾民間。因此，今年三月內李男、鄭定瑞等會合到羅漢□管□□舍庄屯之黃殿家內尋我去。我向□□□□□地方官種種騷擾，百姓受不過，眾□□□□□姓朱，聲揚我是明朝後代，順我者必□□□□定散了。至四月十九日，我帶領李勇、吳外、鄭定瑞等到黃殿庄上，我們五十二人拜了把，我們各自會人，得了一千餘人。我們砍竹為尖鎗，旗旛上書寫「激變良民大明重興大元帥朱」字樣。二十一日，杜君英夥內楊來、顏子京執旗二竿來向我說檳榔林管施仁舍庄屯廣東之杜君英在南路淡水會了他們一處種地傭工人等要打搶臺灣倉庫，在檳榔林地方聚集如□□會我，我同李勇等曉諭眾人隨豎旗拜□□□三日，我的人在崗山下駐扎，臺灣府發□□□五百，拿了十竿旗纛與我們打仗，被我□□□，得了他們鳥鎗、藤牌等械十數件，不知□□□字，我們掣了兵。傍晚時游擊周應龍帶領□□番子前來，甚是驍勇，我們奪了元交，有村庄藏躲居住，楊來、顏子京與周應

龍戰敗帶了他帶來的人投杜君英去了。周應龍傳諭殺賊首領一名，賞銀五十兩，殺賊一名，賞銀三兩。因此，番子殺了良民四人，放火燒死八人。因此，百姓懼怕，投順我們有二萬餘人。二十五日，因下雨不曾打仗。二十六日，周應龍之兵在赤山敗□□君英。二十七日，杜君英我們兩路夾攻，殺□□應龍兵丁。周應龍隻身敗出後，聽說杜□□□人在宛大江口地方與參將苗景龍兵□□□取了南路營，將苗景龍殺死，手下兵丁□□□備馬定國自盡。二十八日，我們在崗山下扎營。二十九日，住了一日。三十日，總兵歐陽凱帶領一千餘兵，副將許雲、游擊游崇功等也帶一千來兵在春牛堡排列設砲，向我們交戰。水營副將兵丁打仗利害，又放大砲，我們人數雖眾，兵器缺少，因此，不曾交戰。五月初一日，我同杜君英合夥，我們數萬人將總兵兵丁四下圍住□殺進去，總兵兵丁內亂，一麾下外委把總□□勇將總兵官殺死，兵丁俱各奔散，杜君英□□臺灣府佔了道裡衙門，並倉庫，我帶領（下缺）[43]。

引文中脫漏部分，可對照《臺灣檔》朱一貴供詞摘錄內容補正，例如「去年知□□□□□□山縣事務」，當作「去年知府王珍攝理鳳山縣事務」；「臺灣府發□□□五百」，當作「臺灣府發官兵四五百」；「被我□□□」，當作「被我們殺敗」；「周應龍帶領□□番子」，當作「周應龍帶領兵丁番子」。將閩浙總督覺羅滿保滿文奏摺與朱一貴原供對照後可以修正滿文奏

43　《明清史料》（臺北，中央研究院歷史語言研究所，民國 61 年 3月），戊編，第一本，頁 21，朱一貴供詞。

摺的部分出入。四月二十五日因下雨，不曾打仗；周應龍兵敗於赤山，是在四月二十六日；四月二十七日，參將苗景龍被殺，守備馬定國自盡。從《臺灣檔》朱一貴供詞摘錄，可以知道朱一貴起事以後，稱「義王」，「國為大明」，「年號永和」，但都不見「天地會」字樣。所謂朱一貴假借天地會的力量，官書上也有這樣的說法云云，確實不足採信。

　　學者已指出朱一貴起事，與林爽文起事不同，它不見天地會名目，被俘人員的供詞，均未提到天地會，主張朱一貴以天地會起事的學者，並未加說明、論證。所以很長時間以來，都是以訛傳訛，不足採信。近年來，仍有學者引用檔案資料，認定朱一貴起事，「確為天地會起義」。赫治清著《天地會起源研究》一書列舉了內證和外證，最終認定朱一貴起事就是「天地會起義」，其內證理由歸納為三條，其要點如下：

　　第一，依據《明清史料》等資料的記載，朱一貴「起義」的核心人物、骨幹，採取了歃血結盟焚表結拜的組織形式，這同天地會的基本組織形式相同。康熙六十年（1721）三月十五日，朱一貴同黃殿、顏子京、李勇、陳成、陳燦、康健、徐逢等十六人，在占陳坑拜把，密謀「起義」。四月十九日，朱一貴約李勇、吳外、鄭定瑞、王玉金、陳成、陳印等齊聚烏山頭黃殿庄再次拜把，共 52 人，而且是「奉一貴焚表結盟」。

　　第二，朱一貴「起義」用朱明後裔相號召，打出了「大明重興」的旗幟。杜君英的旗幟上寫著「清天奪國」字樣。這都和天地會創立宗旨和著名的「爭天奪國」口號，完全一致。

第三，萬和尚的參與，並任北路軍首領，是朱一貴反
清起事為天地會「起義」最凸出的標誌。萬和尚俗
姓王，名印，他既不稱釋和尚，又不稱王和尚，獨
獨稱萬和尚，顯然，他是「結萬為記」集團成員，
參加了天地會。

赫治清根據上述三條理由，斷定朱一貴反清鬥爭確為「天地
會起義」。其外證亦歸納為三條理由，重點如下：

第一，乾隆六十年（1795）三月，臺灣陳周全的起事，
是假借朱一貴之後朱九桃的名義發動的。陳周全發
布的告示中，還明確提出「爭天奪國」的口號，與
朱一貴「起義軍」杜君英部的「清天奪國」一脈相
承。

第二，嘉慶十一年（1806），杜世明在江西傳播天地會
時，傳給吳文春的一份天地會秘密文件上寫著：「明
朝時走出三人：李開花、朱七〔一〕桂〔貴〕、洪社
常」。這表明嘉慶年間的天地會繼續把朱一貴當作先
賢朱明後裔加以擁戴。

第三，咸豐末、同治初，臺灣彰化戴潮春按天地會組
織形式及其五祖、洪英崇拜，結八卦會，奉朱一貴、
林爽文為先賢。後世天地會把朱一貴和林爽文並稱
為先賢，置於五祖之旁加以供奉，充分證明朱一貴
及其領導的「反清起義」，屬天地會範疇[44]。

《天地會起源研究》一書所列舉的內證和外證，嘗試根據檔
案文獻對朱一貴假借天地會起事的說法，進行說明和論證。
然而，依舊缺乏說服力，不能證明朱一貴起事是「天地會起

44　赫治清著《天地會起源研究》，頁 201-205。

義」。拜把結盟是民間金蘭結義的共同模式，天地會、父母會
等會黨的基本組織形式也是拜把結盟。朱一貴供詞中確實供
出拜把結盟的經過，但不能因為朱一貴等人曾經拜把結盟而
推論康熙年間臺灣已經出現天地會，朱一貴就必然領導天地
會起事。以朱明後裔相號召，豎立「大明重興」或「清天奪
國」的旗織，是清代地方民變常見的現象，但不能因為朱一
貴等人曾以反清復明為號召而聯想朱一貴等人「確為天地會
起義」。萬和尚在天地會活動中具有特定含義，在朱一貴骨幹
中也有個萬和尚王印，但王印是否屬於「結萬為記」集團成
員之一，王印何時加入天地會？他是否在朱一貴等五十二人
拜把結盟之列？都有待商榷。王印在諸羅豎旗起事，既非自
發的，又如何可因此而論證萬和尚王印就是他作為僧人參加
天地會的鐵證，因而說明萬和尚的參與，就是朱一貴反清起
事為天地會「起義」最突出的標誌呢？朱一貴和林爽文是清
代臺灣規模較大的民變，林爽文領導天地會起事，後世將朱
一貴和林爽文並稱先賢，只能解釋為民族英雄崇拜，不必一
定屬於天地會範疇。檢查現存清代滿漢文檔案資料及官書典
籍，都沒有朱一貴以天地會起事的記載。由於後世天地會文
件將天地會成立的年代追溯至康熙十三年（1674），部分學者
相信天地會的起源神話，於是認為天地會在康熙年間的閩南
漳州及其附近地區已經存在，臺灣民變首領也都加入了天地
會。這種推論和臆測，都不符合歷史事實。朱一貴等人，以
拜把結盟的儀式，聚眾起事，是官逼民反的一種群眾運動，
不是「天地會」起義。

奏

梅州延洪　臣高其倬謹

奏為

奏明事竊照常州府屬荊溪縣有善權寺創
於南森時至宋有淮東安撫使陳文道曾
捐田二百餘畝於寺時僧人為建祠寺內
奏為禮越香火其子孫住居於寺之附近
村庄彼此往來至康熙十三年間議移祠
於寺外陳姓之人祖撲不移復混掯搆酒
入寺禁祀僧人以理卻阻陳姓特燒樺林祖
多始則赴寺克鬪鬮則聚眾焚燒樺林祖
塔憲化灰燼寺僧除江南寂當時
俱焚厄方丈和尚白松亦同時圖寂當時
惟將首者陳榜一人正法又監覽亦多人
餘省漏洞又關此寺被焚復建之後陳姓
亦重建專祠并將已正法之陳榜亦列於
祠內所有現存寺田盡收去山門外大
路基地并收入戶內　思陳姓歿人放火
霸產化祠世海其焰不法已極雖事曆年
久應查明料理以彰天理而申
國法思其已往示戒將來實人心風俗之所

關　心行常鎮道王之琦前往善權寺將
陳姓佔去田畝俟收地基松路逐一查明
悉行清還陳榜等濟祠立即燬脾拆祠陳
　　　　蘭搆殘祠
　　　　　甚者　　　　為令全陳姓嚴
　　道先經愈甲有功德於寺等本陳姓嚴
　本宋喜自行將雜奉祀山門之外眾內為
首之陳永陳復初各祀本人雖經正
法寬觀而故其福添子孫亦復其安居
故土并興畫明照係發遣以示地方徹戒
至於此寺現在住持像從前寺內道人令
皆被剃髮搆突法眼溥派下但擾情節不
過德陳姓據使服役為之看守看火祠宇
迎非從前常住的派叩乞

皇上另遴高僧卓錫以闡宗風所有應建僧房
并增修殿宇　自當加意料理謹繪具善
權寺圖并抄錄飭行牌稿恭呈

御覽伏乞

皇上訓示謹

奏

　　恭敬修繕場合威·叢林桃樣子竹

雍正拾叁年肆月貳拾貳日

《宮中檔》，雍正十三年四月二十二日，高其倬奏摺

奏為敬奉
上諭事本年閏四月十三日臣等捧到硃批總四限臣敬謹啓
回摺捧大學士臣鄂爾泰恭張廷玉內大臣臣海望等字
內開雍正十三年閏四月初五日
委員相度確估重加修建續開具
門頭二十五房期寺較遠甚是妥處俱不在此寺之內
向來直省府廳州縣人類多不守清規其事為禪門
敗壞令少林寺現存僧人另建一叢林寺即不過令此寺房
頭散處寺外難於稽查官東屋僧作庤序屋俱行造於
寺墻之外左右兩旁作為客房其如何改造之是著王
士俊的量辦理至工竣應令何人住持咸咨督藩
京中派人前往就此遵
音寧信前來臣跪誦恭詳叩見
聖明洞照整肅禪規至意爰照少林寺門頭二十五房查
其僧教駭狀居寺外揆其支派自同彝眾中級隆來
住持退度之後各於門外另蓋小庵以奉棲閣惑
之所統計二十八代各傳二十八房今僅二十五房
者其三不傳也期俊門頭日盛方丈庶當住少
供養之四禪房多班垣之處而門頭又各以奉勇相
傳技磐為業迥與寺內竟相間隔是實同寺內敝起
僧散不能貫徹至此
皇上因直省房頭類類多不守清規

臣王士俊謹

特念少林散處寺外之僧難於稽查管束
審處周詳委係修建叢林第一切要急務臣查此項門頭
房屋原與寺相毗連繪圖之中雖覺距寺較遠其實
總係寺界之內臣遵奉
諭旨細度形勢再於東西兩邊增築緣墻一帶將此二十
五房零星住居之屋悉圈在內或改其方向或易其
在今然之規模可不必改成叢林之氣象一時難得之假或門垣使俱緊貼寺墻作為兩旁僧寮皆從大門出入
何益祇以新理未將此事甚妥忽不妥
規模編覺嚴整呼吸倍覺周通矣又此項門頭向習
拳勇技擊今其法已不傳現今一百七十餘衆非復
以前獷悍積習但俱係應付之僧尚未受戒臣前次
委員勘估即恭宣
恩旨佛地重光千載一時使其受戒無不感激踴躍俟工
竣之後恭候
皇上派撥高僧來為住持總領訓誨俾支派悉復其傳緇
流不違於渙化關垠之習為覺岸之登永沐
聖恩於無既矣臣現在購買物料敬俟
皇上頒發
欽定興工及上梁吉期即行迅速整葺并待告成之日再
甚感之日方繪圖呈進是何意見
敬謹繪圖恭呈
御覽所有圖築改造情形合行繕摺奏
聞伏乞
皇上睿鑒臣謹
奏
雍正拾叁年閏肆月　拾捌　日

《宮中檔》，雍正十三年閏四月十八日，王士俊奏摺

奏
浙江巡撫三品頂戴臣顏檢跪
奏為遵
旨審明定擬覆
奏事竊臣接准軍機大臣字寄嘉慶二十年七月
初三日奉
旨此案劉奎養聽從在逃之謝㤉歘糾入添弟會給
與秘書一本書內語句悖逆處甚多顏檢既經起
獲即應向該犯等追究係何人編造作何行用即
該犯等供係康熙年間洪二和尚即萬提喜捏事
亦應向輾轉抄傳之人嚴切根究顏檢僅將該犯
等照復興添弟會名目加重問擬斬決並未嚴究
該犯等有無謀為不軌情事實屬草率本日刑部
又查參顏檢將強盜輪姦婦女應奇本具題之案
違例改奏顏檢因循疲玩總不能改姑著交部議
處其承審劉奎養一案之布政使額特布署按察
使景臨知府涂以輈同知瑞齡知縣陸玉書均屬
疲玩無能俱著交部議處著顏檢即親提該犯等
照刑部簽出書內各情節逐一嚴究確情定擬具
奏並向該犯等嚴究此書抄寫計若干本傳布何
人盡數起獲與現獲之書一併咨送軍機處核明
銷燬以絕根株逃犯謝㤉歘並著嚴緝務獲毋令
漏網欽此臣跪讀之下不勝惶悚正在遵提覆訊
間接准閩省咨會續獲浙省咨緝朱鳳光案內
逸犯李萬山鍾三姑據供係朱鳳光等挾嫌誣
扳委員押解來浙質審究辦當經訊明鍾三姑
即鍾三仔本名鍾金鳳乳名八一生係武平縣
人武平縣差役因浙省咨拏添弟會案內有逸
犯鍾三姑姓名將其獲解鍾三仔本與朱鳳光
素識疑係挾嫌誣扳願與質對李萬山因聞鍾
三仔不認入會亦即隨同混供迨到浙後經劉
奎養等認明鍾三姑即鍾三仔另是一人並非
從前入會之鍾三姑年歲形貌皆不相符其李
萬山一名實係一同結拜之犯面為質證李萬
山無可狡賴供認聽糾入會並未執有書本亦
無糾人傳徒及搶劫不法之事臣隨查照刑部
簽出書內各情節向該犯等逐一嚴究緣劉奎
養朱鳳光李萬山均籍隸福建武平縣嘉慶十
七年九月間劉奎養在籍與在逃之謝㤉歘會
遇聞該謝㤉歘以素知添弟會秘訣如邀同會
人俱有照應可免欺凌邀允劉奎養入會劉奎
養至謝㤉歘家遇見陳斗星李萬山賴內應鍾
三姑藍紫佳劉發光鍾四衍同拜謝㤉歘為師
謝㤉歘傳授暗號以外面布衫第二鈕釦寬着
不扣髮辮盤起辮梢向上并開口不離本出手
不離三要訣謝㤉歘又給與劉奎養秘書一本
李萬山並未得書十八年二月間劉奎養邀允
朱鳳光入會朱鳳光即拜劉奎養為師照傳暗
號要訣又將秘書給朱鳳光照抄一本劉奎養

原吉因查拏緊急被即銷燬十九年四月未鳳
光揭吉未浙投寫養隆興飯店擺攤測字經逢
呂眛連吉學獲解有訊供沿提劉查養到浙訊
明按例議擬其
未經刑部查荅書本以情罪未協未未
諭言庶防難究通准解復李萬山解師素賛
訊辨理已逃日親提客誅犯平同布抄兩司庶
加熟畜據劉金養供此古實供謝惆熟給與富
時曾向查問攘謝惆熟康照平間洪二和
尚即萬惩喜借事相沿抄錄實不知何人編造
伊粗識數字不諳文義查吉內所彼情即及對群
詩句俱不能譴譁解閱勳吉如有此秘吉可
以得徒得錢故求謝惆熟抄一本祠幷料未
鳳光為徒將吉給抄後即等吉另謀
燬並木再有傳抄之人委為無就情事至
謝惆熟有無另行傳徒及將此吉抄與若干本
之底實未知通賈光所供大路相同整
輯並無徒給給李萬光隔別研訊
辟字義俱僅為傳徒騙錢之用該犯前赴該哲家內
搜查之處亦無借迹木法字迹如吉本亦木桿
人固索不識字亦未得交言吉本亦未得交言止八
等語再四究語加以刑嚇失供不移且查劉金
荅未鳳光等均係福建氏人斜約結拜未在閩
省現內因未鳳光寬越未新客其形跡可敏經
該縣查拏解省究出結會情即咨准閩省辦燬
不從嚴究辨不足以示懲戒現在逆犯札現等

劉金養解浙舌辨其供吉之謝惆熟屢經咨辨
有吉貼近逆詞之事且已通奉斜員分杖訪緝
全並無逆詞之事日夜情恨焦急實無剎不以查拏
聰以此吉係自謝惆熟為詞不能供指末應察
逆犯為念如誅犯亨未有謀逆實跡此時必當
據賞究辨如非從發展查吉內首敘夢
兆幷敍萬惩喜慘緣由即即鴨武此吉語句
向未添弟會罪供木知何人編造
追究卷查閱吉庶有容逆送查辨會匯於店內
亦多都經妄誕其能理解如係從前木法提徒
妄造邪言指此烟感人心為斜畏敬錢之計
不法情事誠如部謀律以斬首之罪初覺過重
惟劉金養於謝惆熟付給吉本之後並不即時
燬滅抑又斬首時抄收藏雖條供稱不
解字義僅為傳徒騙錢之用該犯所抄吉本平
犯賕斜情應入會復又攘持斜人傳徒本例
應斬次自應按照本例間擬劉金養請仍照
閱粵等吉不法匪徒潛謀斜結興添弟食品
目曰經斜人反情應入斜例立決例應斬立決
未鳳光聽從入會查木斜料付給徒俟止擬
照例以未邪言煽感人心為從斬監候例應斬監候
市邪言煽感人心為從斬監候例應斬監候

聖未毛但等均未就獲江西江南湖北等省天
闔舌貼近逆詞之事日夜憤恨焦急實無剎不以查拏
量之寸歐仍覺過至然既有送吉而固其並未
謀逆惺照雖然入會擬以大覺過煙日料
的賞情詳條例劉金養將悖逆之罪本經斬決
抄例以未邪言煽感之罪本經斬決次該
犯賕斜情應入會復又攘持斜人傳徒本例
古人非謀逆之人亦未謀逆而坐以謀逆之罪

鴻慈亦且無須若因規避私心效誤
國家公事不特無以仰荅
國恩遠迫
養難材屑識諳廉獲慇尤而篤貼報劾之忱久家
蘇史重且於公事關係甚鉅上世受
處處其容尚小若耳精序迎護則微逆養奸擾

萬山訊止聽從入會並未斜人傳徒亦未坑有

吉本應照並未將料實羽聽誘隨同入會發造

洵應從新續兩搬捏地喜並各照例刑宇建三

姑即建三仟乙據到全春等曾退明曜並非此

素入會之人但其人有無迪不法及另行聽

斜人會之事漸省無由查究應仍解回開省訊

明絞絣所起害本如無遂捋字樣原可業絈銷

燬此因查閱吉内悖逆之語甚多是以恐部備

核賞不敢照覗欺隱銷存化大為小之見並此

景添弟會赴目何年倡目何人反該犯等有無

謀為不軌且前招業已訊明解飯惟未將該犯

等到案時曾向反覆抵觔之庶於摺内遂細敍

明以效工煩

睿慮下懷貰深昧悯除再行飛洛闐省哲撫並勒輯

運扰謝惆熟等務獲獲完並搜查書本起陛淨

盡岔送鎖燬仍遁錫浙江各属一體雒等查辧

以絕根株正將部咨書本遺本

諭旨岔送軍機庑核銷及全素佚拓咨部外所可覆

　　當定擬緣由謹恭摺具

　　奏正緣供草敍正

御覽伏乙

　　皇上睿鑒物部核覆施行謹

　　奏

行在刑部遠讀其奏

嘉慶二十年七月　　　三七　　　日

《宮中檔》，嘉慶二十年七月二十七日，顏檢奏摺

反清復明

——鄭成功與天地會的創立傳說

　　天地會是清代歷史上一個重要的秘密會黨，其起源問題，長期以來，受到中外史學界的重視。自從十九世紀初葉以來，陸續發現了各種天地會秘密文件，除各種圖像外，其文字部分，依照其性質，可以分為結會緣起、誓詞、祝文、口白、歌訣、詩詞、對聯、隱語、雜錄等項。各項文字經過輾轉傳抄，既多訛脫，又有異文。其中西魯犯境，僧兵退敵，清帝火燒少林寺，劫餘五僧結拜天地會的故事，就是學者討論天地會起源問題時所引用的主要資料。但因天地會秘密文件所述結會緣起，或詳或略，神話成分居多。其所述人物、時間、地點，亦互相牴牾，所以諸家推論所得結果，並不一致，存在著極大的歧見，異說紛耘，莫衷一是。秦寶琦著《中國地下社會》一書指出天地會並不等於清代所有的會黨，它僅僅是諸多會黨之一。為了消除會黨便是天地會這種誤解，作者首先就天地會的起源問題進行探討。關於天地會的起源，包括天地會創自何人？始於何時？起於何地？創立宗旨為何等一系列問題。截止到八十年代末，學者們有關天地會起源的說法，已可歸納為十二種之多，即：鄭成功創立天地會說；天地會始於康熙十三年甲寅說；天地會始於雍正十二年甲寅說；福建藤牌兵創立天地會說；天地會始於明季說；天地會始於乾隆二十六年說；天地會始於乾隆三十二年說；

天地會始於雍正年間說；天地會始於雍正初年說；以「萬」
為姓集團餘黨創立天地會說；廣義天地會始於雍正年間，狹
義天地會始於乾隆年間說；天地會始於明末清初說等[1]。

　　探討天地會的起源問題，不能忽略清代社會經濟變遷而
把天地會作為一個孤立現象加以考證。後世流傳的各種天地
會秘密文件，多敘述少林寺被清帝焚燒後，劫餘五僧拜長林
寺僧長萬雲龍為大哥，以陳近南為香主，在高溪廟起義，萬
雲龍失機陣亡，五僧分往各省傳會，成為天地會的五祖。學
者根據這些傳說加以考證後，多認為萬雲龍大哥就是影射鄭
成功，陳近南就是影射陳永華，於是得出結論，相信天地會
就是起源於臺灣，臺灣遂成為清代天地會的誕生地。究竟天
地會是否為鄭成功所創立？臺灣是不是天地會的發祥地？都
引起臺灣史研究者的極大興趣。

　　長期以來，由於鄭成功一直被人們尊崇為驅逐荷蘭殖民
主義者的反清復明的民族英雄，因此，鄭成功在臺灣創立天
地會的說法，確實有它的時代背景。最早提出鄭成功創立天
地會說法的是辛亥革命時期的歐榘甲、陶成章、章太炎等人。
歐榘甲、字雲樵，廣東惠州歸善縣人，是康有為的門生。清
德宗光緒二十八年（1902），他到舊金山，與旅美洪門致公堂
唐瓊昌等人創辦《大同日報》，自任總編輯，將所撰文章，以
《新廣東》為題，連續刊載。同年，日本橫濱新民叢報社又
將其文章印成小冊子公開發行，書名仍題為《新廣東》。歐榘
甲在《新廣東》第五節有一段記載說：

　　　鄭成功以興復明室，討滅滿洲為己任。在位二十年中，

1　秦寶琦著《中國地下社會》（北京，學苑出版社，1994 年 1 月），
　　頁 36。

無歲不興兵伐閩浙，迄不得意，環顧左右之人，既無
雄材大略，斷難以武力與滿族爭衡。嗣子非材，臺灣
亦難久據，不得不為九世復仇之計，乃起天地會焉。
其部下多漳泉人，知滿清根基已定，非有私會，潛通
各省行之百年之久，乘其衰弊，不能克復漢家。乃私
立口號，私立文字，私立儀式，重其誓願，嚴其泄漏。
入會者親如兄弟；未入會者，父子亦如秦越。其所志
在復明，故因洪武年號，自稱洪家。旗幟服色，皆以
紅為尚，洪字三點水，故三合、三點等名目出焉[2]。

　　赫治清著《天地會起源研究》一書指出歐榘甲的說法是
中國人在天地會起源問題上首次提出的鄭成功創立說，開創
了中國人研究天地會起源問題的先河。鄭成功創立說，不僅
構成了辛亥革命輿論準備的一部分，對激發民族大義，發揚
革命精神起了重要作用，對當時的革命黨人產生過重要影
響，直接影響了後來天地會起源研究的發展方向，特別是陶
成章的鄭成功創立天地會說[3]。

　　陶成章（1878-1912），字煥卿，一字守禮，浙江會稽人。
光緒二十八年（1902）夏，留學日本，倡言革命。後加入光
復會，負責聯絡江蘇、浙江、安徽、福建、江西五省會黨工
作，深入農村。他隨身攜帶的革命宣傳品，除《革命軍》、《浙
江潮》等刊物外，就有歐榘甲的《新廣東》。光緒三十四年
（1908）八月，陶成章赴南洋各地籌措革命經費。同年十月，
出任緬甸仰光《光華日報》主筆，撰寫《洪門歷史》篇，刊

2　赫治清撰《天地會起源研究》（北京，社會科學文獻出版社，1996
　　年2月），頁22。
3　《天地會起源研究》，頁23。

載於《光華日報》。宣統二年（1910）正月，新加坡《中興日
報》轉載《洪門歷史》，具名志革，這是陶成章在仰光時的筆
名。此外，還有起東、巽言、漢思、濟世、何志善、會稽先
生、會稽山人等筆名[4]。光緒三十四年（1908）十二月，陶成
章由仰光至檳榔嶼，偕陳威濤遊歷英荷各屬。當陶成章在南
洋荷屬佛里洞島時，曾以《教會源流考》為題作演講。其講
題係就《洪門歷史》篇加以增補，也改正了頗多的疏漏。陶
成章所著《浙案紀略》，初在仰光《光華日報》陸續刊載。宣
統二年（1910），增補訂正，將中卷列傳及附錄《教會源流考》，
在日本排印出版。民國五年（1916）七月，由魏蘭校補重印。
陶成章撰寫《教會源流考》的宗旨，主要是為了宣傳革命排
滿的思想。文中論證白蓮教與天地會的產生，都是為了反對
「異族」的統治。白蓮教是為了反元，天地會是為了反清。
他在論述天地會的起源問題時說道：

> 明太祖本紅巾軍中之一小頭目，未起義之前，為皇覺
> 寺一丐僧。其後又不幸而明室內亂，滿洲乘之，再蹈
> 亡國之慘。志士仁人，不忍中原之塗炭，又結秘密團
> 體，以求光復祖國，而洪門之會設也。何謂洪門？因
> 明太祖年號洪武，故取以為名。指天為父，指地為母，
> 故又名天地會。始倡者為鄭成功，繼述而修整之者，
> 則陳近南也。凡同盟者，均曰洪門。門，家門也，故
> 又號曰洪家。既為一家，既係同胞，故入會者，無論
> 職位高下，入會先後，均稱曰兄弟[5]。

4　《民國人物小傳》，第 7 冊（臺北，傳記文學雜誌社，民國 74 年
　　12 月），頁 307。

5　陶成章撰〈教會源流考〉，見羅爾綱編《天地會文獻錄》（上海，正
　　中書局，民國 36 年 10 月），頁 63。

　　《教會源流考》是國人最早全面系統研究清代秘密社會源流的專門論著，文中明確指出鄭成功是天地會始倡者。章太炎也抱有強烈的反滿思想，他曾利用一切機會進行反滿宣傳。日人平山周著《中國秘密社會史》一書，章太炎為其書中譯本作序時指出，「訖明之亡，子遺黃髮謀所以光復者。是時，鄭成功在臺灣，閩海之濱，聲氣相應。熊開元、汝應元皆以明室遺臣祝髮入道，故天地會自福建來[6]。」陶成章等人對天地會起源問題的研究，並不深入，他們所倡導的鄭成功創立天地會的說法，也沒有提供任何歷史依據。但後世多相信陶成章等人的鄭成功創立說，將傳說的故事，當作信史。連橫著《臺灣通史》，於民國九年（1920）出版，原書〈朱一貴列傳〉記載說：「吾聞延平郡王入臺之後，深慮部曲之忘宗國也，自倡天地會而為之首，其義以光復為歸。延平既沒，會章猶存，數傳之後，遍及南北，且橫渡大陸，浸淫於禹域人心，今之閩粵尤昌大焉[7]。」同書〈林爽文列傳〉亦稱，「天地會者，相傳為延平郡王所創，以光復明室者也[8]。」連橫也沒有提出原始資料，原書所述鄭成功「自倡天地會」的說法，是得自傳聞，不足採信。

　　溫雄飛著《南洋華僑通史》一書，於民國十八年（1929）出版，原書第十四章〈天地會之起源〉一節，透過對西魯傳說的研究，而認為《西魯序》中的萬雲龍便是指鄭成功，香主陳近南便是陳永華之自謂。經過溫雄飛的詮釋，鄭成功創

6　平山周著《中國秘密社會史》（臺北，古亭書屋，民國 64 年 8 月），敘言一，頁 1。

7　連橫著《臺灣通史》（南投，臺灣省文獻委員會，民國 81 年 3 月），朱一貴列傳，頁 877。

8　《臺灣通史》，林爽文列傳，頁 914。

立天地會的說法，便更加具體化了。他指出陳永華等人「自入臺灣後，即知虜運尚強，難與力取。又慮日久人心渙散，無復知有茹種之痛，蓄謀復九世之仇者，乃創立秘密團體天地會於臺灣，四出傳播反清復明思想，喚起人心。臺灣在鄭氏勢力之下，雖名秘密結社，實則公開演說。故現在會黨拜盟，其香主陳近南者，即陳永華之自託也[9]。」溫雄飛根據推論，得出其結論：「天地會起源之時代，自當以康熙甲寅年為可信。查康熙甲寅即康熙十三年，上距其入據北京之年，共31年，其醞釀時代未必有31年之久，大抵醞釀於永曆帝及鄭成功既死之後，即康熙元年而成立於康熙十三年者也[10]。」溫雄飛的天地會醞釀於康熙元年（1662），康熙十三年（1674），陳永華在臺灣正式成立的說法，是脫胎於鄭成功創立說。同時也可以說是早期鄭成功創立說向後來康熙十三年（1674）創立說轉軌過程中的產物。學者已指出溫雄飛一方面否定鄭成功創立天地會的舊說，另一方面又將陶成章提成的陳近南「繼述而修整」的說法加以具體深化，最後推出一個與昔日不同的康熙甲寅說[11]。

　　民國二十一年（1932），蕭一山赴歐考察文化史跡，於旅英期間，在倫敦大英博物館內發現晚清廣東人手抄天地會秘密文件多種，都是英國波爾夫人（Mrs. Ball）在香港、廣州等地所購得者。蕭一山從事抄錄，因加編次，歸類汰繁，附加說明，題為《近代秘密社會史料》，卷首有〈天地會起源考〉一文。原文在大體上支持溫雄飛的推論，贊成天地會是陳永

9　蕭一山編《近代秘密社會史料》（臺北，文海出版社，民國64年9月），卷首，頁8。

10　《近代秘密社會史料》，頁6。

11　《天地會起源研究》，頁25。

華鄭氏舊部組織的說法。但蕭一山不同意康熙甲寅說，他指出天地會起源於康熙十三年（1674）的說法是顯然的錯誤，而另據天地會文件證明天地會成立於雍正十二年（1734）甲寅七月二十五日[12]。蕭一山著《清代通史》敘述天地會傳說的背景時指出，俄國在清代稱為羅剎，魯、羅同音，羅剎在極西，故稱西魯。天地會文件中所述少林寺僧人征西魯之事，是影射俄國於康熙年間入侵黑龍江，建議侯林興珠率福建降人五百名編組藤牌兵，隨彭春征討雅克薩，有功不賞，餘眾128 人於薊縣法華寺出家。後又調征準噶爾，因怨望不服指揮，為清廷派人毒斃，只有 18 人逃脫，沿途死傷 13 人，僅餘 5 人，在衡陽遇救，乃奔臺灣，成立天地會[13]。蕭一山撰〈天地會創始於鄭延平〉一文，明確指出鄭成功是天地會的創始人。原文結論指出：

> 我們看許多的史書，都記載鄭成功初在南澳收兵，繼至鼓浪嶼，和同志插〔歃〕血訂盟，誓圖恢復。所以明桂王封成功為延平王時，冊文上也說：「爾漳國公賜姓，忠猷愷摯，壯略沉雄，方閩浙之飛塵，痛長汀之鳴鏑，登舟灑泣，聯袍澤以同仇，嚼背盟心，謝辰昏於異域。」足見鄭氏是以拜盟結社來起義的，後來陳永華纔擴大組織為天地會[14]。

蕭一山認為鄭成功是以拜盟結社來起義的，所以相信天地會的創始人就是鄭成功。郭廷以著《臺灣史事概說》一書，

---

12 蕭一山撰〈天地會起源考〉，《近代秘密社會史料》，卷首，頁 14。
13 蕭一山著《清代通史》（臺北，臺灣商務印書館，民國 51 年 9 月），卷上，頁 901。
14 蕭一山撰〈天地會創始於鄭延平〉，《暢流半月刊》，卷 7，期 5（臺北，暢流半月刊社，民國 42 年 4 月），頁 8。

沿用了革命黨人的論證，對鄭成功在臺灣創立天地會的說法，進一步加以發揮。原書第五章論述民族革命時指出蒙古的南侵，滿洲的入關，為當時「異族」加予漢人的莫大災難，因之漢人的反抗，亦空前壯烈。「鄭成功決定起義師之時，首先和他的朋友陳輝、張進、洪旭等 90 餘人締盟歃血，張禮、郭義、蔡祿等亦相同盟，以萬人合心，以「萬」為姓，改姓名為萬禮、萬義、萬祿，依照行次有萬大、萬二、萬七之稱[15]。」因此，郭廷以認為後來的天地會，則為其組織的擴大。鄭成功的大陸恢復事業雖然暫時受挫，而臺灣反隨之光復，不僅提高了原居臺灣者的民族情緒，更加強了他們的民族信心。許多忠貞之士，義烈之民，以及所有心懷故國，不願靦顏事虜的孤臣孽子，志士仁人，均先後景從，相繼東渡，貢獻他們的力量，共謀匡復大業。鄭氏父子復力事招徠，優予禮待。於是臺灣不僅成了對抗清朝的堡壘，又是近代中國民族革命組織即天地會的誕生地。天地會的根本宗旨是「反清復明」，鄭成功入臺之後，天地會的組織、主義、精神，不惟隨之而至，而且益加擴大加強。一則是臺灣的民性相近，二則是時勢的轉變，革命運動須由直線而曲線，由公開而秘密，由上層而下層，而陳永華的關係尤大。陳永華原與鄭成功一樣的是位儒生，清軍入閩，他的父親陳鼎殉難，於是他參加了鄭成功的恢復運動。鄭成功父子對他均深加倚重。他知道鄭氏之祚不永，以他之深謀有識，他於將來的民族革命事業當有所安排。繼述修整天地會，被拜為軍師，尊為香主。天地會秘密文件中的萬雲龍大哥可能是影射鄭成功，香主陳近南應

---

15 郭廷以著《臺灣史事概說》（臺北，正中書局，民國 77 年 8 月），頁 118。

該就是陳永華。康熙十三年（1674），鄭成功歿後 12 年，大約是天地會大改組的一年，而不是最初成立一年[16]。郭廷以對天地會起源的這一論述，與陶成章等人的說法，幾乎同出一轍。學者甚至根據野史《漢留全史》等書所述鄭成功於順治十八年（1661）在臺灣開金臺山，陳近南奉命往四川雅州，於康熙九年（1670）開精忠山的故事[17]，結合福建平和縣人嚴煙供詞中「天地會起於川省，年已久遠」等語，以斷定天地會「起源於清初鄭成功的經營福建臺灣，再由福建臺灣而轉入廣東、四川[18]。」以上這些說法，不僅脫胎於鄭成功創立說，並進一步演繹其說，以致聚訟紛紜。黃玉齋撰〈鄭成功與洪門天地會〉一文歸納諸說後認為天地會創始於臺灣鄭氏。張禮等歃血為盟，原是閩南的秘密社團，鄭成功起義時的歃血為盟，其性質亦極相類似。鄭成功來臺後，這一秘密社團也跟著回來，並正名為天地會。因此，我們有理由相信這個萬雲龍大哥，就是鄭成功[19]。黃玉齋的臆測，是有待商榷的。

　　赫治清著《天地會起源研究》一書已指出順治三年（1646）十二月，在鄭成功的倡導下，抗清志士在廈門對面的烈嶼會盟，決定聯合抗清。會盟之後，鄭成功便與陳輝、張進等盟歃願從者九十餘人，乘二巨艦斷纜而行，收兵南澳，得數千人。蕭一山首先把鄭成功與張進、洪旭等九十餘人在烈嶼歃血訂盟，誓師抗清之事，與南澳收兵混為一談，繼而又把張

16　《臺灣史事概說》，頁 121。

17　劉師亮著《漢留全史》（臺北，古亭書屋，民國 64 年 8 月），頁 3。

18　胡珠生撰〈天地會起源初探—兼評蔡少卿同志關於天地會的起源問題〉，《歷史學》，期 4（1979），頁 72。

19　黃玉齋撰〈鄭成功與洪門天地會〉，《鄭成功研究論文選》，（福州，福建人民出版社，1982 年 6 月），頁 260。

耍、郭義、蔡祿拉進結盟，鄭成功之改作萬姓，實在大謬。
張耍等化異姓為萬姓，分別改名萬禮、萬義、萬祿，依排行，
又稱萬大、萬二、萬七，乃是明末崇禎年間之事。入清之後，
萬禮等把鬥爭矛頭轉向清朝統治者。順治七年（1650）五月，
參加到鄭成功抗清鬥爭行列。南澳收兵，哪有萬禮等會盟之
事？何況，鄭成功與陳輝、張進等歃血結盟，乃是進行公開
的武裝抗清，也非秘密結社，更不是天地會。總之，無論清
朝文書檔案、官書，還是清人文集、雜著、方志，都無天地
會起源於臺灣的記載。即使敘說天地會緣起的會內秘密文件
《西魯敘事》等，也不曾涉及臺灣一字。把臺灣說成天地會
的誕生地，是明顯的錯位[20]。誠然，無論臺北的國立故宮博物
院，還是北京的中國第一歷史檔案館，現藏明清檔案，都找
不到任何資料可以證明天地會起源於臺灣，鄭成功是天地會
創始人。其實，天地會起源於臺灣，鄭成功是天地會的創始
人，陳永華繼述而修整的說法，都是一種推測，可以說是神
話中的神話。

　　鄭成功創立天地會這一說法的盛行，與清末民初以來革
命黨人的宣傳不無關係。隨著鄭成功創立說的興起，天地會
起源於臺灣的主張，亦相應盛行。鄭成功是反清復明的民族
英雄，革命黨人塑造典型的漢族英雄人物，以激發反滿情緒，
具有時代的意義。臺灣是鄭成功反清復明的根據地，臺灣史
學界受到政治反攻的宣傳工作的影響，幾乎眾口鑠金地主張
鄭成功創立天地會的說法，鄭成功成了天地會的創始人。民
國建立以後，「反清復明」的口號，在政治上雖然已經失去意

20　赫治清著《天地會起源研究》（北京，社會科學文獻出版社，1996
　　年 2 月），頁 213。

義，但臺灣當局將「反清復明」的口號，更換成「反攻大陸」的標語，就具有符合時代意義的作用。《臺灣史事概說》、〈天地會創始於鄭延平〉等論著，就是在這種政治環境裡寫成的著述，學術為政治服務，未能將學術研究工作建立在客觀的基礎上，這是鄭成功創立說的嚴重錯誤。鄭成功是一位有遠見的政治家與軍事家，他在臺灣於自己統領的正規軍隊之外，還另創一個以「反清復明」為宗旨的天地會的說法，顯然與天地會本身的歷史和鄭成功本人的實際情況，並不相符。秦寶琦撰〈鄭成功創立天地會說質疑〉一文指出：

（一）在天地會檔案史料和秘密文件中，皆無鄭成功創立天地會的記載。在乾隆年間天地會要犯的供詞中，均未提及鄭成功。從少林寺僧征西魯的傳說來看，它是後人模仿史書及民間流傳的有關少林寺和尚的故事虛構而成，既非影射鄭氏一家經歷，亦非反映天地會的起源。

（二）鄭成功創立天地會說，與鄭成功本人實際情況不符。在鄭成功一生抗清經歷中間，既從未發現有創立天地會以擴大隊伍的任何史料，認為鄭成功在臺灣於自己控制的軍隊之外，還另創一個以「復明」為宗旨的天地會，這種說法，令人難以置信。

（三）從檔案與官修史書來看，天地會是乾隆年間福建漳浦縣僧提喜即洪二和尚創立的，而非創自清初康熙年間的鄭成功[21]。

天地會是清代歷史上重要秘密會黨之一，在近代史上，

---

21 秦寶琦撰〈鄭成功創立天地會說質疑〉，《鄭成功研究選集》，續集（福州，福建人民出版社，1984 年 10 月），頁 337。

特別是辛亥革命時期推翻清朝政府的過程中，產生過重要作用。一些著名的革命黨人也曾加入過會黨，並自認是會黨反清「民族主義」的繼承者，所以頗為重視會黨。民國38年（1949）以後，大陸史學界在馬克思主義理論指導下，對人民群眾的反抗鬥爭，以及農民革命運動，都給予高度的評價，天地會的歷史，也受到肯定。在臺灣方面，中華民國政府以臺灣為根據地，效法民族英雄鄭成功，積極準備收復大陸。軍事反攻的努力放棄以後，仍然宣傳政治反攻的使命，以鄭成功為楷模，致力於建設臺灣成為三民主義的模範省，以「三民主義統一中國」為口號，鄭成功的歷史地位，日益提高，革命黨陶成章等人所宣傳的鄭成功創立天地會的主張，便受到臺灣史學界的重視。在海峽兩岸的政治環境下，鄭成功作為一位中華民族傑出的歷史人物與民族英雄，以他卓越的歷史功勳，尤其是驅逐荷蘭人收復臺灣的貢獻，理所當然地受到海峽兩岸人民的崇敬，因而史學界也就很容易地接受了鄭成功創立天地會的說法。但是，遵照實事求是的原則，通過對歷史事實的分析，否定鄭成功創立天地會的說法，還歷史以本來面目，絲毫不會損害鄭成功作為民族英雄的光輝形象[22]。

22　《鄭成功研究選集》，續集，頁337。

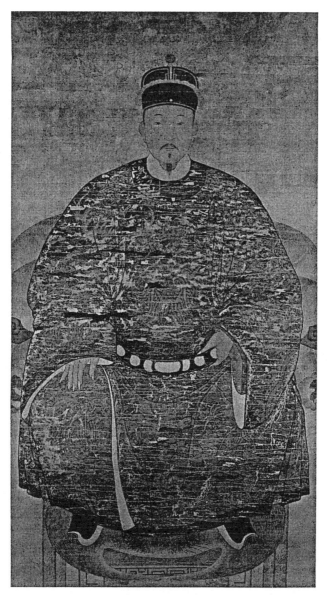

鄭成功坐像

延平郡王像

河南少林寺

聚族而居

──閩粵宗族社會與秘密會黨的起源

　　清代秘密會黨是社會經濟變遷的產物，秘密會黨盛行的地區，主要是在我國南方人口密集已開發區域聚族而居的核心地區及地廣人稀開發中區域地緣意識較濃厚的邊陲地區。秘密會黨的起源及其發展，一方面與宗族制度的發達及異姓結拜風氣的盛行有密切的關係，一方面則與人口流動及移墾社會的形成有密切的關係。

　　人群的結合，有各種不同的方式，以血緣結合的人群稱為宗族，以地緣結合的人群稱為鄰里鄉黨。宗族社會就是以血緣關係為紐帶的傳統地域性組織[1]，宗族在維護狹隘的小集團利益的前提下，可以長久保持族內的團結而不至於渙散。閩粵地區是宗族制度較發達的宗族社會，宋代以來，閩粵地區的血族宗法制已日益成長，以血緣為紐帶的宗族社會，已經普遍存在。宗族由於長久以來定居於一地，其宗族的血緣社會與村落的地緣社會，彼此是一致的。聚族而居的宗族社會，有其祠廟和族田，隨著宗法制的發展，族田不斷增加，族田在閉塞的農村經濟中所佔比例的大小，充分反映了宗族勢力的強弱，又由於宗族人丁的蕃滋盛衰，逐漸出現了人多

1　王思治撰〈宗族制度淺論〉，《清史論叢》（北京，中華書局，1982
　　年），第4輯，頁178。

勢眾的大姓與丁少力孤的小姓。大姓族旺丁多，大者千餘戶，
小者亦有百數十戶。有些村鎮多成為一族所居，動輒數十里。
例如福建泉州府晉江縣施琅一族，人丁眾多，縣境衙口、石
下、大崙諸村，俱為族大丁多的施姓所居住；同安縣境內村
鎮主要為李、陳、蘇、莊、柯諸大姓所叢居；安溪縣赤嶺地
方幾乎為林姓一族所居。漳州府平和縣，界連廣東，其縣境
內南勝地方，民居稠密，由楊、林、胡、賴、葉、陳、張、
李、蔡、黃諸大姓環列聚居。聚族以自保，尤其在戰爭動亂
的時期，宗族組織確實產生了團結禦敵的重大作用。

　　宗族是以血緣為紐帶的社會組織，由於空間上的族居，
所以宗族內部的成員很容易結合，一呼即應。以祠堂族長為
代表的宗法勢力，隨著宗族經濟的成長而與日俱增，對宗族
內部的控制愈來愈強化。明代萬曆年間（1573-1620）以降，
閩粵地區隨著宗族勢力的不斷加強，人口壓力的急劇增加，
社會經濟的變遷，以致強宗大族得以武斷鄉曲，糧多逋欠，
欺壓小姓，都是大姓恣橫的表現。各宗族之間，往往因擴張
地盤，爭奪經濟利益，彼此關係日益尖銳化，而引起械鬥的
頻繁發生。明季崇禎年間（1628-1643），福建漳洲平和縣大
姓鄉紳肆虐地方，百姓不堪其苦，各小姓謀結同心，連合抵
制，以「萬」為義姓，公推平和縣小溪人張要為首，張要改
姓名為萬禮[2]。晚明「以萬為姓」集團，就是漳州平和縣小姓
連合抵制大姓鄉紳肆虐的異姓結拜組織。

　　清初順治年間（1644-1661），閩粵地區由於地方不靖，
連年戰禍，造成人口下降，宗族之間在經濟利益上的衝突，

2　江日昇，《臺灣外記》（臺北，臺灣銀行經濟研究室，民國 49 年 5
月），第 1 冊，頁 112。

並不十分尖銳。康熙中葉平定三藩之亂以後，閩粵地區的經
濟逐漸復甦，宗族經濟亦迅速成長，宗族械鬥遂層見疊出，
大姓恃強凌弱，以眾暴寡，欺壓小姓，小姓為求自保，即連
合眾小姓以抵制大姓，異姓結拜的風氣又再度盛行。福建巡
撫毛文銓具摺時已指出，「查遍爭鬥，當始於大姓，次則游手
好閒者。蓋閩省大姓最多，類皆千萬丁為族，聚集而居，欺
凌左右前後小姓，動輒鳴鑼列械，脅之以威，而為小姓者，
受逼不堪，亦或糾約數姓，合而為一[3]。」廣東碣石鎮總兵官
蘇明良生長於福建省，對當地大姓荼毒小姓的風氣最為諳
悉。蘇明良具摺指出「臣生長閩省，每見風俗頹靡，而泉、
漳二府尤為特甚，棍徒暴虐，奸宄傾邪，以鬥狠為樂事，以
詞訟為生涯，貴凌賤，富欺貧，巨姓則荼毒小姓，巨姓與巨
姓相持，則爭強不服，甚至操戈對敵，而搆訟連年[4]。」大姓
恃其既富且強，族大丁多，上與官府往來，下與書差勾結，
倚其勢焰，動輒發塚拋屍，擄人勒贖，小姓受其魚肉，積不
能平，於是連合數姓，乃至數十姓，以抵敵大姓，列械相鬥。
福建總督高其倬具摺時指出，「福建泉、漳二府民間，大姓欺
凌小族，小族亦結連相抗，持械聚眾，彼此相殺，最為惡俗，
臣時時飭禁嚴查。今查得同安縣大姓包家，與小姓齊家，彼
此聚眾列械傷殺，署縣事知縣程運青往勸，被嚇潛回，隱匿
不報[5]。」福建泉州府所屬七縣之中，以同安等縣最為難治，

3　《宮中檔雍正朝奏摺》（臺北，國立故宮博物院，民國 67 年 3 月），
　　第 5 輯，頁 583，雍正四年二月初四日，福建巡撫毛文銓奏摺。
4　《宮中檔雍正朝奏摺》（民國 67 年 9 月），第 11 輯，頁 714，雍正
　　六年十一月初六日，廣東碣石鎮總兵蘇明良奏摺。
5　《宮中檔雍正朝奏摺》（民國 67 年 7 月），第 9 輯，頁 311，雍正
　　五年十一月十七日，福建總督高其倬奏摺。

宗族械鬥案件層出不窮。各大姓以「包」為義姓，各小姓則以「齊」為義姓，彼此聚眾械鬥。福建觀風整俗使劉師恕具摺奏稱：「其初大姓欺壓小姓，小姓又連合眾姓為一姓以抗之。從前以包為姓，以齊為姓。近日又有以同為姓，以海為姓，以萬為姓，現在嚴飭地方官查拏禁止⁶。」所謂「以包為姓」集團，便是在宗族械鬥過程中大姓之間的異姓結拜組織，至於「以齊為姓」、「以同為姓」、「以海為姓」、「以萬為姓」等集團，則為各小姓之間的異姓結拜組織。包、齊、同、海、萬等都是異姓結拜組織時各集團的義姓，分別象徵包羅萬民、齊心協力、共結同心、四海一家、萬眾一心。各異姓連合時，多舉行跪拜天地歃血盟誓的儀式，除了本姓外，另取吉祥字為義姓，化異姓為同姓，打破本位主義，以消除各集團內部的矛盾，連合禦敵，一致對外，各異姓結拜集團已具備會黨的雛型。

　　所謂秘密會黨就是由異姓結拜組織發展而來的各種秘密團體，秘密會黨的倡立，是承繼歷代民間金蘭結義的傳統，在許多方面吸收整理固有異姓結拜的各種要素。異姓兄弟舉行結拜儀式時，在神前歃血瀝酒跪拜天地盟誓的習慣，由來甚古，其起源可以追溯到戰國時代的會盟活動。漢初劉邦在位期間，亦曾與心腹大臣秘密舉行過「白馬之誓」，但所謂英雄豪傑或異姓兄弟的結義，其所以深入民間，實受《三國志通俗演義》及《水滸傳》故事的影響，桃園三結義及梁山泊英雄大聚義的故事，早已家喻戶曉，盛行於下層社會的各種秘密會黨，即模仿其儀式，吸收其要素。《水滸傳》單道梁山

6　《宮中檔雍正朝奏摺》（民國 68 年 2 月），第 14 輯，頁 441，雍正七年十月十六日，福建觀風整俗使劉師恕奏摺。

泊好處的一篇言語說：

> 八方共域，異姓一家。天地顯罡煞之精，人境合傑靈
> 之美。千里面朝夕相見，一寸心死生可同。相貌語言，
> 南北東西雖各別；心情肝膽，忠誠信義並無差。其人
> 則有帝子神孫，富豪將吏，並三教九流，乃至獵戶漁
> 人，屠兒劊子，都一般兒哥弟稱呼，不分貴賤；且又
> 有同胞手足，捉對夫妻，與叔姪郎舅，以及跟隨主僕，
> 爭鬥冤讎，皆一樣的酒筵歡樂，無問親疏。或精靈，
> 或粗鹵，或村樸，或風流，何嘗相礙，果然識性同居；
> 或筆舌，或刀鎗，或奔馳，或偷騙，各有偏長，眞是
> 隨才器使[7]。

前引文中已指出異姓一家，三教九流，不分貴賤，都一般兒
哥弟稱呼，梁山泊英雄大聚義，在性質上就是一種異姓兄弟
的結合。金聖嘆修改的七十回本《水滸傳》敘述梁山泊英雄
一百八員頭領在山寨忠義堂拈香歃血盟誓，由宋江為首宣讀
誓詞，其誓詞內容如下：

> 竊念江等昔分異地，今聚一堂，準星辰為弟兄，指天
> 地作父母，一百八人，人無同面，面面崢嶸；一百八
> 人，人合一心，心心皎潔。樂必同樂，憂必同憂；生
> 不同生，死必同死。既列名於天上，無貽笑於人間。
> 一日之聲氣既孚，終身之肝膽無二。倘有存心不仁，
> 削絕大義，外是內非，有始無終者，天昭其上，鬼闞
> 其旁，刀劍斬其身，雷霆滅其跡；永遠沈於地獄，萬
> 世不得人身；報應分明，神天共察[8]！

7　施耐庵著《水滸傳》（臺北，陽明書局　民國73年3月），頁728。
8　施耐庵著《水滸傳》（臺北，桂冠圖書公司，民國74年11月），頁

梁山泊英雄大聚義時宣讀的誓詞中「準星辰為弟兄，指天地作父母」，就是後世秘密會黨拜天為父拜地為母儀式的依據。老一輩的人常說：「少不看水滸，老不看三國。」但在下層社會裏《水滸傳》和《三國志通俗演義》卻是耳熟能詳的兩本小說。秘密會黨結會時，會員須對天跪地立誓，這種跪拜天地的儀式，就是天地會得名的由來。質言之，天地會的取名，正是從《水滸傳》梁山泊大聚義的誓詞而來[9]。日本學者酒井忠夫已指出幫會是「幫」和「會」的合成語，性質不同[10]。「幫」是指地緣性結合的行業組織，「會」則指會黨而言。「會」成為異姓兄弟結合的共名通稱，也是源自《水滸傳》的故事。《水滸傳》敘述宋江一打東平，兩打東昌後，回到梁山泊，計點大小頭領，共有一百八員，心中大喜，決定設壇建醮，至第七日夜間三更時分，從西北乾方天門滾出一團火塊，鑽入壇前地下，眾人掘開泥土，只見一個石碣，龍章鳳篆，前面三十六行，都是天罡星，背後七十二行，都是地煞星，天罡和地煞合計一百八員，就是梁山泊大小頭領的總數。宋江看過天書後對眾頭領說：「鄙猥小吏，原來上應星魁，眾多弟兄也原來都是一會之人。上天顯應，合當聚義[11]。」異姓弟兄都是一會之人，就是會黨得名的由來。閩粵地區由於異姓結拜風氣的盛行，個人在社會暗示下，倡立會名，企圖遇事互相幫助，雖然是一種個人組織，但可以看作是一種特殊的調適，

947。

9 羅爾綱撰〈水滸傳與天地會〉，《會黨史研究》（上海，學林出版社，1987年1月），頁3。

10 酒井忠夫撰〈清末の青幫とその變貌〉，《立正史學》，第四十二號（東京，立正大學，1978年3月），頁11。

11 《水滸傳》（桂冠圖書公司），七十回本，頁942。

清代秘密會黨就是由閩粵地區的異姓結拜組織發展而來的各種秘密團體。有清一代，秘密會黨的活動，以閩粵地區較為突出，誠非偶然。

　　閩粵地區的異姓結拜風氣，隨著人口流動而傳佈到其他地區。清代的人口壓迫問題，從康熙、雍正年間已經顯露端倪，乾隆以後，因人口問題而造成更大的社會壓力。在清代人口的流動中，福建、廣東就是南方最凸出的兩個省分，人口的增長，促進了社會的繁榮，但同時也因生產發展和人口增長的失調而帶來一系列的社會問題。羅爾綱將乾嘉道三朝民數與田畝進行比較以後，指出清代人口問題，歸根結柢完全是人口與土地的比例問題。據估計每人平均需農田三畝至四畝，始能維持生活，但廣東每人平均祇得一畝餘，福建則不到一畝，人多田少，田地不夠維持當時人口最低的生活程度，由於人口與田地比例的失調，自然引起物價騰貴與生活艱難，糧食與人口的供求已失去均衡的比例，康熙末年，地方性的人口壓迫問題已經起來[12]。生齒日繁，食指眾多，是米貴的主要原因，在人口與田地比例失調的情形下，還有許多地方的耕地，普遍的開始稻田轉作，富戶人家以良田栽種烟草等經濟作物[13]。由於經濟作物種植的大量增產，而引起的耕地緊張，遂日益嚴重。閩粵地區地狹人稠，糧食生產面積日益縮減，其糧食供應益形不足[14]。根據各省督撫各月奏報糧價

12　羅爾綱撰〈太平天國革命前的人口壓迫問題〉，《中國近代史論叢》，第 2 輯，第 2 冊，社會經濟（臺北，正中書局，民國 65 年 3 月），頁 43。

13　《宮中檔雍正朝奏摺》（臺北，國立故宮博物院，民國 67 年 4 月），第 6 輯，頁 137，雍正四年六月初十日，兵部尚書法海奏摺。

14　李之勤撰〈論鴉片戰爭以前清代商業性農業的發展〉，《明清社會

的平均數，可以了解康熙末年、雍正初年閩粵地區的米價。

清代康雍年間閩粵等省米價一覽表

年　　分	福建	廣東	廣西	江西	雲南	貴州	湖廣
康熙五十二年（1713）	1.21	1.10	0.80		0.85	0.60	0.66
康熙五十三年（1714）	1.10	0.77	0.75	0.79	0.76	0.60	0.71
康熙五十四年（1715）	1.12	0.82		0.76	1.05	0.60	
康熙五十五年（1716）		0.97	0.90	0.82	0.90	0.63	0.85
康熙五十六年（1717）	1.13	0.71		0.74	0.78		0.65
康熙五十七年（1718）	1.08	0.74	0.60	0.61		0.61	0.59
康熙五十八年（1719）	1.17	0.69	0.64	0.56			0.56
雍正元年（1723）	0.98	0.76	0.79	0.76	0.85	0.80	0.72
雍正二年（1724）	0.95	0.72	0.56	0.85	0.96	0.72	0.83
雍正三年（1725）	1.55	0.83	0.52	0.82		0.70	0.89
雍正四年（1726）	1.73	1.48	0.89		0.98	0.60	0.80

資料來源：臺北，國立故宮博物院；北京，第一歷史檔案館藏康熙、
　　　　　雍正朝宮中奏摺。

從上表可以看出康熙五十二年（1713）年至雍正四年（1726）
之間，福建、廣東歷年平均米價俱高於鄰省，福建米價尤昂
貴。雍正四年（1726）新正以後，連日陰雨，福建米價漸貴，
上游延平等府每石銀一兩以外，下游泉、漳等府每石價銀一
兩七、八錢不等[15]。同年春夏之交，霖雨過多，各府米價普遍
昂貴，其中漳州府漳浦、泉州府同安等縣，每石價錢二兩、

　　經濟形態的研究》（上海，人民出版社，1956 年 6 月），頁 280。
15　《宮中檔雍正朝奏摺》（民國 67 年 3 月），第 5 輯，雍正四年二月
　　初四日，福建巡撫毛文銓奏摺。

七八錢不等[16]。福建陸路提督吳陞具摺時指出「閩省幅員遼闊，生齒殷繁，惟是山多田少，歲產米穀，不足以資壹歲之需，即豐收之年，尚賴江浙粵省商船運到源源接濟，由來舊矣[17]。」吳陞原摺指出福建米價，處處騰貴，其中泉州、漳州、興化、汀州等府告糴尤難，每石賣銀二兩五錢至九錢不等。廣東也是依山附海，田地極少，因生齒甚繁，歲產米穀，不敷民食。兩廣總督孔毓珣具摺奏稱：「廣東素稱魚米之鄉，然生齒繁庶，家鮮積蓄，一歲兩次收成，僅足日食，而潮州一府，界連福建，田少人多，即遇豐歲，米價猶貴於他郡[18]。」雍正四年（1726）十一月二十八日，福建巡撫毛文銓具摺稱，南澳半屬福建，半屬廣東，向來只藉潮州米穀接濟，但是潮州米價騰貴，每石價銀三兩，所以不能接濟[19]。清初以來，一方面由於生齒日繁，食指眾多，一方面由於經濟作物與稻穀奪地，農業人口的相對減少，而使糧食價格日益高昂，閩粵地區愈來愈多的農民因為無法獲取土地，而成為游民，閩粵地區就是清代人口流動最顯著的兩個省分。

　　清廷為了緩和人口壓力，又積極推行墾荒政策，隨著人口的增加，有更多的土地被開墾出來，許多無地的貧民從人口稠密的地區遷出。順治六年（1649），正式議定州縣以上各官，以勸墾為考成，凡地方官招徠各處逃民，不論原籍別籍，

16　《宮中檔雍正朝奏摺》，第 6 輯，頁 14，雍正四年五月十四日，
　　福建巡撫毛文銓奏摺。

17　《宮中檔雍正朝奏摺》，第 6 輯，頁 46，雍正四年五月二十日，
　　福建陸路提督吳陞奏摺。

18　《宮中檔雍正朝奏摺》，第 6 輯，頁 73，雍正四年五月二十九日，
　　兩廣總督孔毓珣奏摺。

19　《宮中檔雍正朝奏摺》（民國 67 年 5 月），第 7 輯，頁 38，雍正
　　四年十一月二十八日，福建巡撫毛文銓奏摺。

編入保甲，開墾荒田，給以印信執照，永准為業，州縣以勸墾的多寡為優劣，道府以督催的勤惰為殿最，年終載入考成。順治十八年（1661），因平定雲貴地區，一應荒地，有主者命本主開墾，無主者招民開墾。到了康熙年間，清廷的墾荒政策，已經立竿見影。據清朝國史館纂修《皇朝食貨志》記載，從康熙元年（1662）至康熙六年（1667）六年之間，江西省報墾田五千六百十餘頃，雲南省墾田三千六百餘頃，貴州省墾田一萬二千餘頃，湖廣墾田一萬八千四百餘頃[20]。雍正元年（1723）四月，巡視南城監察御史董起崙奏請開放荒蕪官地，無論山僻水隅，河地沙場，聽從民便，盡力開墾，則民食自饒[21]。雍正二年（1724）閏四月，署理廣西巡撫韓良輔指出雍正初年的人口，較康熙初年「不啻倍之」，將來的蕃庶益不可以數計，「人民日益增盛，而地畝不加墾闢，不可不為斯民籌其粒食。」韓良輔以廣西土曠人稀，自柳州至桂州，儂僮雜處，棄地頗多，於是奏請招民開墾，以盡地力。其原摺略謂：

> 臣愚以為宜遴選大員專司其事，督率守令，逐漸料理，先購宜植之種，兼僱教耕之人，然後相度肥饒空曠之地，約可容聚數十家足以守望相助者為之，搭蓋茅舍，招徠貧民聚居，又貸以牛種，教其興行陂塘井堰之利。至於相近協營之處，則查出餘丁，亦酌倣屯種之意，廣為播種，嚴彼冒佔之禁，寬以陞科之期，一處有效，又擇他處照前勸墾，但取妥洽，不在欲速，守令又時單騎徒步，時攜酒食，勸農教耕，其所舉給頂帶農人，

20　國史館《皇朝食貨志》，〈民墾〉（臺北，國立故宮博物院）。

21　《宮中檔雍正朝奏摺》（民國 66 年 11 月），第 1 輯，頁 197，雍正元年四月二十一日，巡視南城監察御史董起崙奏摺。

即命為農師，以督教其鄉人，則粵民見有利無害，有
不發奮興起者乎？將見人稠地闢，烟瘴漸銷，衣食足
而禮義興，邊徼盡成樂土矣[22]。

　　韓良輔所提出來的勸墾意見，主要是為緩和廣東的人口
壓力，解決游民問題，清世宗披覽奏摺後也指出開墾是一種
美政。因廣東貧民群往封禁礦山偷挖，販私盜竊，毫無顧忌，
清廷命廣東巡撫鄂彌達等查勘各處礦硐。鄂彌達覆奏時指出
貧民偷挖礦硐，雖因習尚澆漓，輕蹈法網，亦由無田可耕，
無業可守，遂致流為盜匪。鄂彌達提出墾荒以解決人口壓力
的辦法，首先差遣糧道前往肇慶府新設鶴山及附近恩平、開
平等縣查勘可墾荒地，據統計在鶴山縣境丈出荒地三萬三千
餘畝，按照業戶耕地百畝需佃五人計算，共可安集佃民一千
六百餘戶，恩平、開平二縣荒地不止一、二萬畝，亦可安集
佃民八、九百戶，俱可招集廣東惠州、潮州等處貧民開墾耕
種，給以盧舍口糧工本，每安插五家，編甲入籍，即給地百
畝。據鄂彌達稱，當時惠州、潮州二府貧民，徙居鶴山耕種
入籍者，已有三百餘戶，其陸續依棲，仍絡繹不絕[23]。由於地
方大吏勸墾不遺餘力，改土歸流後的可墾荒地，提供內地漢
人落地生根的廣大空間，緩和了閩粵地區的人口壓力，有更
多的貧民從人口稠密區遷出，湧入邊陲可耕荒地，而加速了
人口流動。

　　改土歸流及勸墾荒地，都是緩和內地人口壓力的重要措
施，嗣後地曠人稀的邊遠地區，吸引了大量外來的游民，促

22　《宮中檔雍正朝奏摺》（民國 66 年 12 月），第 2 輯，頁 583，雍
　　正二年閏四月十七日，署理廣西巡撫韓良輔奏摺。
23　國史館《食貨志（四）》，屯墾二十七，民墾。

成了人口流動。為了適應社會變遷的需要，清廷又進行賦役
改革，有利於人口的流動。清初沿襲明代賦役制度，地糧與
丁銀仍分為兩項，賦役不均的現象，極為嚴重，富戶巨族，
田連阡陌，竟少丁差，貧民小戶，地無立錐，卻照丁科派，
反多徭役。清聖祖巡幸所至，訪問百姓，詢知一家有四、五
丁，僅一人輸納丁銀，甚至七、八丁，亦僅二人輸納丁銀，
其餘俱無差徭，苦樂不均。康熙五十一年（1712）二月，清
聖祖頒佈盛世滋生人丁永不加賦的詔令，規定直省徵收錢糧
即以康熙五十年（1711）全國的丁冊為依據，亦即以二千四
百六十萬的人丁總數作為徵收丁銀的固定數目，定為常額，
嗣後所生人丁，稱為「盛世滋生人丁」，雖達成丁年齡，亦不
必承擔差徭，以後人丁遇有減少時，即以新增人丁抵補，維
持原額不變，將全國徵收丁銀的總額固定下來，不再隨著人
丁的增加而多徵丁銀。盛世滋生人丁永不加賦的辦法，雖然
並沒有解決清初賦役不均的嚴重問題，但間接為丁隨地起的
實行提供了有利的條件。丁隨地起的賦役改革所以能在一定
程度上實行，主要是由於盛世滋生人丁永不加賦實行後，丁
銀數目確定，將一定數目的丁銀攤入地畝徵收，其法簡便易
行，清世宗於是在康熙末年財政措施的基礎上進一步實行丁
隨地起的賦役改革，將丁銀攤入田糧內徵收，或按地糧兩數
攤派，或按地糧石數攤派，或按田地畝數攤派，徭役完全由
土地負擔[24]，免除了無地貧民及手工業者的丁銀，取消了他們
的人頭稅，而且由於戶丁編審制度的停止，人身依附土地的
關係減輕了，在居住方面也獲得更大的自由，有利於無地貧

24　莊吉發著《清世宗與賦役制度的改革》（臺北，學生書局，民國
　　74 年 11 月），頁 87。

民的向外遷徙，增加他們的謀生機會，由於丁隨地起制度的
實行，而加速了下層社會的人口流動，在農村裏因無法獲取
土地被排擠出來的流民，有一部分離鄉背井，披荊斬棘，墾
殖荒陬，在開發中地區逐漸形成移墾社會；有一部分成為非
農業性人口，進入城鎮，浪迹江湖，倚靠卜卦算命，行醫看
病，賣唱耍藝，肩挑負販，傭趁度日，東奔西走，出外人孤
苦無助，為了立足異域，他們往往結拜弟兄，倡立會黨，以
求患難相助，清初以來大量的流動人口為秘密會黨的發展，
提供了極為有利的條件。

福建人口流動與秘密會黨的發展

　　人口流動是人類對社會經濟環境的一種反應，在清代人
口的流動現象中，福建和廣東是我國南方最凸出的兩個省
分。福建人口的流動方向，除了向海外移殖南洋等地外，其
國內移徙方向，可以從幾個方面加以討論，由於清初以來城
市經濟的發展，部分農村人口已向城市移徙；福建的精華區
域主要是集中於福州、泉州、漳州沿海一帶，其西北內陸山
區，因交通阻塞，開發遲緩[25]，福建人口即由沿海稠密地區移
向西北內陸山區，開山種地；福建與廣東、江西等省接壤，
福建人口流入廣東、江西等省者亦夥，其進入廣東的流動人
口，多屬於非農業性的人口；廣西、雲南、貴州等省，因地
廣人稀，福建游民進入開發中地區者，亦絡繹不絕；臺灣與
福建內地，一衣帶水，因土曠人稀，明末清初以來，渡海來
臺者與日俱增。由於清代福建人口流動頻繁，秘密會黨傳佈
益廣，排比福建及其鄰省會黨案件後，可以發現秘密會黨的

25　李國祁著《中國現代化的區域研究：閩浙臺地區，1860-1916》（臺
　　北，中央研究院近代史研究所，民國 71 年 5 月），頁 456。

發展，與福建人口流動有密切的關係。

清代福建會黨傳佈表

年　　　　月	會　名	姓　名	原　　　籍	結會地點	職　業
雍正 6 年（1728）1 月	父母會	陳　斌	福建漳州	臺灣諸羅縣	
雍正 6 年（1728）3 月	父母會	蔡　蔭	福建漳州	臺灣諸羅縣	
乾隆 17 年（1752）3 月	鐵尺會	江　茂	福建建陽縣	福建邵武縣	
乾隆 26 年（1761）	天地會	萬提喜	福建漳浦縣	廣東惠州	僧侶
乾隆 37 年（1772）1 月	小刀會	林　達	福建	臺灣彰化縣	小販
乾隆 47 年（1782）8 月	小刀會	黃　添	福建漳州	臺灣彰化縣	設賭場
乾隆 48 年（1783）	天地會	嚴　烟	福建平和縣	臺灣彰化縣	布商
乾隆 49 年（1784）	天地會	林爽文	福建平和縣	臺灣彰化縣	車夫
乾隆 51 年（1786）5 月	天地會	鍾　祥	福建武平縣	臺灣彰化縣	
乾隆 51 年（1786）5 月	天地會	張　文	福建長泰縣	臺灣彰化縣	
乾隆 51 年（1786）6 月	添弟會	楊光勳	福建	臺灣諸羅縣	
乾隆 51 年（1786）6 月	雷公會	楊媽世	福建	臺灣諸羅縣	
乾隆 51 年（1786）10 月	天地會	朱　開	福建平和縣	臺灣彰化縣	
乾隆 51 年（1786）11 月	天地會	陳　樵	福建漳浦縣	臺灣彰化縣	
乾隆 51 年（1786）	天地會	黃阿瑞	福建詔安縣	廣東饒平縣	木桶商
乾隆 55 年（1790）9 月	天地會	張　標	福建漳州	臺灣南投	
乾隆 57 年（1792）	䵣䵣會	陳　滋	福建晉江縣	福建同安縣	
乾隆 59 年（1794）5 月	小刀會	鄭光彩	福建龍溪縣	臺灣鳳山縣	
嘉慶 6 年（1801）7 月	天地會	陳　姓	福建同安縣	廣東海康縣	看相
嘉慶 6 年（1801）9 月	天地會	陳　姓	福建同安縣	廣東新寧縣	看相
嘉慶 7 年（1802）4 月	天地會	蔡步雲	福建漳浦縣	廣東歸善縣	
嘉慶 10 年（1805）2 月	添弟會	黃開基	福建長汀縣	福建南平縣	縫紉
嘉慶 10 年（1805）10 月	百子會	黃祖宏	福建清流縣	福建甌寧縣	
嘉慶 11 年（1806）3 月	添弟會	李文力	福建晉江縣	福建南平縣	
嘉慶 11 年（1806）7 月	天地會	曾阿蘭	福建永定縣	江西會昌縣	
嘉慶 11 年（1806）7 月	天地會	何承佑	福建武平縣	江西會昌縣	唱曲
嘉慶 12 年（1807）8 月	天地會	游　德	福建上杭縣	廣西向武土州	
嘉慶 13 年（1808）2 月	洪蓮會	廖善慶	福建永定縣	江西安遠縣	
嘉慶 16 年（1811）8 月	添弟會	陳　仁	福建上杭縣	四川雅州	小販

年　　　　　月	會名	姓名	原　　籍	結會地點	職業
嘉慶 18 年（1813）2 月	花子會	俞添才	福建建寧縣	福建泰寧縣	
嘉慶 19 年（1814）1 月	拜香會	曹懷林	福建長汀縣	福建沙縣	
嘉慶 19 年（1814）2 月	仁義會	鍾和先	福建長汀縣	福建順昌縣	
嘉慶 19 年（1814）2 月	仁義會	黃開基	福建長汀縣	福建順昌縣	
嘉慶 19 年（1814）閏 2 月	仁義會	李發廣	福建武平縣	福建建安縣	
嘉慶 19 年（1814）閏 2 月	添弟會	李文力	福建晉江縣	福建建陽縣	
嘉慶 19 年（1814）閏 2 月	添弟會	陳蒲薩	福建莆田縣	福建建陽縣	
嘉慶 19 年（1814）5 月	仁義會	何子旺	福建光澤縣	福建建陽縣	
嘉慶 19 年（1814）5 月	仁義會	李青雲	福建上杭縣	福建建陽縣	
嘉慶 19 年（1814）6 月	仁義會	饒特昌	福建武平縣	福建甌寧縣	
嘉慶 19 年（1814）6 月	父母會	歐　狼	福建漳浦縣	福建霞浦縣	
嘉慶 19 年（1813）8 月	雙刀會	陳冬仔	福建建陽縣	福建甌寧縣	
嘉慶 21 年（1816）5 月	添弟會	嚴老三	福建	貴州興義府	小販
道光 24 年（1844）8 月	雙刀會	戴　仙	福建漳浦縣	廣東揭陽縣	堪輿卦命
同治 1 年（1862）3 月	添弟會	戴潮春	福建龍溪縣	臺灣彰化縣	

資料來源：《宮中檔》奏摺、《軍機處檔‧月摺包》奏摺錄副。

　　福建在地形上是從西北向東南呈梯狀下降的丘陵地帶，
延平、建寧、邵武三府，位於福建西北內陸，米價低廉，福
州、泉州、漳州等府，因人烟稠密，食指浩繁，向來即藉上
游延平、建寧、邵武三府米糧接濟，福建西北山區可以容納
東南沿海精華區過剩的人口，提供貧民謀生的空間，福建省
內人口流動的方向就是由沿海人烟稠密地區流向西北內陸山
區建寧、邵武、延平等府所屬各縣，其中建安、甌寧、建陽、
崇安、浦城、政和、松溪七縣隸屬建寧府，邵武、光澤、泰
寧、建寧四縣隸屬邵武府，南平、順昌、沙縣、永安、將樂、
尤溪六縣隸屬延平府。如上表所列，嘉慶年間（1796-1820），
南平縣破獲添弟會，沙縣破獲拜香會，順昌縣破獲仁義會，
都在延平府境內；甌寧縣破獲百子會、仁義會、雙刀會，建

陽縣破獲添弟會、仁義會，建安縣破獲仁義會，俱在建寧府
境內；邵武府泰寧縣破獲花子會。據閩浙總督汪志伊具摺指
出「添弟會名目，閩省起自乾隆四十年後[26]。」嘉慶七年
（1802），福建西北山區，已破獲結盟拜會案件。福建長汀縣
人黃開基，縫紉度日，嘉慶十年（1805）二月，黃開基在南
平縣糾邀五十九人結拜添弟會。嘉慶十九年（1814）二月，
黃開基因貧難度，糾邀鍾老二等十三人在順昌縣小坑仔山廠
內結盟拜會，因添弟會奉文查禁，改立仁義會。同年三月二
十八日、四月十二日、五月十二日，黃開基在建陽縣桂陽鄉
等地三次結拜仁義會，會中李青雲是福建上杭縣人，鍾和先
是長汀縣人，何子旺是光澤縣人[27]。嘉慶十一年（1806）三月，
晉江縣人李文力等二十二人在南平縣大力口空廟內加入由鄭
興名所領導的添弟會。鄭興名搭起神桌，上寫萬和尚牌位，
中放米斗、七星燈、剪刀、鏡子、鐵尺、尖刀、五色布各物，
入會者俱從刀下鑽過，立誓相助。然後由鄭興名傳授開口不
離本，出手不離三，取物吃烟俱用三指向前暗號，並交給李
文力舊會簿一本。嘉慶十五年（1810）六月，李文力在順昌
縣富屯地方糾邀十人結拜添弟會。嘉慶十九年（1814）閏二
月，李文力糾邀二十七人在建陽縣黃墩地方山廠內結拜添弟
會[28]。李發廣是福建武平縣人，嘉慶十七年（1812）七月，入

---

26 《軍機處檔‧月摺包》（臺北，國立故宮博物院），第 2751 箱，15
　　包，49793 號，嘉慶二十一年十月二十五日，閩浙總督汪志伊奏
　　摺錄副。
27 《軍機處檔‧月摺包》，第 2751 箱，32 包，52909 號，嘉慶二十
　　二年九月初七日，盧蔭溥奏摺。
28 《宮中檔》（臺北，國立故宮博物院），第 2724 箱，88 包，16330
　　號，嘉慶十九年八月十九日，閩浙總督汪志伊奏摺。

添弟會，嘉慶十九年（1814）閏二月，李發廣在建安縣結拜仁義會，同年七、八月，又在甌寧縣結拜仁義會[29]。歐狼的原籍在漳州府漳浦縣，遷居霞浦縣，稔知添弟會隱語暗號。嘉慶十九年（1814）六月，歐狼因貧難度，並希圖遇事彼此照應，於是糾邀三十六人，在霞浦縣天岐山空廟內結會，改名父母會[30]。黃祖宏是福建清流縣人，嘉慶十年（1805）十月，黃祖宏等十人在甌寧縣地方拜江西人李于高為師，入百子會。嘉慶十六年（1811）三月，建陽縣人江婢仔因貧難度，糾邀三十九人結拜百子會。曹懷林是長汀縣人，在沙縣謀生，因恐被人欺侮，於嘉慶十九年（1814）二月，在沙縣觀音山空寮內結拜拜香會，入會者共四十二人。陳冬仔是建陽縣人，在甌寧縣謀生，因孤苦無助，於嘉慶十九年（1814）八月拜汀州人老謝為師，入雙刀會，會中用紅布帶繫褲作為暗號[31]。對照上表所列會員原籍及結會地點後，發現結會地點，不在原籍，其中長汀、清流、上杭、武平、永定等縣，俱隸屬汀州府；晉江縣隸屬泉州府；莆田縣隸屬興化府。清初以來興化、汀州等府境內的人口流動，亦極頻繁，主要原因就是由於糧少人多。雍正四年（1726）五月二十日，福建陸路提督吳陞具摺時指出泉州、漳州、興化、汀州米價日騰，告耀維艱。同年九月二十九日，福建布政使沈廷正奏摺內亦稱「汀

29　《宮中檔》，第 2723 箱，93 包，17614 號，嘉慶二十年正月二十六日，閩浙總督汪志伊奏摺。

30　《宮中檔》，第 2723 箱，94 包，17998 號，嘉慶二十年二月三十日，福建巡撫王紹蘭奏摺。

31　《宮中檔》，第 2723 箱，91 包，16832 號，嘉慶十九年十一月初八日，閩浙總督汪志伊奏摺。

州、漳州、泉州等省所屬地方，因本地產米甚少，食口繁庶[32]。」
汀州、興化等府貧民亦向北部山區流動，福建秘密會黨遂因
人口流動，而在西北內陸山區活躍起來。福建巡撫徐繼畬具
摺時指出「閩省延建邵三府，民俗本極淳良，因產茶葉，又
多荒山，外鄉無業游民，紛紛麕集，或種茶，或墾荒，或傭
趁。本省則泉州、漳州、永春，鄰省則江西、廣東，客民之
數幾與土著相埒，因此藏垢納污，作奸犯科，無所不有。大
約搶刼之案，泉州、永春、廣東之人為多，結會之案，則江
西人為多。搶刼者皆兇悍匪徒，至結會之人則多寄居異鄉，
恐被欺侮，狡黠之徒，乘機煽惑，誘以結會拜師可得多人幫
護，愚民無知，往往為其所惑[33]。」福建延平、建寧、邵武三
府容納了各處游民，外鄉游民，寄居異地，恐被人欺侮，於
是結盟拜會，冀得多人幫護，江西人固然糾人結會，福建本
省泉州、汀州、興化等府的外鄉游民，為求立足異地，亦爭
相結會，嘉慶年間以來，秘密會黨在福建西北內陸發展起來，
並非歷史的巧合。

　　福建與廣東接壤，福建漳州府平和等縣與廣東潮州饒平
等縣毗連，閩人入粵者頗多。洪二和尚萬提喜，俗名鄭開，
是福建漳浦縣人。乾隆二十六年（1761），萬提喜到廣東惠州
結拜天地會，次年，萬提喜回到漳浦縣高溪鄉觀音亭傳徒結
會，是年便有盧茂、方勸、陳彪等人入會[34]。黃阿瑞是福建詔

32　《宮中檔雍正朝奏摺》，第 6 輯，頁 669，雍正四年九月二十九日，
　　福建布政使沈廷正奏摺。

33　《軍機處檔‧月摺包》，第 2749 箱，159 包，82042 號，道光二十
　　八年五月初二日，福建巡撫徐繼畬奏片。

34　秦寶琦撰〈天地會起源『乾隆說』新證〉，《歷史檔案》（北京，中
　　國第一歷史檔案館），1986 年，第 1 期，頁 98。

安縣人，常到廣東饒平縣小榕鄉趁墟，販賣木桶，饒平縣小
榕鄉人凃阿番平日在墟上賣飯過日。乾隆五十一年（1786），
黃阿瑞向凃阿番買飯吃，欠了飯錢。黃阿瑞告知凃阿番，在
漳州有天地會，若入了會，便有好處，因路上遇有搶奪的人，
做了暗號給他看，就不搶了，於是傳授「以大指為天，小指
為地，吃烟用三個指頭接烟筒」的暗號[35]。嘉慶五年（1800）
十二月間，福建同安縣人陳姓，到廣東海康縣看相，縣民林
添申邀請陳姓到家中看相。陳姓即告以入會好處，遇事可以
互相幫助，傳授三指取物暗號，開口即說「本」字，並給與
天地會舊表一紙。次年七月，林添申因貧難度，即糾人結拜
天地會。嘉慶六年（1801）二月，福建同安縣人陳姓到廣東
新寧縣看相，有傭工度日的縣民葉世豪邀請陳姓到家看相，
陳姓即告知結拜天地會的好處。同年九月，葉世豪糾人結拜
天地會。蔡步雲是福建漳浦縣人，寄居廣東歸善縣，嘉慶七
年（1802）四月十一日，歸善縣民陳亞本至蔡步雲家內閒談，
相商結拜天地會，先後邀得謝天生等十六人，於四月十五日
在陳亞本家結拜天地會。據地方大吏奏報廣東歸善、博羅二
縣民人加入天地會者多達一、二萬人，其先後投首者多達二、
三千人。兩廣總督覺羅吉慶具摺指出博羅天地會成立的原
因，其原摺略謂：「博羅縣地方，向有潮州、嘉應、福建客籍
民人耕種田畝，因爭奪水利，與土著民人多有不合，又間有
被會匪殺傷人口之家，將投首之人仇殺者[36]。」博羅地方的客
籍民人，就是當時的流動人口，除了潮州、嘉應州的游民外，

35　《天地會（一）》（北京，中國第一歷史檔案館，1980 年 11 月），
　　頁 72。

36　《宮中檔》，第 2712 箱，62 包，9325 號，嘉慶七年九月二十八日
　　兩廣總督覺羅吉慶奏摺。

也包括來自福建的流動人口，因爭奪水利，而與博羅土著民人彼此不合，於是結盟拜會。

福建與江西接壤，江西吉安府盧陵、瑞金等縣，贛州、廣信、建昌等府，俱鄰近福建，福建無業貧民屢至駢集，進入江西的流動人口，為數極夥。曾阿蘭是福建永定縣人，唱曲度日。嘉慶十一年（1806）五月，曾阿蘭在原籍拜盧盛海為師，入天地會，盧盛海設立洪二和尚萬提喜牌位，並用木椅藍白布搭成假橋，將紅布一塊用秤鉤掛在假橋上，令曾阿蘭等從橋下鑽過，宰雞取血滴酒同飲，交給曾阿蘭紅紙花帖一張，傳授「開口不離本，出手不離三」及「三八二十一」口訣暗號。盧盛海往來於福建永定縣、江西會昌縣等地，曾阿蘭見盧盛海傳徒斂錢獲利，亦於同年前往江西會昌縣糾邀福建武平縣人何承佑等人入會，每人各出錢一百六、七十文，俱拜曾阿蘭為師[37]。廖善慶是福建永定縣人，小本營生，往來於廣東大埔縣等地。嘉慶十一年（1806）九月，廖善慶返回永定縣原籍，與王騰蛟相遇，述及福建武平縣人鍾碧珍是天地會即三點會中人，交友眾多，若拜鍾碧珍為師，可免外人欺侮，如領有紅布花帖，可以傳徒斂錢。廖善慶即同王騰蛟往拜鍾碧珍為師，各送洋錢一圓，鍾碧珍買香紙，設立洪二和尚萬提喜牌位，用布搭於兩旁椅背，作為布橋，令廖善慶等人鑽過，鍾碧珍口誦「有忠有義橋下過，無忠無義劍下亡」等誓詞，並用刀劍宰雞取血滴酒同飲，然後交給紅布花帖，又傳授「開口不離本，出手不離三」及「三八二十一」口訣暗號。嘉慶十三年（1808）二月，廖善慶等到江西安遠縣，

---

37 《宮中檔》，第 2724 箱，78 包，13357 號，嘉慶十四年二月十七日，江西巡撫先福奏摺。

與廣東平遠縣人楊金郎等人商改天地會為洪蓮會[38]。由於江西與福建鄰接，福建人口流入江西者頗多，江西會昌縣的天地會即三點會及安遠縣洪蓮會，就是福建會黨的延伸。

廣西秘密會黨的倡立者及其重要成員，籍隸福建者，較為罕見。例如游德是福建汀州府上杭縣人，嘉慶十二年（1807）八月初二日，游德在廣西向武土州會遇廣東人林瓊宴，各道貧苦，起意邀人結拜天地會，以便斂錢使用。雲貴地區為新闢苗疆，嘉慶年間以來所破獲的會黨案件，會員中籍隸福建者亦不多見。例如嚴老三、嚴老五是福建人，與廣東人麥青，均在貴州興義府寄居，彼此素識。嘉慶十九年（1814）十一月，麥青往廣西百色地方販賣雜貨，路遇福建人黃焦敬，同行之際，黃焦敬談到曾得會書一本，若出外貿易，遇見添弟會中人搶刧，即照書內所載「起手不離三，開口不離本」手勢口號行動，添弟會知係會中人，就可以保全無事，麥青即向黃焦敬借鈔添弟會秘書。嘉慶二十一年（1816）五月初間，嚴老五與麥青在嚴老三家相遇，言及生意平常，起意邀人結拜添弟會，可以恃眾搶刧，先後邀得九十二人，各出錢一、二百文至五、六百文不等，於五月二十五、六日先後在貴州興義府薛家凹孤廟內結拜添弟會，因嚴老三為人明白，被推為先生，嚴老五、麥青被推為大爺。嚴老三等用竹紮關門三層，每關兩人各執長尖刀立於兩旁，將刀架在中間，又在關門內搭起一座高臺，上設米斗，內安洪英等人牌位五個，五色紙旗五面，尺一把，秤一桿，劍一把，鏡子一面，中央插紅布「帥」字旗一桿，嚴老五站在頭關，劉老九站在第二關，

---

38 《宮中檔》，第 2724 箱，84 包，15501 號，嘉慶十四年八月初七日，江西巡撫先福奏摺。

嚴老三在第三關內披髮仗劍，站在臺上，入會各人俱拆散髮辮，用紅布包頭，先由頭關及二關報名，從刀下鑽過，再進第三關至嚴老三前盟誓，言明有事相助，不許翻悔畏避，各刺中指滴血飲酒，一齊磕頭結拜弟兄，將眾人姓名開列盟單焚化，眾人由火上跳過，以示同赴水火俱不畏避之意。因人數眾多，難於認識，遂以不扣外衣第二鈕扣為暗記。嚴老三又將會書內「舉手不離三，開口不離本」手勢口號，傳授給眾人[39]。會中頭領嚴老三、嚴老五是福建人、麥青是廣東人，麥青所藏添弟會秘書也是向福建人黃焦敬借來鈔寫的，貴州興義府添弟會同時容納了福建及廣東的流動人口，省籍觀念，並不濃厚。

　　四川省經過明末張獻忠等大肆屠殺後，地廣人稀，故能容納外省大量過剩人口的移入，但就閩粵兩省而言，流向四川的人口，以廣東為最多，福建較少。嘉慶十六年（1811）八月間，福建汀州府上杭縣人陳仁由貴州前往四川，從樂山縣赴雅州，行至犁頭灣地方時，被添弟會會員縛至張老五家，逼令入會，同吃血酒盟誓，經管會內名冊。由此案件可知福建泉、漳二府人口流動，固然很頻繁，至於汀州府所屬上杭等縣的流動人口數量亦夥，其流動方向，遠至貴州、四川等省。

　　臺灣與閩粵地區，一衣帶水，明末清初，閩粵先民渡海來臺，與日俱增，披荊斬棘，墾殖荒陬，逐漸形成一個移墾社會，同時建立了複雜的社會經濟關係。早期移殖臺灣的閩粵先民，缺乏以血緣作為村落組成的條件，同鄉的人遷到同

39　《軍機處檔‧月摺包》，第 2751 箱，10 包，49066 號，嘉慶二十一年八月初六日，貴州巡撫文寧奏摺錄副。

鄉所居住的地方，共同組成地緣村落，而形成泉州庄、漳州
庄、廣東庄，以地緣為分界，其中泉州籍移民來臺較早，人
數較多，漳州人次之，廣東庄人數較少，三個人群各有畛域，
彼此之間各分氣類，互相凌壓，分類械鬥，結盟拜會案件，
層出不窮，排比會黨案件後，發現臺灣會黨的出現，與拓墾
方向大致是齊頭並進的，會黨成員的籍貫，多屬於漳州府各
縣。雍正年間拓墾重心，是在諸羅一帶。雍正六年（1728），
福建漳州籍移民陳斌、蔡蔭等人先後結拜父母會，入會者每
人出銀一兩，當會員的父母年老身故時，彼此互助喪葬費用。
乾隆初年以來，彰化平原逐漸成為拓墾重心，同時期的諸羅，
人口壓力，與日俱增，乾隆年間的小刀會、天地會都出現於
彰化平原。清廷為彈壓地方，在彰化地方多設兵丁，但因兵
丁驕悍，結夥肆虐，欺壓百姓，民眾為了抵制營兵，遂相約
結拜小刀會。乾隆三十七年（1772）正月，大墩街民林達，
因賣檳榔，被兵丁強買毆辱，林達乃起意邀得林六等十八人
結會，相約遇有營兵欺侮，即各帶小刀幫護，因其攜帶小刀，
故稱小刀會。自是年起，小刀會案件，層見疊出，或三、四
人，或四、五人，各自結為一會，以防營兵欺壓。小刀會會
員黃添等人，原籍都在福建漳州。嚴烟是漳州平和縣人，向
來賣布為生，乾隆四十七年（1782），加入天地會，次年，渡
海來臺，在彰化開張布鋪，傳佈天地會。林爽文也是漳州府
平和縣人，隨其父林勸徙居彰化大里杙，趕車度日。乾隆四
十九年（1784）三月，加入天地會，嚴烟設立香案，在刀劍
下鳴誓，言明遇有事故，大家出力幫助。因恐人數太多，不
能認識，會中約定見人伸三指，並有「五點二十一」暗藏「洪」
字暗號。據嚴烟指出加入天地會的好處：婚姻喪葬事情，可

以資助錢財；與人打架，可以相幫出力；若遇搶刼，一聞同
會暗號，便不相犯；收徒傳會，可以得人酬謝[40]。除林爽文外，
其餘會員如鍾祥是福建武平縣人，張文是福建長泰縣人，朱
開是福建平和縣人，陳樵是漳浦縣人。林爽文起事以後，其
重要頭領及會員，多籍隸福建漳州府各縣，乾隆末年，臺灣
天地會就是以福建漳州人為基礎的異姓結拜組織[41]。小刀會的
主要成員亦多為漳州人，例如彰化小刀會首領林阿騫就是大
里杙林爽文的同族。乾隆五十九年（1794）五月，在鳳山地
方結拜小刀會的鄭光彩，其原籍是漳州府龍溪縣。同治元年
（1862）三月，在彰化倡立添弟會的戴潮春，其原籍也是漳
州府龍溪縣。在移墾社會裏，雖然缺乏血緣的整合條件，但
基於對祖籍的認同，逐漸形成地緣村落，泉籍與漳籍分庄而
居，各分氣類，因此各會黨成員的籍貫有很濃厚的地緣意識。

廣東人口流動與秘密會黨的發展

　　廣東由於山多田少，地狹人稠，其生產發展和人口增長
的失調，日趨嚴重。清初以來，由於生齒日繁，食指眾多，
以致米價騰貴。富裕農戶以稻田利薄，多棄稻米生產，而改
種經濟作物，其中烟草的種植，在廣東農業經濟中佔了極大
的比重，此外各種果樹的種植，亦極普遍，由於廣東地區普
遍的稻田轉作，必然出現經濟作物與稻穀奪地的現象，而嚴
重地影響糧食生產面積日益減少及稻米供應的不足[42]。由於商

40　《天地會（一）》，頁 111，乾隆五十三年六月十六日，審訊嚴烟供
　　詞筆錄。
41　莊吉發撰〈清代社會經濟變遷與秘密會黨的發展：臺灣、廣西、
　　雲貴地區的比較研究〉，《近代中國區域史研討會論文集》（臺北，
　　中央研究院近代史研究所，民國 75 年 12 月），頁 358。
42　李之勤撰〈論鴉片戰爭以前清代商業性農業的發展〉，《明清社會

業性農業的發展，稻米生產量的減少，即使豐年，其米穀大半仰賴廣西省接濟，越來越多無田可耕無業可守的貧苦小民，因迫於生計而出外謀生，成為廣東地區的廣大流動人口，由於廣東人口的向外流動，結盟拜會的風氣，遂傳佈日廣，排比各省會黨案件後，發現各省會黨的成立，多與廣東人口的流動有密切的關係。為便於了解各會黨出現的先後，會員籍貫及結會地點的分佈，先將地方大吏所查辦的會黨案件列表於下。

清代廣東會黨傳佈表

年　　　　月	會 名	姓 名	原　籍	結會地點	職 業
乾隆 48 年（1783）	天地會	陳彪	廣東惠州	福建平和縣	醫生
乾隆 51 年（1786）6 月	天地會	林功裕	廣東饒平縣	福建平和縣	唱戲
乾隆 51 年（1786）7 月	天地會	賴阿恩	廣東饒平縣	福建漳州	
乾隆 51 年（1786）10 月	天地會	許阿協	廣東饒平縣	福建平和縣	麵販
乾隆 51 年（1786）10 月	天地會	林阿俊	廣東饒平縣	福建漳州	
乾隆 52 年（1787）10 月	牙籤會	仇德廣	廣東西寧縣	廣西蒼梧縣	
嘉慶 10 年（1805）8 月	天地會	楊金郎	廣東平遠縣	江西會昌縣	
嘉慶 11 年（1806）3 月	天地會	吳復振	廣東龍川縣	江西會昌縣	
嘉慶 12 年（1807）3 月	天地會	楊開泰	廣東	廣西平樂縣	
嘉慶 12 年（1807）3 月	天地會	李元隆	廣東	廣西平樂縣	
嘉慶 12 年（1807）5 月	天地會	周宗勝	廣東南海縣	廣西上林縣	傭工
嘉慶 12 年（1807）8 月	天地會	顏　超	廣東南海縣	廣西來賓縣	小販
嘉慶 13 年（1808）2 月	天地會	鍾亞茂	廣東南海縣	廣西上林縣	幫工
嘉慶 13 年（1808）3 月	天地會	林瓊宴	廣東南海縣	廣西奉議州	堪輿
嘉慶 13 年（1808）4 月	天地會	顏亞貴	廣東南海縣	廣西來賓縣	販馬
嘉慶 13 年（1808）4 月	天地會	古致昇	廣東南海縣	廣西平南縣	賣藥
嘉慶 13 年（1808）4 月	三點會	闕　祥	廣東平遠縣	江西會昌縣	
嘉慶 17 年（1812）4 月	添弟會	林閏才	廣東	雲南寶寧縣	

經濟形態的研究》（上海，人民出版社，1956 年 6 月），頁 280。

年　　　　　月	會名	姓名	原　　籍	結會地點	職業
嘉慶 17 年（1812）	添弟會	林閩才	廣東	雲南師宗縣	
嘉慶 19 年（1814）閏 2 月	三點會	僧宏達	廣東和平縣	江西定南廳	僧侶
嘉慶 19 年（1814）閏 2 月	三點會	吳亞妹	廣東和平縣	江西定南廳	
嘉慶 19 年（1814）3 月	三點會	邱利展	廣東連平州	江西龍南縣	
嘉慶 19 年（1814）6 月	仁義會	李青雲	廣東	福建建陽縣	
嘉慶 19 年（1814）7 月	添弟會	謝羅俚	廣東	江西崇義縣	雜貨商
嘉慶 21 年（1816）2 月	添弟會	楊憨頭	廣東曲江縣	雲南文山縣	
嘉慶 21 年（1816）5 月	添弟會	麥青	廣東	貴州興義府	小販
嘉慶 21 年（1816）11 月	忠義會	梁老九	廣東佛山鎮	湖南永明縣	
道光 6 年（1826）4 月	兄弟會	巫巧三	廣東嘉應州	臺灣貓裏	
道光 11 年（1831）1 月	三合會	吳老三	廣東	貴州懷遠縣	
道光 15 年（1835）4 月	三點會	李　魁	廣東	福建邵武縣	種茶
道光 15 年（1835）4 月	三點會	鄒四橋板	廣東龍川縣	福建邵武縣	種茶
光緒 31 年（1905）	三點會	鍾吉山	廣東嘉應州	江西南安縣	
光緒 32 年（1906）1 月	三點會	陳北石	廣東南雄縣	江西大庾縣	
光緒 32 年（1906）4 月	三點會	葉定山	廣東連平州	江西虔南廳	

資料來源：《宮中檔》奏摺、《軍機處檔·月摺包》奏摺錄副。

　　廣東與福建接壤，廣東潮州與福建漳州毗連，是廣東米價昂貴的地區。雍正初年，兩廣總督孔毓珣已指出「潮州一府，界連福建，田少人多，即遇豐歲，米價猶貴於他郡。」雍正四年（1726），因春雨較多，潮州米價每石賣至二兩八、九錢至三兩不等[43]。次年四月間，潮州因薄收，米價高昂，每

43　《宮中檔雍正朝奏摺》，第 6 輯，頁 73，雍正四年五月二十八日，兩廣總督孔毓珣奏摺。

石需銀五兩[44]。潮州無地貧民成為流動人口，多進入漳州謀
生，入閩粵人為了立足異域，多加入當地會黨，以求自保。
例如陳彪是廣東惠州府人，曾拜洪二和尚萬提喜為師，於乾
隆二十七年（1762）加入天地會[45]。乾隆四十八年（1783），
陳彪借行醫為名，從廣東惠州到福建漳州平和縣傳[46]，平和
縣人嚴烟等人加入天地會。林功裕是廣東饒平縣南陂鄉人，
平日在福建漳浦、平和等縣唱戲度日。乾隆五十年（1785），
林功裕在平和縣地方唱戲時，有林邊鄉人林三長到戲館，與
林功裕認為同宗。乾隆五十一年（1786）五月，林功裕聘平
和縣下寨鄉周杰婢女為妻，林三長告以既定了老婆，須入天
地會，才好娶回，林功裕應允。同年六月，林功裕至林三長
書房用桌子供設香爐，令林功裕從劍下走過，發誓若觸破事
機，死在刀劍下，並傳授暗號，用三指接遞茶烟，如路上有
人搶奪，把三指按住胸膛，即可無事。若有人查問從那裏來？
只說「水裏來」三字，便知同會[47]。賴阿恩是廣東饒平縣小榕
鄉人，其子賴娘如向在福建漳州福興班唱戲。乾隆五十一年
（1786）七月，賴阿恩從饒平縣起身到漳州去看賴娘如，將
近漳州路上，被三、四名不認識的人搶去衣包。賴阿恩告知
福興班管班梁阿步，梁阿步勸令賴阿恩加入天地會，傳授暗

---

44 《宮中檔雍正朝奏摺》，第 7 輯，頁 881，雍正五年四月初四日，
　　兩廣總督孔毓珣奏摺。
45 赫治清撰〈略論天地會的創立宗旨—兼與秦寶琦同志商榷〉，《歷
　　史檔案》（北京，中國第一歷史檔案館，1986 年），第 2 期，頁 91。
46 《宮中檔》，第 2774 箱，215 包，53493 號，乾隆五十三年三月初
　　六日，福康安奏摺。
47 《天地會（一）》，頁 87，林功裕供詞；《宮中檔》，第 2774 箱，
　　202 包，50273 號，乾隆五十二年二月二十七日，兩廣總督孫士毅
　　奏摺。

號，若遇搶奪，只用三指按住心坎，就不搶了，並以大指為天，小指為地。林阿俊也是饒平縣小榕鄉人，其子林阿眞與賴娘如同在漳州福興班唱戲。乾隆五十一年（1786）十月，林阿俊到漳州探望兒子，林阿眞給父親銀錢回家。戲班管班梁阿步告以路上不好走，須防人搶奪，若入天地會，即可無事，林阿俊應允入會，梁阿步傳授三指訣及「觸破機關定不可，忠義存心不可忘」等詩句[48]。許阿協是廣東饒平縣上饒鄉人，平日販賣酒麴生理，常在福建平和縣小溪地方賴阿邊麴店購麴，零售度日。乾隆五十一年（1786）十月，許阿協携帶番銀到平和縣買麴，路過麻塘地方，被人搶去番銀，許阿協告知賴阿邊，賴阿邊告以若入天地會，將來行走便可免於搶奪，此時被搶番銀亦可代為要回，許阿協應允入會，與賴阿邊、賴阿立兄弟一同焚香結拜天地會。賴阿邊傳授暗號，在路上行走，如遇搶奪，即伸出大拇指來，便是天字，要搶的人必定伸出小指，就是地字，彼此照會，就不搶了[49]。粵人除了進入漳州謀生外，也湧入福建西北內陸墾荒種地。例如李青林是廣東人，前往福建建陽縣謀生，嘉慶十九年（1814）六月，江西人劉祥書等人在建陽縣長窠地方拜李青林為師，入仁義會[50]。李魁原籍廣東，十餘歲時，前往福建西北山區種茶營生，曾入三點會。鄒觀鳳、鄒四橋板兄弟是廣東龍川縣人，向在福建邵武縣山區採茶傭工，與李魁素相熟識。道光十五年（1835）四月，李魁糾邀鄒四橋板等二十人在李魁茶廠內結拜三點會，李魁隨將各人姓名單焚化，宰雞取血，並

48　《天地會（一）》，頁72，林阿俊供單。
49　《天地會（一）》，頁70，許阿協供單。
50　《宮中檔》，第2724箱，88包，16330號，嘉慶十九年八月十九日，閩浙總督汪志伊奏摺。

在各人左手食指上刺針取血滴入酒內各飲一口，跪拜天地盟誓。李魁傳授「開口不離本，起手不離三」歌訣；如有人問姓名，答以「本姓某，改姓洪」；接遞物件，俱用三指；每日上午髮辮自右盤左，下午自左盤右；胸前鈕釦解開兩顆，折入襟內，作為同會暗號。在誓詞中言明同會之人，遇事互相幫助[51]。進入福建的廣東流動人口，都是為生計所迫的貧民，他們有的唱戲度日，有的肩挑負販，有的種茶或採茶，出外人為了立足異域，有的糾邀客籍貧民結盟拜會，有的則加入當地會黨，以求自保，從廣東流動人口倡立會黨的經過，有助於了解從傳統社會游離出來的流動人口自我調適的共同模式。

　　廣東與江西接壤，江西南部地區是一個山間盆地，稱為贛南盆地，其沿邊丘陵坡地，茶園廣佈，所產紅茶、綠茶，質量俱佳，此外多栽種甘薯，成為輔助性的糧食作物，坡地橘園亦多，經濟作物面積廣大。鎢是江西著名的礦產，其礦區主要分佈於贛南大庾、贛、上猶、龍南、遂川、興國等縣，多與廣東連界，粵省湧入江西南部沿邊山區的流動人口，接踵而至，在贛南盆地沿邊山區依山傍谷搭棚而居，稱為棚民。雍正九年（1731）三月，江西按察使樓儼具摺指出江西棚民的由來，「江西壹省有棚民壹項，除撫州、九江、南康、建昌肆府外，其餘柒府內共計肆拾肆州縣皆有棚民，然亦多寡不等，其最多者則係寧州、武寧、新昌、萬載、永新、上饒、玉山、永豐、貴溪、鉛山、樂平、浮梁、德興壹拾叄州縣，察其由來，悉係閩廣及外郡無業之人，始於明季兵燹之後，

51　《軍機處檔·月摺包》，第 2768 箱，103 包，71468 號，道光十六年五月十七日，兩廣總督鄧廷楨奏摺錄副。

田地荒蕪，招徠墾種，以致引類呼朋，不一而足[52]。」在江西沿邊搭棚居住的異籍客民，有大批游民是來自廣東的流動人口。江西秘密會黨的起源與發展，與閩粵人口的流動有密切的關係，乾隆年間以來，閩粵地區已屢次破獲天地會、添弟會等會黨，江西則自嘉慶十年（1805）始查獲會黨案件，江西天地會、添弟會盛行的地點，多鄰近福建、廣東，江西會黨就是閩粵人口流動的產物。

　　楊金郎原籍在廣東省東北部北邊嘉應州瀕臨武平水支流北岸的平遠縣，從平遠縣溯流而上，越過邊界，即進入江西省境內，楊金郎即寄居鄰近原籍的江西長寧縣。吳復振是廣東惠州府龍川縣人，龍川縣城瀕臨東江上游龍川江西北岸，溯流而上，亦可進入江西長寧縣。嘉慶十年（1805）八月，楊金郎聞知盧盛海是天地會首領，加入天地會後可免外人欺侮，領得紅布花帖後又可另行傳徒斂錢，楊金郎即同劉亞秀等人至江西會昌縣拜盧盛海為師，送給洋銀一圓。嘉慶十一年（1806）三月，吳復振亦至會昌縣拜盧盛海為師，送給錢六百文。楊金郎、吳復振等人拜師入會時，盧盛海俱設立萬提喜即洪二和尚牌位，用布搭於兩旁椅背作為布橋，令楊金郎等人鑽過，盧盛海口誦「有忠有義橋下過，無忠無義劍下亡」等詩句，又傳授「開口不離本，出手不離三」隱語暗號及「三八二十一」暗藏「洪」字口訣。同年九月，楊金郎至廣東和平縣，收廣東和平縣人廖月似為徒[53]。後來廖月似收廣東平遠縣人關祥、江西安遠縣人朱石崇等人為徒。嘉慶十三

52　《宮中檔雍正朝奏摺》，第 17 輯（民國 68 年 3 月），頁 780，雍正九年三月十二日，江西按察使樓儼奏摺。

53　《宮中檔》，第 2724 箱，84 包，15201 號，嘉慶十四年八月二十五日，護理江西巡撫布政使袁秉直奏摺。

年（1808）四月及十一月間，闕祥、朱石崇先後至江西會昌縣糾邀會昌縣人韓五星、長寧縣人何順隆等二十八人加入天地會[54]。

　　廣東惠州府境內的和平縣，位於九連山之東，龍川縣西北，北隔定南水就是江西定南廳境。廣東和平縣人僧宏達到江西定南廳塔下寺披剃為僧，與和平縣人吳亞妹因係同鄉，彼此熟識，常相往來。嘉慶十九年（1814）閏二月，吳亞妹至塔下寺，談及曾入三點會，勸令僧宏達入會，以免受人欺侮，遇貧乏時，同會弟兄彼此出錢照應，僧宏達應允入會，兩人先後糾邀劉長生等三十人，於閏二月二十三日晚間齊赴定南廳銅鑼圳空屋內舉行結拜儀式。吳亞妹將條桌兩張用凳墊高，上擺穀桶，內插白紙小旗兩面，秤、尺、剪刀各一把，紅布一幅，紙牌一個，上面書寫洪二和尚萬提喜名號，又貼紅匾，上面書寫「忠義堂」三字，下面寫著「雲白連天」四字，桌下放磚三塊，吳亞妹點起香燭，手執菜刀，站在桌旁，令僧宏達等人從桌下鑽過，稱為鑽橋。吳亞妹口誦「有忠有義橋下過，無忠無義刀下亡」等詩句，並傳授「開口不離本，出手不離三」口訣，然後宰雞取血，各刺指血滴入酒內同飲，俱拜吳亞妹為師，每人各送錢二、三百文至四、五百文不等[55]。江西龍南縣屬贛州府，相距九連山不遠，從廣東連平州北越九連山，即入江西贛州府龍南縣境。廣東連平州人邱利展到江西龍南縣後，與龍南縣人鍾錦龍彼此熟識。嘉慶十九年（1814）三月，鍾錦龍聽從邱利展糾邀，結拜三點會，聲稱

54　《宮中檔》，第2724箱，81包，14115號，嘉慶十四年五月初四日，江西巡撫先福奏摺。

55　《宮中檔》，第2723箱，86包，15644號，嘉慶十九年六月初八日，江西巡撫先福奏摺。

入會以後，遇事互相幫助，可以免人欺侮。鍾錦龍應允入會。邱利展排列案桌，上設香燭紙旗，及洪二和尚萬提喜牌位，又用白布在椅上搭作橋式，令鍾錦龍等人從橋下鑽過立誓，宰雞滴血同飲。邱利展傳授「開口不離本，出手不離三」口訣。鍾錦龍送給邱利展錢一千文，邱利展給與鍾錦龍俚詞紅布一塊，紅布俚詞內有「五祖分開一首詩，身上洪英無人知，自此傳得眾兄弟，後來相見團圓時」等語。同年四月間，鍾錦龍先後結拜三點會多次，入會者頗多[56]。從廣東南雄縣北上越過大庾嶺，即進入江西崇義縣境。廣東人謝羅俚向來在江西崇義縣開張雜貨鋪，與崇義縣境內義安墟人鍾體剛彼此交好。嘉慶十九年（1814）七月，謝羅俚與鍾體剛等人起意結拜添弟會，並藉拳棒符書招人入會，以便遇事相助，又可欺壓鄉愚[57]。鍾吉山是廣東嘉應州人，光緒三十一年（1905），鍾吉山在江西南安地方加入三點會，受封為雙金花[58]。陳北石是廣東南雄縣人，曾拜李紫雲為師，入三點會，封為鐵板，屢次率眾在江西大庾縣境向民戶搶刼擄贖[59]。葉定山是廣東連平州人，曾入三點會，封有山名，在江西虔南廳結拜三點會，會中鍾金勝是廣東翁源縣人，鍾增輝是江西虔南廳人。從江西會黨的分佈，有助於了解廣東人口的流動方向，江西會黨主要是閩粵等省人口流動的產物。

---

56 《宮中檔》，第 2723 箱，91 包，16925 號，嘉慶十九年十一月十七日，江西巡撫阮元奏摺。

57 《宮中檔》，第 2723 箱，91 包，17069 號，嘉慶十九年十一月二十九日，江西巡撫阮元奏摺。

58 《軍機處檔・月摺包》，第 2730 箱，136 包，165802 號，光緒三十四年八月十五日，沈瑜慶奏片錄副。

59 《辛亥革命前十年間民變檔案史料》（北京，中華書局，1985 年），上冊，頁 291。

　　廣西地廣人稀，可以容納廣東過剩的人口。廣東依山附海，山多田少，生齒日繁，歲產米穀，不足供應百姓日食，而且地方潮濕，米穀不能久貯，家無積蓄，一遇荒歉，或外地供應不至，即告缺乏。廣西各屬米價，普遍低廉，其不通水路地方，米價尤賤。康熙五十五年（1716）正月，廣西巡撫陳元龍具摺指出廣西所產米穀，大半在深山疊嶂之中，不通水路，雖有米穀，實難運出發賣，其通水路各州縣的米穀，因每天販往廣東，所以米少價騰。據統計，自康熙五十四年（1715）六月早稻登場後至同年十二月止，廣西米船從梧州、潯州江口運往廣東米穀共六十一萬八千餘石，平均每月十萬三千餘石[60]。雍正初年，廣東布政使常賚具摺指出「廣東一省，山多田少，即使豐年，其米穀半皆西省販運，今因春雨之故，西販罕至，是以米價不能即平[61]。」廣東人多米貴，其貧民多就食廣西。就閩粵兩省而言，湧入廣西的人口，以廣東為最多，福建較少，一方面是因廣西與廣東接壤，一方面是因廣東民食仰賴廣西接濟。由於廣東流動人口的迅速增加，廣西秘密會黨遂日趨活躍。阮元從嘉慶二十二年（1817）冬間到兩廣總督新任後，即細心查訪廣西會黨盛行的原因，其原摺略謂：

> 查粵西民情本屬淳樸，因該省與廣東、湖南、雲南等省連界，外省游民多來種地，良莠不齊，以致引誘結拜添弟會，遂有鄉民因勢孤力弱，被誘入會，希圖遇

60　《康熙朝漢文硃批奏摺彙編》（北京，中國第一歷史檔案館，1985年），第6冊，頁746，康熙五十五年正月十二日，廣西巡撫陳元龍奏摺。

61　《宮中檔雍正朝奏摺》，第5輯，頁776，雍正四年四月初二日，廣東布政使常賚奏摺。

事幫護，又或有殷實之戶恐被搶劫，從而結拜弟兄，以衛身家。其初該匪等不過誆騙斂錢，沿襲百餘年前舊破書本，設立會簿腰憑，傳授口號，或稱大哥，或稱師傅，或知天地會罪重，改稱老人等會名號。每起或一、二十人，或數十人不等，並無數百人同結一會之案，間有一人而結拜二、三會者。夥黨漸多，旋即恃眾刦掠，又復勾結書役兵丁同入會內，冀其包庇，倖免破獲。其意僅在得財花用，尚無謀為不法情事，但惑誘良民，糾眾刦擾，實為地方大害[62]。

所謂「外省游民」，即指廣西以外各省的流動人口，其中廣東貧民多至廣西種地謀生，廣東天地會、添弟會等秘密會黨，遂因人口的流動，而傳入廣西。

廣西蒼梧縣與廣東西寧縣地界毗連，乾隆五十二年（1787）九月，廣東西寧縣人仇德廣與高明縣人梁季舟商議結拜弟兄，相約如被人欺侮，彼此幫護，希圖騙錢使用，即與盧首賢等二十二人在西寧縣杜城墟新廟結會，公推仇德廣為大哥，各出會錢三百文交給仇德廣收受，仇德廣即解身佩銀牙籤一副，聲言當以牙籤會為名，各人身帶一副，作為暗號，隨後照樣打造，散給會員。牙籤會的會員何昌輝寄居廣西蒼梧縣文瀾村開店生理。仇德廣等人至蒼梧縣與何昌輝糾邀陳興遠等二十人各出會錢三百文，於同年十月十八日齊赴文瀾村古廟結拜牙籤會，仍推仇德廣為會首。仇德廣聲言每人於牙籤之外，尚須打造銀印一個，裝入小盒，各自佩帶，方為信記，仇德廣編造印章，以「賢義堂記」四字為記，共

62　《宮中檔》，第13箱，1包，2726號，道光元年二月初二日，兩廣總督阮元奏摺。

計打造銀牙籤、銀印章各四十三副，每副賣錢一千六百文[63]。

　　楊開泰是廣東人，向在廣西營生，嘉慶十二年（1807）三月，楊開泰等人欲復興天地會，在廣西平樂縣隴家嶺地方糾邀九十餘人結拜天地會。周宗勝是廣東南海縣人，於嘉慶十一年（1806）四月間前往廣西上林縣傭工度日，與李桂等人熟識。嘉慶十二年（1807）五月，周宗勝與李桂起意結拜天地會，以便遇行刼打降時可以有人相助，於是邀得陳老二等三十人，同至上林縣東山嶺空關帝廟內結拜天地會，每人各出錢二百文，俱交李桂買備雞酒飯食香燭等物，不序年齒，公推李桂為大哥，周宗勝為二哥。李桂聲稱同會三十人，按照會名分為天、地兩號，李桂管天號，周宗勝管地號，俱為會首，其餘會員各自第二起至第十五止，用紅紙條寫號序，捲作二十八筒，令陳老二等二十八人隨手拈定名次，李桂、周宗勝二人同時上前拈香，其餘依次隨後跪拜，各人割破指尖出血，同雞血滴酒分飲盟誓，李桂傳授「出手不離三、開口不離本」十字暗語，遇事彼此幫助，不許悔盟[64]。

　　林瓊宴是廣東始興縣生員，嘉慶十二年（1807）七月，林瓊宴前往廣西向武土州堪輿為業。同年八月，林瓊宴在向武土州把荷墟會遇福建汀州府上杭縣人游德，各道貧苦，游德勸令林瓊宴加入天地會，傳授「開口不離本，出手不離三」暗號，交給紅布腰憑二塊。嘉慶十三年（1808）三月，林瓊宴糾邀三十九人在奉議州瓦窰結拜天地會，林瓊宴自為師傅，派張經伯為大哥。同年五月，糾邀十七人在駝寧地方拜

63　《宮中檔》，第 2727 箱，217 包，54174 號，乾隆五十三年五月三十日，廣西巡撫孫永清奏摺。

64　《宮中檔》，第 2724 箱，66 包，10004 號，嘉慶十三年二月十八日，廣西巡撫恩長奏摺。

會。七月至十二月間，又結會五次，林瓊宴俱稱師傅。在歷次結拜儀式中，林瓊宴俱供設腰憑，稱為師傅憑據[65]。鍾亞茂是廣東南海縣人，前往廣西上林縣、宜山縣一帶幫工度日。嘉慶九年（1804）七月，鍾亞茂與同姓不同宗的鍾和超向宜山縣承辦官哨的宋青私買硝觔，欲圖轉賣放利，宋青不允，彼此爭鬧，宋青將鍾和超拏送縣城枷責，鍾和超等人因此挾恨，欲圖報復，惟人少不果。嘉慶十三年（1808）二月，鍾和超在上林縣劉老玉店內寄住，有縣民朱常腳等人至店閒談，鍾和超起意結拜天地會，遇事彼此幫助，以免被人欺侮，並可搶劫財物分用。先後糾邀十九人在劉老玉店房後園結拜天地會，因朱常腳力大強橫，不論年齒，被推為大哥，鍾和超為師傅[66]。顏滿元也是廣東南海縣人，向在廣西貴縣賣茶生理。嘉慶三年（1798），顏滿元的長子顏超從廣東南海縣到廣西尋覓生理，往來於來賓縣等地挑賣雜貨。廣東南海縣人顏亞貴，寄居廣西貴縣，販馬生理。嘉慶十三年（1808）二月，顏亞貴到來賓縣樟木墟陳老九歇店遇見挑賣雜貨的顏超，同店居住，因係同姓同鄉，交談投契，各道貧苦。顏超因藏有《桃園歌》，勸令顏亞貴加入天地會，將來自有好處。顏亞貴即向顏超索看歌本，並詢問歌詞根由，顏超告以廣東石城縣丁山腳下有洪啟勝、蔡德忠、方大洪、吳天成、吳德蒂、李色開，已糾多人欲行起事。顏超將《桃園歌》抄給一分，又將結拜天地會「開口不離本，出手不離三」等暗號，並交給拜會白扇一柄，稱為清風扇。同年四月，邀得李太芳等二十

---

65 《宮中檔》，第 2724 箱，80 包，14008 號，嘉慶十四年四月二十九日，廣西巡撫恩長奏摺。

66 《宮中檔》，第 2724 箱，75 包，12455 號，嘉慶十三年十一月十三日，廣西巡撫恩長奏摺。

三人，在來賓縣那錢村後古廟內結拜天地會，顏亞貴自為師傅，派李太芳為大哥[67]。蔣聲雋是廣西來賓縣生員，教讀度日，與顏超熟識。嘉慶十二年（1807）八月，顏超勸令蔣聲雋結拜天地會，傳授暗號，交給白紙扇一柄，並抄給《桃園歌》。次年三月，蔣聲雋糾邀來賓縣武生范友蘭等二十六人結拜天地會。同年七月，范友蘭糾邀林亞選等二十人結拜天地會。李文達是廣西來賓縣人，與顏超熟識。嘉慶十三年（1808）四月，顏超至李文達處借住，顏超取出《桃園歌》借給李文達及其子李太忠閱看，勸令李文達父子結拜天地會，並送給清風扇一柄，隨邀得李含芳等十三人結拜天地會，李太忠因有清風扇，自為師傅，派李含芳為大哥[68]。

　　古致昇原籍廣東，向在廣西平南縣賣藥營生。嘉慶十三年（1808）二月，古致昇在平南縣丹竹墟會遇廣東人蘇顯名，敘談後知係同鄉，古致昇以賣藥利微，且時常被人欺侮，欲另謀生理。蘇顯名即勸令糾人結拜天地會，可以斂錢使用，又可搶劫獲利，凡遇鬥毆，則有人相助。古致昇詢問如何充當師傅及令人信從？蘇顯名即傳授「開口不離本，出手不離三」暗號，用紅布書寫「江洪汩淇溱」字樣作為腰憑，會員相遇，便知互相照應。拜會時，豎竹架兩層作門，竹門內用木斗貯米，紅布圍蓋，安設香燭，大哥居左，師傅居右，各拿順刀一把，斜架作叉，令眾人鑽刀拜神立誓，用雞血滴酒同飲，入會者每人出錢五百一十六文。同年四月，古致昇糾邀三十三人，在平南縣境古廟內按照蘇顯名傳授儀式結拜天

67　《宮中檔》，第 2724 箱，76 包，12695 號，嘉慶十三年十二月初八日，廣西巡撫恩長奏摺。

68　《宮中檔》，第 2724 箱，78 包，13320 號，嘉慶十四年二月十三日，廣西巡撫恩長奏摺。

地會，因周勝海力大強橫，不序年齒，公推為大哥，古致昇
自為師傅[69]。

　　梁老三是廣東南海縣佛山鎮人，向在廣西營生。嘉慶二
十年（1815）七月，梁老三邀得歐發祥等七人在廣西恭城縣
結拜忠義會，因歐發祥出錢較多，派為大哥。湖南衡陽縣人
李泳懷亦在恭城縣小貿營生，與梁老三熟識，談及孤身無靠，
梁老三告以曾在縣境結拜忠義會，入會以後，可免外人欺侮，
會中人如有疾病事故，各出錢一百零八文資助。是年十月，
李泳懷等十二人齊至縣境空廟內結拜忠義會。梁老三擺設案
桌，用紙書寫「忠義堂」三字，粘貼桌邊，又供設關帝神位，
旁插紅旗五面，並點油燈數盞，外用篾圈三個，每圈派遣先
已入會的老蓮和尚等六人各執鐵尺、尖刀，在旁把圈。梁老
三自稱總大哥，頭帶紅布，髮插紙花，身披長紅布一條，立
於桌旁，並令李泳懷戴用紅布，隨同劉老二等人從圈內鑽過，
稱為過三關，然後跳火盆，稱為過火燄山，並用針在左手中
指刺血滴入雞血酒內同飲，各人姓名開寫表文，連同所設神
位、紙旗、篾圈一併燒燬[70]。

　　湖南因與廣東、廣西接壤，兩廣會黨亦隨流動人口的湧
入而傳佈於湖南境內。嘉慶十六年（1811），湖南巡撫廣厚抵
任後經細心察訪具摺指出湖南向來並無會黨活動，惟永州府
屬永明、江華等縣界連兩廣。嘉慶十八年（1813），廣東人黃
得隴等即在江華縣結盟拜會[71]。御史蔣雲寬具摺時已指出「粤

69　《宮中檔》，第 2724 箱，74 包，12134 號，嘉慶十三年十月初四
　　日，廣西巡撫恩長奏摺。
70　《軍機處檔‧月摺包》，第 2751 箱，37 包，53908 號，嘉慶二十
　　二年四月二十一日，湖南巡撫巴哈布奏摺錄副。
71　《宮中檔》，第 2723 箱，90 包，16718 號，嘉慶十九年十月二十

省添弟會久為閭閻之害，查拏不淨，近乃蔓延及於湖南永州一帶，名為擔子會、情義會，黨與既眾，遂至搶掠刦奪，肆行無忌[72]。」永明、江華等縣，雖與兩廣毗連，但土客之間，彼此不相容。湖南巡撫廣厚具摺指出「該地歷來習俗相約不許外省之人存留，現在批山種土及開店貿易者，皆係土著及本省寶慶、桂陽等府州民人，平日均屬安分守法[73]。」由於永明、江華等縣不肯容留客籍游民，結盟拜會就成為粵籍客民自我調適的表現。梁老九是廣東南海縣佛山鎮人，曾在廣西恭城縣與其叔梁老三多次結拜忠義會，嘉慶二十一年（1816）十一月，梁老九邀得李國林等十二人到湖南永明縣清明田地方羅化隴家結拜忠義會。梁老九在永明縣境內先後結會三次，梁老九被捕後供稱結會可以互相幫助，藉可騙錢漁利，所設令旗，是為了同會之人疾病事故傳知幫助，腰憑是作為總大哥憑驗，所寫歌句，不過欲使弟兄和合，並未暗藏他意[74]。

　　雲南、貴州與廣西接壤，從廣西進入雲貴地區的廣東人口，自雍正初年以來，與日俱增，嘉慶年間，雲貴地區會黨案件，屢有破獲。嘉慶十七年（1812）、十八年（1813），廣東人林閏才、張效元等人在雲南師宗縣、寶寧縣地方，糾邀當地人民結拜添弟會。楊憨頭是廣東曲江縣人，曾拜廣東高要縣人王姓為師，加入添弟會。嘉慶二十年（1815）十月，

七日，湖南巡撫廣厚奏摺。
72　《上諭檔》，方本（臺北，國立故宮博物院），嘉慶二十四年五月初九日，頁41，寄信上諭。
73　《宮中檔》，第2723箱，91包，16969號，嘉慶十九年十一月二十一日，湖南巡撫廣厚奏摺。
74　《軍機處檔‧月摺包》，第2751箱，8包，48464號，嘉慶二十二年六月二十四日，湖南巡撫巴哈布奏摺錄副。

楊憨頭徙居雲南開化府文山縣新寨塘，與文山縣人楊贊相好，一同居住。楊憨頭為人兇悍，附近村民飽受欺凌，每逢年節，均須致送食物。楊憨頭見村民易於欺壓，起意復興添弟會。嘉慶二十一年（1816）二月，糾得二十七人，每人各出銀一兩，或出錢米，多寡不等，共推楊憨頭為大爺，朱仕榮為先生。其結會儀式，是在夜間舉行，由朱仕榮寫立五祖牌位，供奉桌上，桌前插刀兩把，地下挖掘小坑，入會之人俱跳火坑，從刀下鑽至牌位前叩頭盟誓，會中書寫表文，當天焚化，各飲雞血酒一杯。楊憨頭以從前王先生傳會時，每人各給紅布一塊，易於遺失，所以規定將髮辮向左邊繞去挽住，作為會中記號。又傳授舉手不離三的手訣，及開口不離本的口訣[75]。雲南廣南府寶寧縣屬南甲地方，天地會人數眾多，會中以黃鳳朝、韋德顯、鄧發元、程尚達、翁老六、郎兆、李升科、李倫、陳應先、葉玉順等人為十大頭目，其中翁老六是廣東人，黃鳳朝又名黃奉潮，是廣西南寧府隆安縣人，此外分別隸屬於雲南寶寧、四川、貴州湄潭等縣[76]，會中秘密文件詳列五祖姓名，在嘉慶年間，廣西、雲南、貴州地區，會書輾轉傳抄，流傳已廣。嘉慶十六年（1811）五月，廣西巡撫成林搜獲東蘭州天地會成員姚大羔所藏會簿、三角木戳及紅布[77]，都是傳會的憑據。麥青原籍廣東，寄居貴州興義府，嘉慶十九年（1814）十一月，麥青往廣西百色地方販

---

75 《軍機處檔‧月摺包》，第 2751 箱，7 包，48382 號，嘉慶二十一年六月二十七日，雲貴總督伯麟奏摺錄副。

76 《軍機處檔‧月摺包》，第 2751 箱，31 包，52756、52757、52765 號，嘉慶二十二年七月二十五日，湖南巡撫巴哈布奏摺錄副、楊正才呈文、供詞。

77 《天地會（一）》，頁 3，廣西東蘭州天地會成員姚大羔所藏會簿。

賣雜貨，路遇福建人黃焦敬，麥青向黃焦敬借鈔添弟會會書。
福建人嚴老三、嚴老五亦寄居貴州興義府，與麥青熟識，嘉
慶二十一年（1816）五月，嚴老三等起意結會，同至麥青家
抄回會書，隨後邀人結拜添弟會。秘密會黨成員中凡持有會
簿者，即可自行結會，自為師傅，會簿遂成為一種傳會的工
具。貴州巡撫文寧檢閱添弟會流傳的會簿後指出添弟會藉名
幫扶明朝後裔洪英，而糾人入會，會簿中也有「重開日月合
為明，順天興明和合同」等字樣，但文寧認為「洪英有無其
人，實不能知，即或明末果有洪英，今已一百七八十年，如
何尚能出世？」易言之，添弟會不過藉此「哄誘」眾人入會[78]。
會簿或會書既成為傳會的工具，抄有會書便可另行邀人結盟
拜會，由於會書的輾轉傳抄，秘密會黨遂日益盛行。

　　早期移殖臺灣的粵人，基於同鄉關係，逐漸形成地緣村
落，習稱廣東庄，淡水廳中港溪中、上游一帶主要為廣東惠
州及嘉應州移民所聚居的村落，由於閩粵分類械鬥蔓延日
廣，中港等地大小各庄頗受其害，道光六年（1826）四月，
銅鑼灣廣東庄人巫巧三等起意結拜兄弟會，又名同年會，議
定日後與人爭鬥，同心協力，互相幫助[79]，兄弟會就是臺灣早
期移民中閩粵分類械鬥的產物。所謂秘密會黨是由下層社會
異姓結拜組織發展而來的各種秘密團體，其起源與閩粵地區
的社會經濟背景有密切的關係。

　　明代末年以來，隨著宗族勢力的不斷加強，人口壓力的
日益增加，地盤擴張的嚴重糾紛，宗族之間的關係日益尖銳

78　《軍機處檔‧月摺包》，第 2751 箱，10 包，49066 號，嘉慶二十
　　一年八月初六日，貴州巡撫文寧奏摺錄副。

79　《軍機處檔‧月摺包》，第 2747 箱，25 包，57516 號，道光六年
　　十一月二十五日，閩浙總督孫爾準奏摺錄副。

化，而引起宗族械鬥的頻繁發生。大姓族大丁多，恃強凌弱，欺壓小姓，小姓為求自保，於是結連相抗，持械聚眾，彼此相殺。各異姓連合時，承繼歷代民間異姓結拜的傳統，模仿桃園結義及梁山泊英雄大聚義的儀式，歃血瀝酒，跪拜天地盟誓，各異姓結拜組織已具備會黨的雛型。由於公權力的薄弱，宗族械鬥及異姓結拜就成為一種自力救濟行為，個人在社會暗示之下，結盟拜會，彼此模仿，積漸成為一種社會風氣。福建巡撫汪志伊具摺時已指出「閩省漳泉二府，宋時有海濱鄒魯之稱，由風俗以思教化，美可知也，自明季倭寇內犯，練鄉兵以衛村堡，募其勇豪，授以軍器，尚勇尚氣，習慣成風。嗣遂逞忿械鬥，禮義廉恥之風微，而詭詐貪橫之習起，始結為天地會，繼流為陸洋之盜，結黨成群，肆行刼掠，實為地方之害[80]。」天地會就是由閩粵地區宗族械鬥及異姓結拜組織發展而來的一個秘密會黨。秘密會黨結會時，須跪拜天地盟誓，這是天地會得名的由來。

　　在清代人口的流動現象中，福建和廣東是我國南方人口流動最凸出的兩個省分。福建向外流出的人口，主要集中於沿海人口密集的精華區，以泉州和漳州兩府的人口流動最為頻繁，其次汀州等府的人口流動，亦頗頻繁。從本文「清代福建會黨傳佈表」可以看出各會黨成員的原籍分佈狀況，其中漳浦、平和、長泰、詔安、龍溪等縣，俱隸屬漳州府，晉江、同安等縣俱隸屬泉州府，武平、長汀、清流、永定、上杭等縣，俱隸屬汀州府，此外，莆田縣隸屬興化府，以上各府，都是福建米價較昂貴的地區，生活艱難，為生計所迫的

80　《皇朝經世文編》（臺北，國風出版社，民國 52 年 7 月），卷二十三，頁 42。

貧民，紛紛出外謀生。就福建而言，臺灣會黨成員的原籍，幾乎清一色的隸屬漳州府，但在內地由福建人倡立的會黨，其成員的原籍，除了漳州府外，還包含泉州、汀州、興化、建寧、邵武等府。除表中所列結會地點分佈概況，也可以看出各會黨結盟拜會的地點，多不在原籍，有助於了解福建人口流動的方向。雍正、乾隆年間，臺灣諸羅縣已破獲父母會、添弟會、雷公會，彰化縣破獲小刀會、天地會，福建邵武縣破獲鐵尺會，同安縣破獲䪾䪾會，廣東惠州、饒州府饒平縣破獲天地會。嘉慶年間，福建南平縣破獲添弟會，沙縣破獲拜香會，順昌縣破獲仁義會，都在延平府境內。甌寧縣破獲百子會、仁義會、雙刀會，建陽縣破獲添弟會、仁義會，建安縣破獲仁義會，都在建寧府境內。邵武府泰寧縣破獲花子會，大致與拓墾方向是齊頭並進的。福建延平、建寧、邵武三府容納了本省漳州、泉州、興化、汀州等府的流動人口，秘密會黨在臺灣、福建西北內陸發展起來，並非歷史的巧合。此外在廣東海康、新寧、歸善等縣，江西會昌縣，廣西向武土州等地，也破獲天地會，江西安遠縣破獲洪蓮會，四川雅州破獲添弟會，貴州興義府破獲添弟會，各會黨成員的原籍都在福建。易言之，鄰近福建各省的會黨，就是福建流動人口的產物。

　　廣東由於地狹人稠，無田可耕無業可守的貧民，因迫於生計而成為流動人口，其向外流動的方向，除了移殖南洋外，主要是流向鄰近省分。從本文「清代廣東會黨傳佈表」可以看出各會黨成員的結會地點都不在原籍，有助於了解廣東人口的流動方向與各會黨的分佈概況。廣東潮州與福建漳州毗連，是廣東米價較貴的地區，人口流動極頻繁，其餘人口密

集地區，亦因人多米貴，小民生計艱難，而紛紛出外謀生。從表中所列會黨成員的原籍及會黨名稱加以觀察，可以看出由廣東流動人口所倡立的會黨，常見的有天地會、牙籤會、三點會、添弟會、仁義會、忠義會、兄弟會、三合會等，各會黨重要成員的原籍，主要是分佈於廣東潮州、惠州、羅定州、嘉應州、廣州、南雄州、韶州等府，都是人口流動較頻繁的地區，其流動方向主要是前往福建漳州平和等縣及邵武府邵武等縣，廣西蒼梧、平樂、上林、來賓、奉議、藤縣等州縣，江西會昌、定南、龍南、崇義、南安、大庾、虔南等廳縣，雲南寶寧、師宗、文山等縣，貴州興義、懷遠等府縣，湖南永明等縣，臺灣淡水廳等地，由此可知廣東會黨的傳佈，與廣東人口的流動方向大體是一致的，質言之，人口流動是因，而會黨的出現是果。

　　閩粵流動人口的性質，可以從他們的職業分佈加以觀察，閩粵流動人口除了渡海來臺拓墾外，也湧入省內山區及鄰省沿邊墾荒種地，除了職業不詳的流動人口外，其非農業性的流動人口，比重頗大，例如倡立天地會的福建漳浦縣人洪二和尚萬提喜，結拜三點會的廣東和平縣人僧宏達，都是僧侶；從廣東惠州到福建平和縣傳授天地會的陳彪是行醫為業的人；拜陳彪為師而加入天地會的平和縣人嚴烟是布商；在臺灣彰化縣拜嚴烟為師而加入天地會的福建漳州平和縣人林爽文則趕車度日；在福建漳州平和等縣加入天地會的廣東饒平縣人林功裕唱戲度日；在福建平和縣加入天地會的許阿協平日販麵生理；在廣東饒平縣結拜天地會的縣民涂阿番賣飯過日，福建詔安縣人黃阿瑞常到饒平縣趕墟販賣木桶；在臺灣大墩結拜小刀會的福建移民林達以販賣檳榔度日；在彰

化結拜小刀會的漳州人黃添平日開設賭場；在福建南平縣結
拜添弟會的長汀縣人黃開基以縫紉度日；到廣東新寧縣結拜
天地會的福建同安縣人陳姓是看相的人，加入天地會的縣民
葉世豪則傭工度日；在江西會昌縣結拜天地會的福建永定縣
人曾阿蘭唱曲度日；在廣西奉議州結拜天地會的廣東始興人
林瓊宴以及在廣東揭陽縣結拜雙刀會的福建漳浦縣人戴仙，
都以堪輿算命為業。在流動人口中肩挑負販，傭趁度日等非
農業性人口，也佔很大比例。以往學者認為天地會的本質是
一個舊式農民戰爭組織[81]，這種說法，是不符合客觀史實的。
學者已指出「以農民為主體的傳統秘密結社，大多是在地主
階級大量兼併土地，農民大量破產的背景下創立和發展起來
的。當時在閩、粵和臺灣地區，這種情況雖然也存在，但並
不成為社會的主要問題。」又說「他們的主要的問題是生活
不穩定[82]」，由於離鄉背井，東奔西走，出外人孤苦無助，為
了立足異域，於是結拜弟兄，倡立會黨，以求患難救助。清
初以來，非農業性的流動人口的迅速增加，確實為秘密會黨
的發展，提供了極為有利的先決條件。

　　閩粵流動人口的地緣意識，各地不盡相同。早期移殖臺
灣的內地漢人，缺乏以血緣作為聚落組成的條件，多採取祖
籍居地的地緣關係，同鄉的人遷到同鄉所居住的地方，形成
地緣村落，泉州庄、漳州庄、廣東庄同籍聚居，其地域觀念
頗為濃厚，各分氣類，分類械鬥與秘密會黨就是早期移墾社
會地緣意識尖銳化的產物。但就閩粵內地而言，其流動人口

81　駱寶善撰〈論天地會的起源和性質〉，《會黨史研究》（上海，學林
　　出版社，1987 年 1 月），頁 73。
82　秦寶琦、劉美珍撰〈試論天地會〉，《清史研究集》（北京，中國人
　　民大學清史研究所，1980 年 11 月），第 1 輯，頁 177。

的省籍觀念，並不濃厚。洪二和尚萬提喜是福建漳浦縣人，往來於閩粵傳會，有廣東惠州人陳彪等人入會。陳彪在福建漳州平和縣傳授天地會，有縣民嚴烟等人拜陳彪為師，加入天地會。福建詔安縣人黃阿瑞在廣東饒平縣糾邀饒平縣人涂阿番等人結拜天地會。福建漳浦縣人蔡步雲寄居廣東歸善縣，與歸善縣人陳亞本起意邀人結拜天地會。廣東饒平縣人林功裕、賴阿恩、許阿協、林阿俊等人進入福建漳州後，俱加入以漳州人為基本成員的天地會。廣東連平州人邱利展到江西龍南縣後，與縣民鍾錦龍熟識，起意邀人結拜三點會。嚴老三、嚴老五是福建人，麥青是廣東人，三人都寄居貴州興義府，彼此熟識，起意邀人結拜添弟會。由此可以看出非農業性的流動人口，因浪迹江湖，四海皆兄弟的精神，得到充分的表現。客籍人數既少，勢孤力單，為求立足異域，必須互相幫護，其省籍觀念，俱甚淡薄，這也是有利於秘密會黨的發展的重要因素。

　　排比閩粵會黨名稱的出現及分佈後，有助於了解清代秘密會黨的起源和發展。會黨名稱的正式出現當始於雍正年間，福建總督高其倬曾指出福建向日有鐵鞭等會，後因嚴禁，遂改而為父母會[83]。就現存檔案資料而言，天地會的出現，當始於乾隆二十六年（1761），鄭成功卒後一百年左右始有天地會的出現，乾隆末年，林爽文領導天地會起事後，天地會始成為各會黨的通稱，後世所稱天地會實含有廣義的天地會與狹義的天地會，前者泛指清代盛行的各種會黨[84]，後者則指使

83　《宮中檔》，第97箱，320包，6470號，雍正六年八月初十日，福建總督高其倬奏摺。

84　陸寶千著《論晚清兩廣的天地會政權》（臺北，中央研究院近代史研究所，民國64年5月），頁4。

用「天地會」字樣的本支而言。但無論廣義的天地會或狹義
的天地會，都是由下層社會的異姓結拜組織發展而來的各種
秘密團體，各會黨傳授的手訣暗號或歌句隱語都相近，會員
入會時，須跪拜天地盟誓，歃血瀝酒，其儀式亦大同小異，
天地會既承繼早期會黨的傳統，吸收結合各會黨的共同要
素，因此，天地會的名稱，最能概括下層社會異姓結拜組織
的各種特徵[85]。隨著閩粵地區人口流動的方向，閩粵鄰近各省
結盟拜會的風氣，亦極盛行。排比清代所破獲的會黨案件，
臺灣在雍正年間已破獲父母會，乾隆五十二年（1877），廣西
蒼梧縣開始破獲牙籤會，嘉慶十年（1805），江西會昌縣破獲
天地會。嘉慶十七年（1812），雲南寶寧縣及師宗縣破獲添弟
會，嘉慶二十一年（1816），貴州興義府破獲添弟會，湖南永
明縣破獲忠義會，乾嘉年間，四川會黨案件很罕見，湖南、
貴州、雲南會黨案件，亦甚少見。這種現象可以解釋各省會
黨的出現，與閩粵人口流動的方向大致是齊頭並進的。閩粵
會黨具備許多共同的特徵，直接或間接由閩粵流動人口所倡
立的各種會黨，可以稱之為閩粵系統的秘密會黨，舉凡父母
會、鐵尺會、小刀會、天地會、添弟會、雷公會、䘓䘓會、
牙籤會、百子會、洪蓮會、花子會、拜香會、仁義會、三點
會、忠義會、兄弟會、雙刀會等，都是屬於閩粵系統的秘密
會黨。秦寶琦撰〈乾嘉年間天地會在臺灣的傳播與發展〉一
文指出乾隆五十九年（1794）鳳山縣鄭光彩結拜的小刀會是
由天地會變名而來，於是認為「迄今為止史料上所見天地會
系統內最早的小刀會，應作為小刀會創立之始[86]。」乾隆初年

85　莊吉發著《清代天地會源流考》（臺北，國立故宮博物院，民國
　　70 年 1 月），頁 183。
86　秦寶琦撰〈乾嘉年間天地會在臺灣的傳播與發展〉，《臺灣研究國
　　際研討會論文》（美國芝加哥，1985 年 7 月），頁 23。

以來所查禁的小刀會，與天地會固然不相統屬，即各小刀會之間，同樣也是彼此不相統屬的，無論是天地會系統以內的小刀會，或天地會系統以外的小刀會，都是屬於閩粵系統內的秘密會黨，天地會系統內外的小刀會，是從早期到後期的發展，忽視早期的小刀會，而將鄭光彩所倡立的小刀會作為小刀會創立之始，實在很難認識整個小刀會的源流。地域環境雖然決定了秘密會黨的發展，但隨著人口的大量流動，秘密會黨的發展往往突破了地域限制。同光年間開始盛行的哥老會，因其活動地區及組織方式與天地會不盡相同，所以學者對哥老會是否為天地會的支派？提出不同的看法。劉錚雲撰〈湘軍與哥老會─試析哥老會的起源問題〉一文指出「目前就組織方式而言，我們可以說，嘓嚕、紅錢會、江湖會、哥老會等屬於同一系統，而天地會則屬於另一系統。前者同源於四川、湖南，而後者起於福建、廣東[87]。」隨著湘軍的四處征戰及後來湘軍的解散，其散兵游勇充斥各地，哥老會的活動範圍已經不再局限於湖南一隅了。檢查同光年間的會黨案件，哥老會、江湖會絕少由閩粵籍流動人口所倡立，因此，與其說哥老會、江湖會等會黨不屬於天地會系統，還不如說哥老會、江湖會等會黨是不屬於閩粵系統的秘密會黨。

　　從清代秘密會黨的發展過程而言，主要是起源於閩粵地區。早期的秘密會黨，主要在強調內部的互助性質，並未含有濃厚的政治意味，或狹隘的種族意識。從乾隆末年林爽文起事失敗以後，天地會逐漸以反清復明為宗旨，對太平軍起事及後來的群眾運動有重大影響。太平天國的革命運動，一方面是由於近代中國社會經濟的變遷，即人口壓迫的結果，

87　劉錚雲撰〈湘軍與哥老會─試析哥老會的起源問題〉，《近代中國區域史研討會論文集》（臺北，中央研究院近代史研究所，民國75年12月），頁399。

一方面則為秘密會黨發展的結果，各地會黨聲氣相通，形成澎湃的反滿潮流，刺激了民族思想。太平天國覆亡後，強烈的反滿意識，仍然方興未艾，逐漸匯聚成為晚清民族革命的洪流。國民革命運動初期，其進行革命的方法，主要是從聯絡會黨著手，會黨志士充分提供了革命武力。由於知識分子與秘密會黨的結合，不僅推翻了清朝政權，同時也促成近代中國社會結構的變化，涓涓不塞，終成江河，秘密會黨的起源及其發展，實為不可忽視的歷史課題。

奏

福建巡撫臣毛文銓謹

奏為犬馬報

主之心甚切謹陳愚悃奏請

聖武事竊惟福建一省民風土俗大率喜爭鬭

好會庸此千百年以來之習染牢不能破

者也夫爭鬭之源不逞必致飛揚奢扇之

漸不除自然傷化一定之理也且本省材

荷眾

皇上天恩如此優渥藎念若不通治文書赴期

會潔一己之心盡一身之力未足以仰報

高深萬一故於宣力之餘實自思惟奢靡之

漸固不可聚除而爭鬭之源實不可不亟

過查邊爭鬭皆始於大姓次則游手好閒

者蓋閩省大姓最多類皆千萬丁為族聚

集而居歟凌左右前後小姓動輒鳴眾列

械鬥之以成而為小姓者受逼不堪亦或

斜約數姓合而為一遇其相持之隆雖文

武官員率領兵役前往押釋亦所不能息

現今通行各屬細查一邑之中大姓若干

今各造冊報且每一大姓即為本族之中

公舉身家殷實品行端方為眾所欽服者

各四人命其名為鄉望克其本身差擇凡

伊本族之人聽伊約束卯與小該偶有微

嫌責令解紛偶仍有列械拼捂著落此四

人協拘三年之內若無不法事由卿覺卯

即准於越姷擇地建立仁里二字大坊近

如優養如該越某能人人奉令風俗稍移

訪興情皆云甲地之得宜者至於游手好閒

之徒雖不大姓然而去之最難且審難

原其故矢営緣閻地九府一州凡武臣自

水陸捷替以及各鎮總兵以下多屬本土

之人其內外遠近之觀自甲及乙眈精雙

延不可勝數雖提鎮以下諸臣叨蒙

生莫可寬誅雖草附木群相固結百學叢

皇上殊恩以聞省人民而閒省之將帥即復聞

非之理但蒙眈甚覽察為難且愚以聞

者為反側不常之地久矣防徼杜漸當在

平時臣請嗣後

簡用武臣陰水師固不能不取熟識水性者

不妨多用數員其餘陸路伏乞

皇上揀選北五省之人補用夫北五省自古英
雄之窟豪傑之場況多謀以

臺灣總兵皆能傳職縱則海壇鎮臣未文

皇上如天之明人地無不洞宜遇事關之源而
絀飛揚之志寓於此實不惟於游手好
閒者無所倚賴而已也再如臺灣一府與
內地相為表裏關係非輕且閩臺歲時漳
泉互鬭無不摩拳擦掌以有事為榮奇荷

聖祖護獸毆即海平諸邦革毆臣查臺灣鎮臣林
亮非庸愚之辈但其苦
作臺兵今名為臺鎮同伍老年多有存者諸
凡兇徒息是以各兵皆無嚴悍之心伕
各兵而無嚴悍之心何事不可為也然且
訪查其人尚高可用者將林亮調於江浙

聖恩將臣此摺留中廠不致於風聲洩漏臣不
曠荷

恩感激謹具摺奏以

聞謹

奏

雍正肆年貳月　初肆　日

《宮中檔》，雍正四年二月初四日，福建巡撫毛文銓奏摺

福建總督臣高其倬謹

奏為

奏聞事竊查福建泉漳二府民間大姓欺凌小
族亦結連抗拒械聚彼此相梗景
為惡俗此時勸弭禁嚴查令查得同安縣
大姓包家與小姓羅家彼此聚眾列械傷
設署縣事知縣程運青拱勸被嚇潛回隱
匿不報敢營遊擊亦不行票報眛屬溺職
臣一面具疏嚴叅外關叅此等惡習必加
嚴懲嗣後方知警戒敢叅

嚴叅程運青即行兇者即行拏究以懲

俗餘者懲戒料理所有情節謹先繕摺

聞

奏

雍正伍年拾壹月拾柒日

《宮中檔》，雍正五年十一月十七日，福建總督高其倬奏摺

天地會腰憑圖示

奏

福建觀風整俗使 臣劉師恕謹

奏為奏

聞事竊查泉屬七縣晉江南安同安最為難治安溪
惠安次之永春德化又次之其初大姓欺壓小
姓小姓又連合衆姓為一姓以抗之從前以包
為姓以齊為姓近日又有以同為姓以海為姓
以萬為姓有現在嚴飭地方官查拏禁止伊等
稍知歛戢無有械鬥之事其晉江之施家即施
世綸施世驃之族也人丁最多住居衙口石下
大喬諸村販私富逞強橫無比現有毆差搶犯
之案業經府縣通詳今已拏得二人餘犯未發
且又訪其素為不法者三人拏交地方官究治
其餘諸大姓雖不無多事之人總未若施家之
甚也各縣中尚有恃強凌弱之人現經告發者
俱為查審公處斷有劣蹟可指者共二十餘
人俱拏懲治又傳集在城在鄉紳衿敬宣

皇上德意詳加勸導並獎其安分守法者數人以風
示之其應予自新者當面申飭並揭其姓名通

行曉示責其改過再犯倍處查晉江縣之安海
地方居民頗稠佃估舶亦多與廈門金門相為表
裏添設官弁甚屬得宜法石一汛為商漁船出
入門戶亦屬緊要臣留心查察僭時獎實現在
無有惟巡檢衙門陋規未除隨己嚴飭榮臣
仍不時搭查不敢急致官弁役復萌故智
也提標五營並城守營臣與提督石雲倬會同
閱看兵馬整齊教場窄隘鳥鎗但看連環未
曾下鉛打把最時兵丁最為驕悍石雲倬管束
頗嚴現在收飲不敢多事馬步俱熟臣料
理未畢大約十一月方可至廈門等處要緊地
方事紛繁多臣不敢草率塞責也為此繕摺具

奏料得整飭
顏得整飭

奏伏乞
皇上睿鑒謹
奏
雍正柒年拾月　　　日

《宮中檔》，雍正七年十月初六日，福建觀風整俗史劉師恕奏摺

地方治安

——臺灣移墾社會的吏治與民變

　　清代臺灣的地方吏治，與天地會的發展有極密切的關係。閩粵民入移徙臺灣後，各分氣類，泉漳民人，心志不齊，惠潮客民，結連親故，氣勢甚盛，械鬥案件，層出不窮。郎擎霄撰〈中國南方械鬥之原因及其組織〉一文中從氣候、種族、人口、權利獨佔、教育、宗法觀念、遺傳性、風俗及盜匪等問題，以分析華南地區的械鬥原因[1]。惟就清代臺灣而言，其械鬥案件層出不窮的主要原因實為地方吏治問題。清初，臺灣人口密度不大，土沃產阜，耕一餘三，但民變案件屢見不鮮。張菼撰〈清代初期治臺政策的檢討〉一文中將清廷對宦臺文武官員所採取的措施歸納為六項：任期短；任滿必升；文員不經部選；不許攜眷；崇其體制；畜其俸給[2]。在臺戍守總兵、副將、參將、遊擊等員，三年或二年任滿即轉陞內地，不使久任。其文官自道員教職以上，亦依武官之例，俸滿即陞。任期既短，縱有長才，亦難展布。福建巡撫於臺灣文職員缺，可就閩省現任官員內揀選調補，引薦私人，流弊叢生。地方官視臺灣缺分為利藪，不以冒險渡海為畏途，

1　郎擎霄撰〈中國南方械鬥之原因及其組織〉，《東方雜誌》，第 30 卷，第 19 號。

2　張菼撰〈清代初期治臺政策的檢討〉，《臺灣文獻》，第 21 卷，第 1 期（臺灣省文獻委員會，民國 59 年 3 月），頁 22。

轉以得調美缺為喜，惟利是圖，任意侵漁肥橐，以致斂怨殃民，擾累地方，會黨遂乘機起事。雍正初年巡視臺灣監察御史景考祥於〈奏陳海疆情形〉一摺已指出臺灣文武各員苟且彌縫的現象，其原摺略謂：

> 臣竊見今日之臺灣，非復五年以前之臺灣，亦非三年以前之臺灣矣。五年以前，官之求調補臺灣者，所圖惟三年陞轉耳。而臺灣之兵民立社結盟，作盜為姦，無分晝夜，官員見其難治，惟苟且彌縫而已，即三年以前，民之舊習未改，兵之強悍未除，而匪類潛踪，難盡搜獲，有司雖竭力盡心，不能遽為挽回[3]。

臺灣孤懸外海，五方雜處，土著之民少，流寓漢人與日俱增。巡視臺灣陝西道監察御史覺羅柏修曾指出「流寓之人，非係迫於飢寒，即屬犯罪脫逃，單身獨旅，寄寓臺灣，居無定處，出無定方，往往不安本分，呼朋引類，嘯聚為奸。而考臺地變亂數次，皆係此等烏合之徒為之倡首[4]。」流寓漢人既富於冒險犯難的精神，地方治安又欠佳，結盟拜會，動輒聚眾械鬥，甚至釀成大規模的民變。福建巡撫毛文銓具摺時亦指出臺地積弊，其原摺略謂：

> 臺灣一府，孤懸海外，該地又復五方雜處，兵民更多不法，而加以生熟各番天性兇頑，務須在臺文武同心合力，日夜隄防，方免後患。今聞巡臺御史及鎮府各官俱大不相和，殊非地方之福。臣方始到閩，尚不知其所以大不相和之故，然既有所聞，不敢不奏也。至

3　《宮中檔雍正朝奏摺》，第 4 輯（臺北，國立故宮博物院，民國 67 年 2 月），頁 389。

4　《宮中檔》（臺北，國立故宮博物院），第 78 箱，242 包，3993 號。雍正十一年三月初三日，覺羅柏修奏摺。

於該地原為反側不常之所，凡屬蟻聚為匪事發，類有富戶人等為之謀主。臣前者在京面奉恩旨，該地富戶，必當設法移歸內地，此實皇上至聖至明，無微不燭者也。但查無事遷移，人情不無震駭，恐生意外之虞，此事所關甚大，不敢透露風聲，所以即該地文武亦不便輕忽諭知，臣惟密為經畫，今欲飭行臺灣道府等員，無論強竊兇毆放火等項大小案件，一經發覺，即行通報批審，如內審有富戶人等為之謀主者，除治罪外，即借此押移內地，不許容留在臺多事，並嗣後臺灣廈門兩處如有流匪事發，不必叛逆不軌，即聚眾劫殺，審明有富戶人等為之謀主，除治罪外，即抄沒其家，事外之人雖有私議，亦不過為海疆重地特嚴其法之意耳，如此漸漸行之，則人不駭而事獲濟[5]。

　　清廷雖將臺地目為「反側不常之所」，但並未能積極整飭吏治。歷任總兵貪黷廢事，以致地方不靖。例如康熙四十七年（1708）二月間，臺灣兵丁誼譟一案，即由總兵王元嗜酒廢事所致。是年三月初三日，閩浙總督梁鼐與漕運總督桑格等在浙江湖州府地方會勘建閘疏河處所時接到福建威略將軍水師提督吳英手字，略謂：

臺灣鎮標戍旗兵丁為賭博之事，有該鎮傳事領旗袒護隨丁，只責營兵，眾兵以其尚擅不公，赴該鎮呈訴。而總兵王元聽信先入之言，竟無發付，遂至眾兵誼譟，勒令罷市，赴道擂鼓，齊集較場。經道府廳縣暨臺澎貳協副將多方曉諭，眾兵勒要責革傳事領旗隨丁叁

人，併保眾人日後無事，該鎮無奈依行，然後解散[6]。

據吳英指出總兵王元自從履任以來，日以沉酣為事，兼之傳事諸人壅蔽，致有此舉。梁鼐亦具摺奏稱臺灣為海外要地，特設重鎮，兵丁皆從內地調戍，其總兵一官，全在至公，必須寬嚴相濟，始足以資彈壓。惟總兵王元年齒漸衰，調任臺灣以來，縱酒廢事，舉動輕躁，實難勝海外重任。梁鼐同時又指出臺灣兵驕之風亦不可長，以免悍暴要挾得志。旋奉清聖祖硃筆諭旨云「王元即黃元，先任沙虎口副將，朕向所深知，為人膽量雖好，做官平常，所以不得官兵之心，原不欲用，因他海賊出身，慣曉海外情形，故亦勉強用去，近日果有此事，爾等再細察訪奏聞。」王元身患咯血症，又輕躁嗜酒，諸事廢弛。當兵丁與隨丁賭博爭鬧時，其傳事領旗袒護隨丁，擅責兵丁，眾兵呈訴王元，然而王元並不秉公處理，出言不善，以致引起兵丁的公憤，眾兵喧譟，齊赴較場，聲言「我等受朝廷厚恩，豈敢他為，惟要會齊渡海告狀。」王元旋於閏三月二十八日病故。由臺灣兵丁喧譟一案可知營伍廢弛之一斑，兵驕將惰，惡習相沿，福建督撫一再指出「福建本地人做本地武官者，多瞻顧鄉情，討眾人之好，不嚴管兵丁，或更庇護，是其風習[7]。」梁鼐覆奏時亦亟陳其積弊，原摺略謂：

> 閩省臺灣，海外重地，總兵一官，關係封疆，其員缺尤為緊要，在閩人生長海濱，海上情形，或所熟悉，而臺灣則兼統水陸，其重不啻在於水師，地方遼闊，番社雜處，更須威望懾眾，持重得體，方足以資彈壓。

---

6 《宮中檔康熙朝奏摺》，第 1 輯（民國 65 年 6 月），頁 611。
7 《宮中檔雍正朝奏摺》，第 6 輯（民國 67 年 7 月），頁 517。

且以閩人而居此任，則其左右用事，必皆閩人，而親
戚知交到彼探望貿易，因而藉勢招搖，俱所不免，即
從內地調戍兵丁，其間亦多有本官同里共族之人，遇
事未免徇情，多致不公招議，所以今年貳月間已故總
兵王元任內有兵丁喧譟之事也，臣愚以為臺灣總兵一
缺，閩人似非所宜[8]。

臺郡文武各員，人地既不相宜，因循貪縱，習氣已深，
清世宗雖屢飭福建督撫整頓吏治，但積弊依然未除，辦理柔
緩，教懲不力。據毛文銓奏稱地方大吏多虛應故事，例如黃
國材初到巡撫之任時，原有整飭地方之心，其後因「奸民」
不法，多貼無頭謗語，黃國材心懷畏懼，頓改作風，甚至多
書字扇，散給頭人，遂致「奸民」益復驕恣[9]。總兵標下兵丁
驕縱尤甚，原任總兵林亮不能彈壓，亦不能勤加操演，「臺鎮
三營之不堪，實同將軍標陸路提標一轍也[10]。」在臺武員，上
下不協，各持己見，不能和衷共濟。據福建總督高其倬奏稱：

福建臺灣為通省最要之地，離省最遠，且隔重洋，緊
急之事，皆須先出主見，即時料理，文武各員，必期
得極妥之人，方能於地方能有彈壓料理之益，若各員
之中少有未協，即須隨時留心，早思調劑。臣查臺灣
總兵陳倫炯，操守頗好，辦事亦勤慎，安平協副將康
陵，自到任以來，實能大改舊習，破除情面辦理，俱
為好些之官。但臣近訪聞得二人因爭欲見好見長，意
見不和。臣正在細察其實，近據康陵詳稱，安平砲臺

8　《宮中檔康熙朝奏摺》，第 1 輯，頁 841。
9　《宮中檔雍正朝奏摺》，第 7 輯（民國 67 年 5 月），頁 155。
10　《宮中檔雍正朝奏摺》，第 7 輯，頁 164。

用木為架，不如改用磚石疊砌，堅固經久。臣行總兵
再行酌議，陳倫炯以為用石臺，不如用木架便於挪移。
後康陵又仍以必用石砌方好，陳倫炯仍以用木架為
是。彼此各執一說，雖料理營伍諸事為經久之計，原
不妨各出己見參酌，期於極妥。但臣細審二人之文，
皆中含不平之氣，則其不和是實[11]。

至於滿漢不和的情形，亦極嚴重，據福建巡撫毛文銓奏
稱滿漢巡臺御史彼此不和，文武各員亦各分氣類，其原摺略
謂：

臣因福州與臺灣，重洋阻隔，一時難以盡悉，未能細
細指明。今輾轉訪查，始知其概，而不和之中，惟獨
巡臺滿御史禪濟布與漢御史今授運使景考祥為尤甚。
臣聞禪濟布欲有所行，景考祥務必再三執拗，兼且每
在他人前訾詈禪濟布操守不潔，材具不堪，所以禪濟
布啣恨尤深。至文武中如臺廈道吳昌祚、臺灣府范廷
謀、海防同知王作梅、淡水同知王汧及陞任參將呂瑞
麟等皆直景考祥，而即為禪濟布所不悅，總兵林亮與
禪濟布相得，而即為景考祥所不悅，不和之故，皆出
於此[12]。

治理海疆重地，端賴文武達權通變，和衷共濟，以免搖
蕩人心。禪濟布與臺灣縣知縣周鍾瑄不睦，竟指使「刁民」
聚集數十餘人，拆毀臺灣縣糧書馬仁、黃成等房屋。徐琨到
臺灣縣知縣新任後，曾有一寡婦因護其子，與鄉居一男人角
口打架，徐琨審理時，將男人責打二十餘板，寡婦亦責打十

11　《宮中檔雍正朝奏摺》，第9輯（民國67年7月），頁186。
12　《宮中檔雍正朝奏摺》，第5輯，頁506。

五板。寡婦以身非犯姦，實無打板之理，故至知府衙門孫魯
處控訴，孫魯並不責備徐琨，含混了事，以致民情大為不服。
至於各衙門胥役侵盜錢糧，派累地方，更是所在皆然。乾隆
年間，臺灣鎮歷任總兵，操守平常，聲名狼籍，深染綠營惡
習，於所管各營，並不督率操演，平日亦不能嚴格管束兵丁，
一任營兵游蕩曠玩。總兵柴大紀將所轄戍守兵丁縱令外出，
貿易牟利，以致戍兵所存無幾。閩浙總督李侍堯赴任途中曾
訪查柴大紀貪劣各款，內地派往臺灣的戍兵，多已賣放私回，
其在臺地者，僅福建延建等兵留在營中當差，而漳泉兵丁多
在外營生、開賭、窩娼，甚至販賣私鹽，恣為奸利。鎮將等
令其按月繳錢，若兵丁獲利甚厚，又須另有餽送。戍兵經年
並不操演，迨各兵換班回來，鳥鎗俱已鏽澀難用。駐臺戍兵
額數原有萬餘名，李侍堯咨查其實數，僅七千五六百名，其
餘無著兵丁共有二千三四百名。在柴大紀所開戍兵原單內，
臺灣府城存兵一項，戍兵共有三千七百餘名，但當林爽文起
事以後據臺灣道府請兵稟內則稱府城內僅有戍兵五百名[13]，臺
灣戍兵賣放缺額，弊端叢生。柴大紀自乾隆四十八年（1783）
十月調任臺灣鎮總兵起至五十一年（1786）十一月林爽文起
事前在任三年內僅巡查各營四次，其操演各營兵丁每年不過
一二次，各營將弁相率效尤，皆不認真訓練。臺灣南北兩路
情弊相同，如出一轍，在各項弊竇中如夫價一節，據欽差大
臣將軍福康安奏稱，臺灣向遇總兵巡閱時，各營員弁備辦人
夫，抬送行李，漸至折送酒席下程銀兩，視營分大小定銀數
多寡，統稱之為夫價，柴大紀因襲舊習，亦令各營按照定數

13　《軍機處檔・月摺包》（臺北，國立故宮博物院），第 2778 箱，161
　　包，38743 號。乾隆五十三年正月初十日，李侍堯奏摺錄副。

繳送，乾隆四十八年十一、十二等月，柴大紀巡查南北兩路，俱按營收取夫價，其中北路左營諸羅、中營彰化、北淡水營，每營各送番銀六百圓，北路右營竹塹、南路鳳山、下淡水等營，每營各送番銀四百圓，共計番銀三千圓，俱係各營都司、守備，以至千總，把總，按其所得廉俸分股攤派彙繳，間有當時未經收取之處，即留其弟柴大經在營催取轉交。乾隆五十年（1785），柴大紀巡查彰化時，副將赫昇額以營兵不堪苦累，曾向柴大紀爭論，柴大紀不允，都司、守備等畏懼柴大紀，仍照數備送，統計柴大紀在任巡查四次，共得番銀一萬二千圓。柴大紀又得受所過廳縣餽送盤費，及折送下程酒席銀兩，每員二百餘圓至三百餘圓不等，共收七千三百餘圓。又每年收過各營員生日節禮番銀三千七百餘圓。鹿耳門海口例派遊擊、千總按季輪流駐守，凡是出入船隻掛號稽查船戶，向例俱送給陋規，如有例帶米石之外多帶米糧，仍須格外加送，管理海口將弁是由總兵派管，所得陋規，按季分送總兵。春季向來僅繳送九百七十二圓，柴大紀以春季船隻較多，飭令每月加增番銀二百圓，合計春季共繳送番銀一千五百七十餘圓，夏季一千二百七十餘圓，秋季九百七十餘圓，冬季六百七十餘圓。鹿仔港海口船隻較少，是由安平左營將弁管理，每年繳送番銀一千二百圓，北淡水通海港口雖未開設口岸，但船隻往來頗多，各汛員每年繳送番銀一千圓以上，統計每年共得番銀六千六百八十八圓，柴大紀任內共收受番銀一萬六千七百二十圓。此外貪賄之處頗多，乾隆五十年九月，淡水營經制外委缺出，上淡水營額外外委余登魁因差至府城，託巡捕鄭名邦帶同向柴大紀胞弟柴大經講定酬謝番銀八十圓，轉向柴大紀說明拔補照數交收。同年十二月內南路營及

北路左營出有額外外委二缺，守備吳剛代步兵林長春即林上春、劉欽懇求拔補額外外委，柴大紀允准拔補，林長春即送番銀一百三十圓，劉欽送番銀一百二十圓，俱經巡捕鄭名邦帶同面交柴大紀收受。乾隆五十年二月，有新拔外委甘興龍因班滿欲回內地，央託巡捕鄭英懇求柴大經關說早給委牌，當送番銀四十圓轉交柴大紀收受。同年八月，竹塹額外外委缺出，柴大紀以北路中營步箭兵伍永信拔補，收受番銀六十圓，由巡捕高大捷向柴大經說合轉交。乾隆五十一年十二月內柴大紀因步兵柴景山拔補鎮標在營額外外委，令巡捕高大捷索謝，柴景山即措備番銀一百二十圓交柴大經轉送柴大紀收受。從以上贓款可知臺灣歷任總兵貪婪之一斑，柴大紀因循舊習，弊端叢生[14]。當柴大紀被解送京師後，軍機大臣遵旨研訊，據柴大紀供稱：

> 我係浙江江山縣人，年五十九歲，武進士出身，由海壇鎮總兵於四十八年調任臺灣。是年我往南北兩路各營巡閱，聞得從前總兵查閱各營，俱預備人夫擡送行李，後來就折送酒席銀兩。我原糊塗貪小，照營分大小舊有規程收受。我共巡過四次，每次番銀三千圓，共得受過一萬二千圓。再我拔補各營外委，經巡捕鄭名邦、高大捷等說合，得受過余登魁、劉欽、林上春、伍永信、柴景山五人番銀，各七八十圓及一百餘圓不等。又外委甘興隆班滿要回內地，求我早發了委牌，給過我番銀四十圓。又鹿耳門等海口管理稽查，將弁向來都有陋規，每月各繳銀一百圓至三四百圓不等。

14　《軍機處檔・月摺包》，第 2778 箱，161 包，38857 號。乾隆五十三年四月十八日，福康安等奏摺錄副。

> 我因鹿耳門春季船隻較多，曾叫他們每月加增二百
> 圓，都是有的。再我巡查時，經過廳縣，都送盤費銀
> 兩二三百圓不等，共得過番銀七千三百餘圓，又每年
> 收受營員生日節禮番銀三千七百餘圓，亦是有的。總
> 兵衙門內原有旗牌等四項頭目，他們所管兵丁代替該
> 班，每月出錢三百文，是他們分用，我並未得過錢文。
> 又那兵丁在外貿易是有的，我實沒有使令兵丁內渡營
> 運的事[15]。

乾隆四十八年（1783），原任臺灣鎮總兵孫猛患病，因水師無人可調，閩浙總督富勒渾奏請將海壇總兵柴大紀署理臺灣鎮總兵，奉旨以柴大紀補授臺灣鎮總兵，柴大紀對其貪婪得贓劣蹟已供認不諱。

臺地兵丁皆三年更換，內地提鎮於兵丁換班之日，雖嚴加挑選始行撥遣，然而各營挑選之兵不盡過臺，每有半途賄買頂替者，凡熟習臺灣積慣生事的兵丁，前期換回，轉眼又到臺地，生事害民，不守法度[16]。乾隆年間，兵丁頂替的情形，益趨嚴重，臺灣鎮各營自守備以上，例有旗牌、材官、伴當、管班四項目兵，在衙門內輪流當差。其千總、把總等官分管的兵丁，或存營差操，或看守倉庫。其中漳泉兵丁因與本地民人大半同鄉，言語相通，多有在外生理之事。臺灣土產除米糖二項外，其餘無可興販，各兵原無資本，多在街市售賣檳榔、糕餅、編織草鞋，日積錙銖，作為添補衣履之用。其汀州兵丁善於製造皮箱、皮毯，多在皮貨舖中幫做手藝，賺

15　《上諭檔》（臺北，國立故宮博物院），方本，乾隆五十三年秋季
　　檔上，頁265，七月二十一日，柴大紀供詞。
16　《宮中檔雍正朝奏摺》，第十輯（民國67年8月），頁396。

取工資,但非開行設肆。各兵丁日逐微利,閒散自由,憚於差操拘束,每月出錢三百文至六百文不等,僱倩同營兵丁替代上班,稱為包差。此項包差兵丁以漳泉汀州為最多,其他各府較少,而且向來操防兵丁又不按照內地原營歸整安設,一營之兵分作數十處,以致漳泉汀州兵丁散在各營,南北兩路處處皆有包差情事,其實每營每汛不過數名,所出包差錢文,俱交代班兵丁及署內四項目兵收受,柴大紀到任以後,遇事婪索,遂致備弁無所顧忌,相率效尤,各營守備及千總、把總於所管包差兵丁,亦零星派繳錢文,各兵曠伍包差,南北兩路皆然。又因臺灣賭風甚盛,尤以所謂羅漢腳既無家室,游手好閒,多以賭博為事。南北兩路守備、千總、把總等對於所管汛地內派兵巡查時,兵丁遇有開賭之處,每處勒索錢百十文不等,據福康安奏稱:

> 臣等以地方聚賭,自係積慣誘賭之人開場聚眾,抽頭漁利,必有餽送營員規例,何以零星索詐,每處僅得百十文,其中顯有瞞飾,再四窮詰,並密加察訪情形。緣臺灣無籍游民,並無家室者,名為羅漢腳,多以賭博為事,每人各帶錢數百文,即於街市環坐聚賭,骰牌跌錢之外,更有僅用蓆片上畫十字,即可群聚壓寶,雖素未識面之人,皆可普賭,朝東暮西,並無定所,實非開場設局誘令殷實之人重貲聚賭可以肆行訛詐,多得銀錢。該汛兵丁遇見,即將攤場錢文稍為分潤,每處百餘文,或數十文,實不能多為婪索。四十八年以後,兵丁等所得錢文,均與本管營員陸續分用。此內惟鎮標中左右三營向設千總、把總,輪流值月,凡遇差務及上司過往,並收拾演武廳預備總兵將備茶水

　　點心，不無賠累，所得庇賭錢文，均為添備值日之費，
　　該營守備等並不分用，間有零星費用之事，亦俱令值
　　月千總、把總代為備辦[17]。

　　臺郡兵房營汛，統計不下二千四百餘間，或被焚毀，或
任其傾圮，所存已十無一二，多數兵丁俱不住兵房，而居住
娼家。據福康安奏稱：

　　兵丁窩娼一節，訊據供稱戍兵來至臺灣，因近年兵房
　　坍塌，無可棲止，租賃民房，力有不贍，娼家留兵居
　　住，藉以包庇，而兵丁既省房租，兼可寄食，並非自
　　行窩娼，亦無另得錢文，再三究詰，似無遁飾。查臺
　　灣各營將弁不知勤慎操防，整飭營伍，乃於上司巡閱，
　　則餽送逢迎，於所管兵丁，則貪得餘潤，縱令包差，
　　曠伍貿易，甚索取庇賭陋規，不論錢數多寡，自數十
　　文至百餘文不等，遇事婪索，卑鄙不堪，且任聽兵丁
　　居住娼家，不加約束，以致存營兵少，武備日益廢弛，
　　其貪劣貽誤，釀成巨案之罪，實為重大[18]。

　　軍機大臣遵旨將貪黷廢弛等款詰問柴大紀云：

　　你在臺灣，廢弛營伍，全不認真操演，縱令兵丁在外
　　包庇娼賭，販賣私鹽及任聽該班兵丁得錢代替，你若
　　非通同染指及分用錢文，焉肯不行查辦？又各處兵房
　　塘汛倒塌，何以不隨時修葺？歷任總督難道任你如此
　　疎縱怠玩，並不查察，據實供來。

　　據柴大紀供稱：

17　《軍機處檔・月摺包》，第 2778 箱，161 包，38854 號。乾隆五十
　　三年四月十八日，福康安奏摺錄副。

18　《軍機處檔・月摺包》，第 2778 箱，161 包，38854 號，福康安奏
　　摺錄副。

臺灣營伍廢弛，我不能實力整頓，隨時操演，以致兵丁在外包庇娼賭，原是有的，無可置辯。至兵丁販賣私鹽，實無其事，各州縣海口時常拏獲私鹽，若有兵丁在內，豈無一二起敗露到案，可以查得的。至總兵衙門該班兵丁包差代替，原是向來有的，所得錢數不過數百文，我實不曾分用。兵房塘汛，係積漸坍塌，四十八九五十等年，經富雅兩督疊札嚴查整頓，我因修費太重，難於詳請，又未能捐廉辦理，後就有賊匪滋擾，已是追悔無及了[19]。

柴大紀因循綠營積習，其廢弛營伍，較歷任總兵尤甚。至於府縣衙門，由於地方官平日倚為耳目，不肖蠹役，私設班館，擅置刑杖挵指，勾黨盤踞，肆惡殃民，擾害良善，以致激變民心。林爽文起事以後，閩浙總督李侍堯提審會黨要犯後具摺奏稱：

臣因此案多係會匪，再三研究起會根由，據各犯所供，併悉心察訪，緣此會由來已久，其始起於衙役下鄉，藉端滋擾，隨有負氣好事之徒，興此一會，互相盟約，有事相幫，冀圖拒差，使衙役不敢擾害，其後傳習益多，日覺強橫，遂轉成無賴兇徒，藉作欺壓善良，搶劫財物之助，或十數人為一夥，或數十人為一夥，相遇則有手勢暗號，彼此相通，雖反覆刑訊，實不能指出此會之總頭人[20]。

乾隆五十二年（1787）十二月十六日，清高宗諭軍機大

19　《上諭檔》，方本，乾隆五十三年秋季檔上，頁275，七月二十一日，柴大紀供詞。

20　《軍機處檔·月摺包》，第2778箱，161包，38759號。乾隆五十三年正月二十六日，李侍堯奏摺錄副。

臣時已指出林爽文「糾眾倡亂」，是由於地方文武，平日貪索擾累，以致激成事端。而官吏騷擾地方，剝削百姓，實以文職為多，其武職所轄，不過營伍兵丁，並不經管地方事務，雖從中婪索，然較之地方文職所得，不過十之一二而已。是月十七日，清高宗頒諭云：

> 福建臺灣府孤懸海外，遠隔重洋，地方遼闊，民情習悍，無藉奸徒，往往借端滋事，皆由地方官吏任意侵婪，累民欽怨，而督撫遇有臺灣道府廳縣缺出，又以該處地土豐饒，不問屬員能勝任與否，每用其私人，率請調補，俾得侵漁肥橐。所調各員，不以涉險為虞，轉以調美缺為喜。到任後利其津益，貪黷無厭，而於地方案件，惟知將就完結，希圖了事，以致奸民無所畏憚。始而作奸犯科，互相械鬥，甚至倡立會名，糾眾不法，遂爾釀成巨案，總因歷任督撫闒冗廢弛，地方官吏，竟不可問[21]。

有清一代，臺灣民變屢起，如蛾撲火，吏治腐敗，營伍廢弛，實為主要原因。《嘯亭雜錄》一書亦謂：

> 雍正元年，以諸羅北境遼闊，增設彰化縣及淡水同知，六十餘年以來，地大物博，俗日益淫侈，奸宄遂媒孽其間，官斯土者，又日事腋削。會漳泉二府人之僑居者，各分氣類，械鬥至數萬人，官吏不能彈治，水師提督公黃仕簡率兵至，以虛聲脅和始解散，自是民狃於為亂，豎旗結盟，公行無忌。淡水同知潘凱者方在署，忽報城外有無名屍當驗，甫出城，即為人所殺，

---

21 《大清高宗純皇帝實錄》，卷 1295，頁 8。乾隆五十二年十二月庚戌，上諭。

並胥吏殲焉。當事者不能得主名，則詭以生番報，謂
番性嗜殺，途遇而戕之也。使人以酒肉誘番出，醉而
掩殺之，奏罪人已伏法，而殺人者脫然事外，於是民
益輕官吏，而番亦銜怨次骨[22]。

　　民既輕視官，復輕視吏，樹黨械鬥，其風日熾，公行無
忌，官兵不能彈治，終於釀成巨案，林爽文之役就是因地方
吏治敗壞而以會黨為基礎的民變。

柴大紀供我係浙江江山縣人年五十九歲武進士出身由海壇鎮總兵於四十八年調任臺灣是年我往南北兩路各營巡閱閒得從前總兵查閱各營俱預儔人夫攙送行李後來就折送酒席銀兩我原糊蓬貪小照營分大小舊有規程權受我共巡過四次每次番銀三千圓共得受過一萬二千圓再我拔補各營外委經巡捕鄭名邦高大捷等說合得受楊劉欽林上春伍永信柴景山五人番銀各七八十圓及一百餘圓不等又外委甘與隆班滿要回內地求我早發了委牌給過我番銀四十圓又鹿耳門等海口管理稽查將弁向來都有陋規每月各繳銀一百圓至三四百圓不等我因鹿耳門春季船隻較多曾叫他們每月加增二百圓都是有的再我巡查時經過廳縣都送盤費銀兩二三百圓不等共得過番銀七千三百餘又每年收受營員生日節禮番銀三千七百餘圓亦是有的總兵衙門內原有旗牌等四項頭

22 昭槤著《嘯亭雜錄》，臺北，新興書局，民國51年8月，卷6，頁4。

目他們所管兵丁代替該班每月出錢三百文
是他們分用我並未得過錢文那兵丁在外貿
易是有的我實沒有使令兵丁內渡營運的事
至林典文滋事一條緣五十一年十一月初七
日我在彰化巡查副將赫昇額知縣俞峻等報
稱匪犯葉省蔡福逃匿大里杙一帶要撥兵往
拿我隨起身回至府城挑兵三百名於十二月
十六日派
遊擊耿世文帶領往緝匪犯旋於十二月初二
日據諸羅守備報稱彰化縣城已於十一月二
十九日被賊攻陷我隨派遊擊李中暘帶兵六
百名先往我自己帶兵一千名於初四日出城
因軍裝未齊在演武廳楊永福楊廷理原來
催過初五日起身到灣裡溪是夜又聞諸羅失
陷我就退回鹽埕橋劄營保守府城與賊打仗
五日夜二十餘次至五十二年正月底我督同
官兵義民克復諸羅五月內復被賊匪圍困至
九月間欽奉
恩旨如諸羅不能保守即帶領兵丁義民出守城那

時賊匪攻圍城內大半俱是義民家屬難以帶
同出城都未向我懇留我也因已經守城數月
且聞大兵將至隨傳集義民吩咐他們加意防
守的我受
皇上重恩不能整飭營伍復營私圖利得斂多贓以
致營制廢弛賊匪滋事又不及早奮力勒捕使
賊勢猖獗蔓延直待
皇上特遣重臣帶領大兵勦洗方繞圖事若任我
因循貽悞臺灣之事真不可問了實屬罪無可
逭只求將我立正典刑還有何辯
詰問你身為總兵整飭行伍是你專責乃平日既
如此廢弛在彰化時經地方員弁告知大里杙
一帶有匪徒潛結就該帶兵親往查拿即因標
兵在府飛札調取不難即時摸戚何以復回府
城僅派遊擊前往及彰化失陷又帶兵逗遛城
外經永福楊廷理催促起身復一路遷延駐劄
這不是你有心遲過縱賊蔓延麼
據供我在彰化時副將赫昇額等報稱賊匪葉省

蔡福逃匪大里杙要添兵緝拿我鎮標官兵都
在府城是以回府城派撥及聞彰化失陷我即
帶兵出城因等待人夫抬送軍裝在演武廳暫
歇永福們恐致遷延悞事催促起身我行至臺灣
裡溪又聞諸羅被賊攻破只得退回鹽埕橋劉
營我受
皇上重恩平時廢弛營伍及至賊匪滋事又回府城
竟延多日不即親往以致賊匪蔓延糊塗玩悞
實是昧良負

恩還有何辯

詰問你後來収復諸羅賊人正在失勢你趁此機
帶兵追殺賊匪自富望風瓦解乃你竟安坐縣
城與賊人得以暇致賊人得以佔擾斗六門等處梗
塞南北道路這一節尤是你貽悞重大處據實
供來

據供我収復諸羅原要趁勢赴賊但我所帶之兵
止有二千九百名又探得賊人去攻擾諸羅到
府城的要路我遣遊擊楊起麟帶兵一千名去

守鹽水港遊擊邱骰成帶兵五百名去守鹿仔
草我只有兵一千四百名趕上截殺恐一時不
骰得手而諸羅究係縣城最關緊要倘有疎失
我越發覺當不起了所以就在縣城死守以待大
兵如今想起來我若不分兵到鹽水港鹿仔草
趁賊人棄城而去之時併力截殺賊人自必望
風奔潰不骰佔住斗六門等處寔是我貽悞軍
機萬死莫贖寒

詰問拔補外委你既得詆賣缺自亦不止余登魁
個五人千提把捉菁官亦必有賄拔的了甘興
隆委牌得錢總發凡有委牌想都是要錢總發
的你這樣貪婪一定還有虛捏兵額扣剋兵餉
侵蝕官租情弊即得受各項陋規亦必不止此
數還不寔供

據供我在任共拔補外委五十餘員因余登魁等
央托巡捕同我兄弟再三懇求纔應允拔補此
並無得錢賣缺的事現在臺灣尚有二十多人

可以查訊的甘興隆班滿要回內地所以出銀
懇給委牌其餘考扳外委兵丁窮苦者居多豈
能逐名需索至千把總等官例應提督考驗我
不能作主馬能向他們甚索臺灣額兵一萬一
千九百五十七名從前行查時現存只有六七
千名其餘寔係傷亡潰失若我有捏報空額名
糧侵冒入已之事如何掩得衆人耳目又海口
漏規逐查夫價所得贓款人所共知如此嚴查
豈能再有不寔不盡至兵丁粮飼都是將備等
經手按月散給官租向係遊擊管辦我寔無後
侵挪赴扣現在各項贓款俱已敗露我身負重
罪何敢再行狡賴別人也不肯替我隱瞞的
詰問你遣兵丁私回內地貿易別省都有風聞究
竟你於何時私遣何人回至內地作何生理現
在糖行錢舖都有你存借銀兩就是你交結市
儈販賣年利的証據又臺灣甫經有事之時你
即寄信家中叫你兒子預為埋藏頓是何主
見

據供船隻出入海口都要掛號就是撥兵差人渡
回內地也要查驗並不能夾帶貨物如私遣兵
丁販貨往來斷難掩飾衆人耳目海口簿籍都
可調查的我後前曾買木料做過椅子義把附
船寄回此外並無貿易的事廣隆糖行管事人
黃梧是我相好已故遊擊林朝紳親戚因行內
之本向我暫借番銀一千五百圓每月二分交
息那錢舖番銀是我兄弟夥大經換錢存留尚
未取回即被查出寔無合夥貿易亦非代爲隱
寄都是質對的至我寄信家中叫我兒子預
爲准備辦原爲地方失事我係統兵大員恐
皇上就要將我治罪一時糊塗寫寄此信據見我該
死寔還有何辯
詰問你在臺灣廢弛營伍全不認真操演縱令兵
丁在外乞庇娼賭販賣私盬及任聽談班兵丁
得錢代替你若非通同袒指及夯用錢文馬肯
不行查辦又各募兵房塘汛倒塌何以不隨時
修算應任據督難道任你如此踈縱怠玩並不
查察據寔供來

據供臺灣營伍廢弛我不能竭力整頓隨時操演

以致兵丁在外包庇娼賭原是有的無可置辯

至兵丁在外私鹽寔無其事各州縣海口時常

緝獲私鹽若有兵丁在內豈無一二起敗露到

案可以查得的至撫兵衙門詠班兵丁包差代

替原是向來有的所得錢數不過數百文我實

不曾分用兵房塘汎係積漸坍塌四十八九五

十等年經富雅兩撫臂疊札嚴查整頓我因修

費太重難于詳請又未能捐廉辦理後就有賊

匪滋擾已是追悔無及了

《上諭檔》，乾隆五十三年七月二十一日，柴大紀供詞

乾隆五十三年七月二十一日奉

旨柴大紀在臺灣總兵任內任意廢弛營伍縱容兵
丁等在外貿易并婪索夫價及海口船隻陋規生
日節禮得銀拔補外委等款私累萬盈千迨賊
匪竊發並不即時帶兵親往撲滅復托詞回城調
兵遷延時日以致釀成賊勢及收復嘉義縣城時
又不併力追勤與賊以暇致賊人復得佔據斗六
門大里杙等處修築柴壘利遺惧軍機經福康〔原檔殘缺〕
安等定擬斬決解京辦理朕以柴大紀情罪重大
本應立正典刑其在嘉義奏稱不忍坐視數萬生靈
委之賊手情愿固守之處雖查係義兵不肯放出
皆屬讕詞朕究念其尚有守城徵芳欲俟解到覆
訊後加恩從寬末減改為監候茲據福建委員將
柴大紀解二令軍機大臣會同大學士九卿覆訊
柴大紀復思展轉翻供抵賴並供稱德成前在臺
灣連日審訊義民誘令抵賴如將柴大紀贓罪指出必
有重賞如不實說即行治罪等語朕命將節次申

諭福康安諭旨令其閱看並經朕〔原檔殘缺〕
祝行延訊始
首無辭而於認罪之下仍思狡飾柴大紀一案朕
專交福康安徐嗣曾審辦德成不過係派往勘估
該處城工並無審事之責與伊何涉委行攀指柴
大紀之意不過因此事係由德成前在浙省有所
風聞到京因朕間所聞後始行查辦遂
心懷忿恨欲乘機將德成扳陷伊或可希冀脫罪
奸巧之極甚屬可惡柴大紀竟係天奪其魄自行
取死宣可復從寬典將所擬即行處斬
以為辜恩昧良狡詐退縮者戒欽此

《上諭檔》，乾隆五十三年七月二十一日，諭旨

互助團體

——父母會的創立及其社會作用

　　有清一代，秘密會黨的活動，非常頻繁，各省大吏查辦結會樹黨案件的文書，仍多保存。所以發掘檔案，掌握直接史料，分析社會經濟變遷，結合區域史研究成果，就是研究秘密會黨史的正確途徑。檢查現存清代檔案文獻、官書典籍可知清初順治、康熙年間，並未破獲秘密會黨案件，清代秘密會黨案件的正式出現，實始於雍正年間（1723-1735）。雍正年間，福建內地先後出現鐵鞭會、桃園會、一錢會，臺灣出現父母會、子龍會，廣東出現父母會，安徽出現鐵尺會。各會黨的基本形式，都是屬於異姓結拜組織，就是由異姓結拜共同體轉化而來的各種秘密組織。鐵鞭會是因異姓結拜成員執持鐵鞭為最顯著特徵而得名，鐵尺會亦因會中弟兄所執器械為鐵尺而得名，桃園會是因桃園三結義而得名，一錢會是因會中弟兄遇事要出銀一兩而得名，子龍會是因三國時期的趙雲字子龍而得名。

　　在臺灣早期移墾社會裡常見的秘密會黨，是一種地方社會共同體，它與民間異姓結拜組織，並無本質上的差異，所不同的只是它倡立了正式的會黨名稱而已。各種名目的秘密會黨，合異姓為一家，模擬家族兄弟倫常關係，會中成員以兄弟相稱，使其組織宗族化。雍正年間，臺灣地區所取締的父母會，就是一種互助性質的虛擬宗族。早期移殖到臺灣的

內地漢人，不僅同鄉觀念很濃厚，其模擬宗族關係的異姓結拜活動，亦蔚為風氣，村鄉中的婚喪喜慶，彼此熱心相助，疾病相扶，成為移墾社會的共同習俗。《諸羅縣志》記載諸羅縣地方的社會習俗云：

> 凡流寓，客庄最多，漳、泉次之，興化福州又次之。初闢時，風最近古；先至者為主，其本郡後至之人不必齎糧也。厥後乃有緣事波累，或久而反噬，以德為怨；於是有閉門相拒者，然推解之誼，至今尚存里閈也。土著既鮮，流寓者無朞功強近之親，同鄉井如骨肉矣。疾病相扶、死喪相助，棺斂埋葬，鄰里皆躬親之。貧無歸，則集眾捐囊襄事，雖慳者亦畏譏議。詩云：「凡民有喪，匍匐救之。」此風較內地猶厚。（中略）尚結盟，不拘年齒，推有能力者為大哥；一年少者殿後，曰尾弟。歃血而盟，相稱以行次。家之婦女亦伯叔稱之，出入不相避；多凶終隙末及閨閣蒙垢者。近設禁甚嚴，其風稍戢[1]。

移殖臺灣諸羅等地的內地漢人，因無朞功強近之親，所以視同鄉如同骨肉，臺灣父母會就是在這種移墾社會的地緣村落中所形成的虛擬宗族。

近年來臺灣父母會的活動資料，陸續有所發現。臺北國立故宮博物院典藏《宮中檔》硃批奏摺原件及《硃批諭旨》奏摺抄件，含有福建地方大吏查禁臺灣父母會活動的檔案資料。雍正六年（1728）四月十八日，福建總督高其倬訪聞臺灣北路地方有「奸徒」拜把結盟的活動，又有僧人以假辮冒

---

1 《諸羅縣志》（南投，臺灣省文獻委員會，民國 82 年 6 月），頁 145。

為俗人的事件，高其倬即密飭臺灣鎮總兵王郡、臺灣道吳昌
祚、臺灣府俞存仁、諸羅縣劉良璧等嚴密訪拏躧緝，臺灣地
方文武因此查獲父母會的活動。

臺灣父母會被查獲的地點，是分佈於諸羅縣境內的蓮池
潭和芝仔林兩處。雍正四年（1726）五月初五日，諸羅縣境
內蓮池潭地方，有蔡蔭、陳卯、林寶、楊派、田妹、廖誠、
周變、周添、曾文道、吳結、林元、黃富、董法等共十三人，
結拜父母會。其儀式是傳統民間的金蘭結義，異姓人結拜弟
兄，只是拜把結盟，並未歃血瀝酒。舉行異姓結拜以後，彼
此以兄弟相稱，並公推蔡蔭為大哥，是會中的首領，但他與
其他成員仍然是兄弟平行關係，情同手足。

雍正六年（1728）正月十二日，諸羅縣民陳斌在距離縣
城八十里的芝仔林地方的湯完家起意招人結拜父母會。次
日，即正月十三日，陳斌、湯完糾約賴妹、阿義、王馬四、
陳岳、魏迎、魏祖生、方結、吳灶、張壽、吳科、黃富、許
亮、黃贊、蔡祖、朱寶、林生、林仁、阿抱、林茂、鬼里長、
蘇老興等二十三人，在湯完家舉行結拜父母會的儀式，歃血
瀝酒，拜把結盟，各人以針刺血，滴酒設誓，異姓結拜後，
彼此以兄弟相稱，也是平行的關係，推舉湯完為大哥，因朱
寶年幼而為尾弟，蔡祖為尾二。湯完給與朱寶、蔡祖緞袍各
一件，帽各一頂，鞋、襪各一雙，銀班指各一個，以表示兄
長照顧幼弟的意思，並無政治意味。陳斌等人後來又陸續招
人入會，約定於同年三月十九日湯完生日當天再舉行結拜父
母會的儀式，但在前一天即三月十八日，就被破獲。

諸羅縣境內蓮池潭地方的父母會大哥蔡蔭與陳卯等十三
人結拜父母會後，又陸續招得洪林生、施俊、郭緞、曾屘、

陳郡、黃戊、蕭養、石意等八人入會。雍正六年（1728）三月十八日是註生娘娘的生日，蔡蔭與陳卯等議定於註生娘娘生日當天舉行結拜父母會的儀式，其中除周變未到外，新舊成員共二十人，在蕭養家再度結拜父母會，拜把結盟，歃血瀝酒，彼此之間，不論新舊，都以兄弟相稱，如同一家人，仍推蔡蔭為大哥，以石意為尾弟。蔡蔭給與石意布袍一件、涼帽一頂，鞋襪一雙，以象徵內部互助的意義。

　　臺灣鎮總兵官王郡、諸羅縣知縣劉良璧等接獲福建總督高其倬密檄後，即派遣兵役四處察訪。雍正六年（1728）四月二十一日，王郡將訪查情形稟報高其倬。諸羅縣知縣劉良璧訪聞縣屬茇仔林地方有「棍徒」招人拜把結盟後，即派出差役挐獲湯完、陳岳二名，隨後又陸續挐獲蘇亮、賴妹、朱寶、陳斌、魏迎、魏祖生等八名，嚴加審訊，所供相同。同年七月初十日，總兵官王郡、護理臺灣道臺灣府知府俞存仁、諸羅縣知縣劉良璧、臺灣縣知縣張廷琰等稟報，又陸續挐獲蔡祖、黃富、方結、吳灶、張壽、吳科、王馬四、黃贊、許亮、林二等犯，反覆嚴訊，各供亦相符。其餘阿義、林生、林茂、鬼里長、蘇老興逃逸未獲。父母會中並無大旗、長槍、軍器。臺灣府知府俞存仁等審擬湯完等結拜父母會一案時所援引的條例要點為：「定例異姓歃血訂盟，不分人之多寡，照謀叛未行律為首者擬絞監候，秋後處決；為從者杖一百，流三千里，僉妻發遣，至配所折責四十板[2]。」說明湯完、陳斌所領導的父母會就是由異姓結拜團體轉化而來的秘密組織，其基本形式為異姓人歃血瀝酒，拜把結盟。同年八月初一日，

2　《宮中檔雍正朝奏摺》，第 11 輯（臺北，國立故宮博物院，民國 67 年 9 月），頁 69。雍正六年八月初十日，福建總督高其倬奏摺。

諸羅縣知縣劉良璧稟報審擬蓮池潭蔡蔭所領導的父母會一案
情形。會中亦無器械，所以將蔡蔭照未曾歃血焚表結拜兄弟
為首例杖一百，折責四十板。也說明蔡蔭所領導的父母會，
只是一種異姓人拜把結盟的活動，因其倡立會名，遂由異姓
結拜組織轉化為秘密會黨。異姓結拜組織與秘密會黨，都是
虛擬宗族，其成員之間並無血緣關係，異姓人結拜弟兄後模
擬宗族血緣關係中的兄弟，情同手足，結拜後便以哥弟相稱。
因此，異姓結拜組織與秘密會黨的區別，端視是否倡立會名
而定。福建總督高其倬指出，「福建風氣，向日有鐵鞭等會，
拜把結盟，奸棍相黨，生事害人，後因在在嚴禁，且鐵鞭等
名，駭人耳目，遂改而為父母會，乃其奸巧之處[3]。」高其倬
認為「結盟以連心，拜把以合黨，黨眾漸多，即謀匪之根。」
虛擬宗族是透過拜把結盟或金蘭結義的儀式而形成的，結盟
以連心，是一種凝聚力，拜把然後結會形成會黨。因此，與
其說臺灣父母會是由福建內地鐵鞭會改名而來，不如說鐵鞭
會和父母會都是由異姓結拜組織轉化而來的虛擬宗族。

　　胡珠生撰〈天地會起源於乾隆中葉說駁議〉一文指出雍
正年間，父母會活動陸續有所發現，見於臺灣藏《宮中檔》
硃批奏摺和《硃批諭旨》。有雍正四年（1726）以臺灣諸羅蓮
池潭蔡蔭為首，雍正六年（1728）以臺灣諸羅縣茇仔林湯完
為首，雍正九年（1731）以廣東饒平縣余猊為首的三起。它
們雖未明確提出反清復明的口號，但所顯示的有「年未及歲」
的「尾弟」參加，有「雙龍啣珠銀班指」這些「非尋常拜把
之物」，以及居民「多有疑訝」，「驚恐逃避」，甚至圖謀「糾

---

3 《宮中檔雍正朝奏摺》，第 11 輯，頁 69。《硃批諭旨・硃批鄂爾泰
　奏摺》將鐵鞭會一節刪略不刊。

眾劫獄」等異常情況，可見具有濃厚的政治色彩。結合有關
材料，同樣可以確證父母會就是天地會。內證是：洪門內部
文獻一處提到「雍正十二年，萬大哥故後，又有姚必達聯盟
五虎大將，改立天地日月分派，父、母、兄、弟別名叫興、
旺、孫、唐」；另外提到「天姓興，地姓旺，日姓孫，月姓唐，
天地日月有四姓，拜天為父，拜地為母，拜日為兄，拜月為
嫂」，足見天＝興＝父，地＝旺＝母，拜父母會即是拜天地會。外
證是：乾隆皇帝在林爽文起事以後，即以「天地會為借名父
母會而來」，已經點明二者之間的同一性。嘉慶十九年
（1814），漳浦人歐狼稔知添弟會手訣暗號，乃起意結會，取
名父母會，會中所藏小書中有「李朱洪」、「萬和尚」等名。
此外，咸豐三年（1853），廣西平南廖社養倡立北帝會、父母
會。光緒二年（1876），廣東茂名私立三合會、貧窮會、父母
會。光緒三十三年（1907），廣東澄海有以林正坤為首的父母
會，又名雙刀會。這些父母會都屬洪門會黨，其得名均出於
拜天為父、拜地為母的傳統，雍正年間的父母會不能例外。
旁證是：就時間說，雍正年間出現父母會恰和洪門傳說中「改
立天地日月分派」的時間一雍正十二年（1734）接近，余猊
的「拜父母會」在「拜」字上不僅顯示了原姓性質，且和「拜
天地會」完全吻合。就地域說，臺灣父母會成員後來被押送
過海交原籍禁管安插，可見大都來自閩粵。而余猊父母會所
在的海陽和饒平都屬潮州，和福建漳浦、詔安鄰接，包括在
鄭成功父子長期經營、底定的泉、漳、惠、潮地區之內，乾
隆七年（1742），曾發生小刀會事件，乾隆中葉以來是提喜師
徒們的活動基地。因此，父母會活動地區正是洪門原始活動
地區，具有悠久的反清復明傳統。三證齊全，可以斷定父母

會即是天地會[4]。

　　有清一代，閩粵內地及臺灣所取締的父母會案件，因時間及地域不同，其性質不盡相同，不可一概而論。在天地會案件被破獲以前，已查出小刀會、父母會等秘密會黨，但不能因為雍正年間曾經先後查禁鐵鞭會、父母會，就「可以斷定父母會即是天地會」，甚至推論天地會就是起源於康熙年間。所謂鐵鞭會駭人耳目，遂改名父母會，以及天地會借名父母會云云，都是官方的推測。父母會成員中以年未及歲的一名尾弟殿後，是民間拜把結盟的傳統。所謂居民驚恐逃避，圖謀糾眾劫獄云云，都是地方官加重罪情的措辭，並非事實，僅憑銀班指而斷定父母會的成立與活動，具有濃厚的政治色彩，似嫌武斷。《水滸傳》和《三國志通俗演義》是老少皆知的兩部小說，盛行於下層社會的異姓結拜組織，是一種虛擬宗族，模倣其儀式。桃園三結義及梁山泊英雄大聚義的故事，久已深入民間。所謂「準星辰為弟兄，指天地作父母」，是梁山泊英雄大聚義時所宣讀誓詞的兩句內容，也是後世金蘭結義或異姓結拜時拜天為父拜地為母儀式的依據，天地會、三合會、哥老會等八拜儀式的內容，也是逐漸形成的，不能因為天地會有「拜天為父，拜地為母」的儀式，而斷定「拜父母會即是拜天地會」。

　　諸羅縣父母會，並無政治色彩，以蔡蔭和湯完為首的父母會，均無器械，亦無謀匪等異常情節，父母會、鐵鞭會、天地會、小刀會等會黨，固然是不同時期的產物，因其生態環境不同，而有其獨自創生的社會經濟條件。雍正年間臺灣

4　胡珠生撰〈天地會起源於乾隆中葉說駁議〉，《會黨史研究》（上海，學林出版社，1987 年 1 月），頁 83。

父母會，嘉慶年間漳浦父母會，咸豐年間廣西父母會，光緒初年廣東父母會等，其名目雖然相同，但彼此之間，並非一脈相承，各不相統屬，其性質不盡相同。胡珠生從內證、外證、旁證等有關資料的列舉，以斷定臺灣父母會即是天地會，這種推論，缺乏說服力，亦不客觀。所謂「父母會活動地區正是洪門原始活動地區，具有悠久的反清復明傳統」的描述，並不能解釋臺灣父母會成立的背景。福建內地的鐵鞭會是一種自衛性質的械鬥組織，因會中成員各執鐵鞭以自衛而得名。鐵鞭會的出現，雖然早於父母會，但父母會與鐵鞭會的性質不同，不可混為一談。福建總督高其倬以鐵鞭會出現在前，父母會出現在後，遂認為父母會是由鐵鞭會改名而來，這種說法，只是想當然而已，不足採信。

雍正九年（1731），廣東海陽縣所破獲的父母會，與臺灣父母會的宗旨，並不相同。饒平縣武舉余猊窩賊犯案被革後，於雍正九年（1731）九月初二日夥同陳阿幼等十餘人在海陽縣境內歸仁都橫溪鄉托稱結拜父母會，歃血結盟，欲圖刲害官甫，以洩私忿[5]。余猊結盟拜會，歃血瀝酒，固然是屬於異姓結拜，但他倡立父母會的目的是為了糾黨報復，不同於臺灣父母會。忽略各會黨產生的時間及空間，僅就其異姓結拜形式或會黨名目的雷同，而推論臺灣父母會，就是具有反清復明政治色彩濃厚的天地會，這是無視直接史料的一種臆測。

臺灣父母會成立的宗旨，是屬於經濟性的內部互助。據父母會成員尾二蔡祖等人供稱：「陳斌在湯完家起意招人結父

5　《宮中檔雍正朝奏摺》，第 19 輯（民國 68 年 5 月），頁 56。雍正九年十月二十二日，廣東總督郝玉麟奏摺。

母會，每人出銀一兩拜盟，如有父母老了，彼此幫助[6]。」會中成員每人出銀一兩，為父母年老疾病身故籌措互助費，這是臺灣父母會得名的由來，並非因拜天為父，拜地為母，父天母地而得名，更不是由天地會易名而來。秦寶琦著《中國地下社會》一書亦稱，湯完等人所結父母會，帶有明顯的互濟互助性質，吸引了附近的窮苦人民，因而迅速壯大[7]。《臺灣舊慣習俗信仰》一書對諸羅縣境內父母會的性質有一段描述說道：

> 所謂父母會，就是各會員父母去世時，以父母資助喪葬費用為目的而組成。他們雖說祭祀神佛，其實等於利用神佛，和現在的人壽保險相差無幾。類似父母會的還有孝子會、孝友會、長生會、兄弟會等，名稱雖然不同，但組織幾乎相同。就是當幾十個人創立了父母會時，先各自捐出一定的金額，用其利息作為祭祀神佛之用。又各會員分別指定其尊族中的一人，當此人死亡時，各會員再捐款作為喪葬費，如此其會員資格就算消滅，一直到所指定的尊族全部死亡才解散，不過這種父母會現在已經很少[8]。

諸羅縣境內所查禁的父母會，確實是一種民間互助團體，其性質屬於一種互助會，會中某一成員的父母或尊族身

6　《宮中檔雍正朝奏摺》，第 11 輯，頁 67。雍正六年八月初十日，福建總督高其倬奏摺。

7　秦寶琦著《中國地下社會》（北京，學苑出版社，1994 年 1 月），頁 189。

8　高賢治、馮作民編譯《臺灣舊慣習俗信仰》（臺北，眾文圖書公司，民國 73 年 1 月），頁 52。

故時，全體會員即互助喪葬費用，具有保險的性質[9]。有清一代，會黨林立，名目繁多，兄弟會等會黨的性質，與父母會不盡相同，不可混為一談。雅德在福建巡撫任內曾經查獲孝子會。據雅德供稱：「漳、泉、臺灣等處地方，民情刁悍，若立有會名，易致滋生事端，我不時嚴飭文武各員密為訪查，若匪徒等起有會名，立即拿辦。四十九年，漳州府匪徒立有孝子會名目，我即行查拿辦理[10]。」乾隆四十九年（1784），福建巡撫雅德所取締的孝子會，其性質或倡立的宗旨，與諸羅縣境內的父母會是否相同，仍待深入考察。道光二十年（1840）十月，貴州大定府白蟒硐人汪擺片因素好的張老四之母病故，無力殮埋，於是邀同陳水蟲等二十七人結拜老人會，幫助張老四銀錢包穀，以資喪葬[11]。以汪擺片為首的貴州老人會，其性質頗近似臺灣諸羅父母會，都因父母身故，捐助銀錢，以資喪葬。這種互助性質的虛擬宗族，老吾老以及人之老的守望相助情誼，是早期移墾社會中常見的現象。《臺灣私法》一書將臺灣父母會附於祖公會之後，原書對臺灣父母會的性質，有一段較詳盡的說明，其譯文如下：

> 臺灣有稱為父母會或孝子會的互助團體，其目的在補助會員的父母、祖父母、伯叔等喪葬及祭祀費。是一種保險團體，因而此等尊屬全部亡故時，該團體原則上要解散。南部地區的父母會，皆不置財產，中部地

9　陳紹馨著《臺灣的人口變遷與社會變遷》（臺北，聯經出版公司，民國 74 年 9 月），頁 505。

10　《清宮諭旨檔臺灣史料》，（二）（臺北，國立故宮博物院，民國 86 年 10 月），頁 1117。乾隆五十三年四月二十七日，雅德等供詞。

11　《宮中檔》（臺北，國立故宮博物院），第 2719 箱，24 包，3729 號，道光二十一年七月二十四日，貴州巡撫賀長齡奏摺。

區的父母會，大多擁有財產，亦有保險對象的尊屬全部亡故後仍不解散而繼續充為祭祀費者。然而僅依會員協定存續而已，無論何時皆得以解散處分財產，所以亦有在杜賣所屬財產的契字註明：「今因孝子會完滿」，表示父母會的目的已達成，將所屬財產處分者。父母會亦有置總理或爐主等管理財產、主持祭祀者。會員對此財產的持分，通常以股份表示，是一種合股組織，其財產為會員共有[12]。

由引文可知父母會補助或保險的對象包括會員的父母、祖父母、伯叔等親屬，而且由於父母會多次結拜，陸續招收新會員，因此，父母會的活動，常因新會員的陸續加入而繼續存在。雍正年間，諸羅父母會的成立，其目的既然是為了會中成員的父母等尊屬疾病身故籌措喪葬費用，確實可以滿足社會的需要，具有正面的社會功能。但因父母會立有會名，容易聚眾滋事，而且其組織形式是屬於異姓結拜，與清朝律例相牴觸，而遭到官府的取締，然而不能因此而聯想父母會必然含有反清復明的政治色彩，更不可因此推論雍正年間臺灣父母會與天地會一脈相承，甚至論證康熙年間就有天地會的存在了。

---

12 陳金田譯《臺灣私法》（南投，臺灣省文獻委員會，民國 79 年 6 月），卷 1，頁 560。

奏

福建總督臣高其倬謹

奏為

奏

聞事雍正六年四月十八日臣訪聞臺灣北路
地方有奸徒結盟拜把藏有大旗二面長
槍四十桿以雙龍啣珠銀班指為號又有
僧人梁懷以假辮冒為俗人形迹可疑臣
隨飛檄察行臺灣總兵王郡臺灣道吳昌
祚臺灣知府俞存仁諸羅縣知縣劉良璧
等查臺灣孤懸重洋之外南北二路相離
遥遠人衆龐雜風習不純奸宄往往託為
游閒之人煽惑引誘結盟拜把其意叵測
惟在地方官時時留心嚴查確訪除絶根
窩重懲黨首消萌於未熾之先治奸於初
兆之際始能使匪惡警斂地方寧謐近訪
聞得北路鹽水港拏獲梁懷一名係僧人
以假辮裝做俗人事誘又北路茄茇仔地
方拏獲夥黨一起共有百餘人藏大旗二
桿長槍四十桿以雙龍啣珠銀班指為號
似此雖難即信為萬確但地方中潛有匪
類於此可見最關緊要合嚴飭查拏該鎮
道府縣立即嚴密訪拏躧緝不得絲毫疎
忽怠玩無分疆境協力查辦凡緝到奸匪
即刻會訊確供如有倡首謀匪的據實情
即會同巡臺御史請總兵
即會同巡臺御史請總兵

王命將為首及情重者立刻押出曉示正法餘
者解審究結仍不許兵役借端訛詐如無
謀匪實情即照常審究詳報等因飛飭去
後於四月二十一日據臺灣鎮總兵王郡
稟稱據諸羅縣知縣劉良璧訪聞縣屬相
離八十里之茇仔林地方有無知棍徒招
類結盟拜把隨查拏獲湯完陳岳二名又
續獲蘇亮賴妹朱寶陳斌魏迎魏祖生共
八名嚴訊衆供相同除蘇亮相約未到外
餘係每人出銀一兩陳斌招人於雍正六
年正月十三日在湯完家結父母會在湯
完家插血拜把共二十三人湯完為大哥
朱寶為尾弟三月十九日係湯完生日又
要招人再拜把十八日即被拏獲等情又
據臺灣道府及諸羅縣俱各報前來臣又
批令務盡嚴拏夥黨確訊照前檄辦理去
後於七月初十日據總兵王郡護理臺灣
道臺灣知府俞存仁諸羅縣知縣劉良璧
臺灣縣知縣張廷琰等各稟稱陸續又拏
到蔡祖黄富方結吳灶張壽吳科王馬四
黄贊許亮林二等及覆嚴訊各供相符緣
雍正六年正月十二日陳斌在湯完家起
意招人結父母會每人出銀一兩拜盟如
有父母老了彼此幫助共約賴妹阿又王
馬四陳岳魏迎魏祖生方結吳灶張壽吳
科黄富許亮黄贊蔡祖朱寶林生林二阿
抱林茂兜里長蘇老興二十三人拜把結

盟以湯完大哥未貧為尾蔡祖為尾

二與未貧蔡祖各般袍件悄一項鞋襪

一雙銀班指一個徐人洪有結坐食物件

正月十三日結拜各人江刺針血滴酒設

實見結父母會並無大旗兵槍軍器再四

嚴審同供不移徐阿人林生林茂見里兵

禄多外照許完例異桃軟訂盟不分人之多

家决為從者林一百流三十里貪婪遂後

至配所拆貴四十板此案難湯完為大哥

貢陳斌起意王四陳岳林二摘林實黃尾

監陵其湯完方特吳洪壽吳科實黃許元黃

魏祖生熙為從偷攜黃蔡祖未貧均平未

贅均應照偉扶贖其黑前未文遂堂卿史

赫頓色夏之芳亦亦書與言訊實情

此灵軟血拜把無諸羅蔡蔭林情即內改

縣同守屆揚共訪降處遂池津亦有祝

徒拜把摩攜陳吳陸續等攜蔡蔭為大哥

共二十人隨吳陸續黃等攜蔡蔭林實揚

派田茂庹誠林元洪林生周愛黃戊童法

后意黃富曾鄧黃蔡等嚴訊徐蔡蔭為大

哥吳龐正四年五月初五與陳外林實洪

田茂庹誠周愛周添陳外林實洪結吳林

富童法十三人結盟有盟之時未軟血文

於龐正六年三月十八注生娘娘新來洪

在滿蔡家役首揭盟十三人添黃武蔡后意

林人共二十一人卅行結父母會拜把內

八愛天到共二十人仍以蔡蔭熱大哥以

后意為尾弟與后意布把一件涼悄一項

鞋襪一雙述黃器棋將蔡蔭該四

血茇未結拜見弟為首例林一百折貴四

十周愛卯攜黃戊童法后意黃富曾鄧蕭

美合依為起例狀八十折貴元林元洪林

法黃意怪十五嬴天及年應熙例童子

貢意會文遂周添吳結池役黃卻五把嚴

鮮誘護完摘文捷總兵王卻護臺灣遂臺

臺灣府知府地方命名勾件蔡前未臣查

臺灣地方速屆連洋句件直會經為變殺

風習建風夷純人情易勁等之慮治當殺

況福相名殷人句日有載鞭等會拜把結盟

軒祖姓人丹日遂役而為父母會乃共

軒巧之庭即查結盟以連心拜把以合受

紫素多根直湯完一案軟血組德等

無諜真燕摘蔡蔭一摘完結但臺灣院不比內

情仍應熙例摘完結但臺灣院不此內

地兩湯完等拜把見有銀班指非母常拜

把之物且陳斌国係人起意之人而湯

完規做大寄寬可輕撰又奏臣一柔雖無
較血而兩次拜把院為再把且其勢漸增
尤為不法民嚴將示愚警除人照例辦審閩流
立甚狀干以示愚警除人照暁示狀弊
餘二次拜把者加賣卯過海文原福
繁管安坤頗行此意商應臣未綱應臣
意亦相同正在嚴會同撥行又訪閩此
二柔示內顧有柔溫在內若曾經熱盂錐為伏
從若示難輕嚴現再況行令確查候
令列明曰弗行訪察後有情印臣謹
許行譜招先行
關其祥傑一名細令研實係貪懲
奏
之憑照例加憲証一行附
各人無情也除旦行令查明你何頃
秦系矯拜切具

雍正陸年捌月初拾日

《宮中檔》，雍正六年八月初十日，福建總督高其倬奏摺

兄弟爭鬥

——添弟會與雷公會的倡立

臺灣地區，有收養異姓為嗣的習俗。陳盛韶著《問俗錄》記載說：「臺民無子者，買異姓為子，雖富家大族亦繼異姓為嗣，謂螟蛉兒。不父其父，謂他人之父；不子其子，謂他人子。情意乖離，倫常漸滅，從此而起。惟守令平日三令五申，聽訟時復照異姓不准亂宗例斷之，此風庶可稍回[1]。」螟蛉兒就是異姓子嗣，習稱義子。捐職州同楊文麟寄居臺灣諸羅縣九芎林地方，捐貢楊功懋，原名楊光勳，他是楊文麟的螟蛉子。監生楊功寬，原名楊媽世，他是楊文麟的親生子。楊光勳和楊媽世兄弟二人，情感不睦。據臺灣鎮總兵官柴大紀等人的評論，「楊文麟住居九芎林山僻，家道殷實，為人昏憒，不能管束其子。光勳好事游蕩，媽世不安本分[2]。」

楊文麟因溺愛親生子楊媽世，而將楊光勳析居相離九芎林數里的石溜班房屋，每年給與定數銀穀，楊光勳不敷花用，楊光勳與楊文麟、楊媽世父親、弟弟之間，時常因為爭奪家產而吵鬧。

乾隆五十一年（1786）六月二十九日，楊光勳糾約素好

1　陳盛韶著《問俗錄》（北京，書目文獻出版社，1983年12月），頁127。

2　《天地會（一）》，頁168。乾隆五十一年九月初三日，臺灣鎮總兵官柴大紀奏摺錄副。

的何慶、張能潛至楊文麟臥室搬取財物[3]，被楊媽世知覺，率眾逐散。楊光勳更加懷恨，起意結會樹黨，欲乘秋收聚眾搶割在田稻穀，於是邀約素好的何慶為主謀，訂期結拜會黨，取「弟兄日添，則爭鬥必勝」之義，稱為添弟會。會中設立會簿一本，逐日登記入會姓名及其住址，可列簡表如下：

表：乾隆五十一年臺灣添弟會成員簡表

入 會 日 期	姓　　名	居 住 地 點	備　　註
七月初一日	何慶	諸羅縣石溜班	
	張能	諸羅縣保長廍	
	黃添才	諸羅縣九芎林	
	楊池	諸羅縣九芎林	
	張猛	諸羅縣打貓庄	
七月初二日	李鴻	諸羅縣石溜班	
	張仁	諸羅縣石溜班	
	沈典	諸羅縣他里霧	
七月初三日	胡再	諸羅縣打貓庄	
	柯山貴	諸羅縣打貓庄	又作柯三貴
七月初四日	林陳	諸羅縣九芎林	
	蔡正	諸羅縣打貓庄	
	賴省	諸羅縣石仔坑	
七月初五日	陳郡	諸羅縣九芎林	
	何嗣	諸羅縣打貓庄	
	賴榮	諸羅縣九芎林	
	簡正	諸羅縣馬稠庄	
	許誇	諸羅縣九芎林	
七月初六日	吳三元	諸羅縣九芎林	

3　《天地會（一）》，頁179。乾隆五十一年九月初十日，臺灣鎮總兵官柴大紀奏摺。

入 會 日 期	姓　　名	居 住 地 點	備　　註
	盧和	諸羅縣九芎林	
	邱飽	諸羅縣九芎林	
	蔡庇	諸羅縣他里霧	
七月初七日	黃鍾	諸羅縣九芎林	
	賴斗	諸羅縣九芎林	
七月初八日	葉東	諸羅縣九芎林	
	何談	諸羅縣石溜班	
七月初九日	劉信	諸羅縣九芎林	
	黃憐	諸羅縣九芎林	
	王碧	諸羅縣他里霧	
七月初十日	張烈	諸羅縣石溜班	
	沈揚	諸羅縣打貓庄	
	陳道	諸羅縣九芎林	
七月十一日	張光輝	諸羅縣九芎林	
	賴丕	諸羅縣九芎林	
七月十二日	高杭	諸羅縣林仔庄	
七月十四日	林日	諸羅縣他里霧	
	何才	諸羅縣石溜班	
七月十五日	羅來	諸羅縣打貓庄	
	陳輝	諸羅縣石溜班	
七月十六日	賴軍	諸羅縣打貓庄	
	柯英	諸羅縣石溜班	
七月十七日	張泮	諸羅縣石溜班	
七月二十日	賴茂	諸羅縣石溜班	
	王弼	諸羅縣九芎林	又作王宗
	張刊	諸羅縣打貓庄	
七月二十日	何郎	諸羅縣他里霧	
七月二十一日	鄒旺	諸羅縣他里霧	

入會日期	姓名	居住地點	備註
	蔡福	諸羅縣打貓庄	
	魏景	諸羅縣石溜班	
七月二十二日	吳遠	諸羅縣九芎林	
	賴運	諸羅縣九芎林	
七月二十三日	何夜	諸羅縣打貓庄	
	陳其三	諸羅縣打貓庄	
七月二十四日	涂華	諸羅縣打貓庄	
	周桃	諸羅縣他里霧	
	蔡孝	諸羅縣九芎林	
七月二十五日	盧桓	諸羅縣山仔頂	
	陳養	諸羅縣打貓庄	
七月二十六日	王青	諸羅縣九芎林	又作黃青
	許微	諸羅縣九芎林	
	葉省	諸羅縣他里霧	
	張關	諸羅縣九芎林	
七月二十七日	蔡綢	諸羅縣石溜班	
	黃抱	諸羅縣石溜班	
	姚托	諸羅縣他里霧	
七月二十八日	張燕	諸羅縣九芎林	
	郭卜	諸羅縣牛稠溪	
	柯贊	諸羅縣九芎林	
七月二十九日	吳朝	諸羅縣九芎林	
	何養	諸羅縣石溜班	
閏七月初一日	張散	諸羅縣打貓庄	
	張汀	諸羅縣石溜班	
閏七月初一日	何疊	諸羅縣打貓庄	
閏七月初二日	賴振	諸羅縣石溜班	
	張員	諸羅縣石溜班	

資料來源：《天地會（一）》（北京，中國人民大學出版社，1980

如簡表所列名單，添弟會自乾隆五十一年（1786）七月初一日起至同年閏七月初二日止，陸續糾邀75人入會，加上楊光勳本人，添弟會成員共計76人，平均每天約有二至三人入會。其中柯山貴又作柯三貴，王碧又作王宗，王青即黃青。就添弟會成員的居住地點而言，主要分佈於石溜班、九芎林、打貓庄、他里霧、保長廍、石仔坑、馬稠庄、林仔庄、山仔頂、牛稠溪等地，都在諸羅縣境內，有其地緣關係。其中石溜班又作石榴班，簡稱石榴，在虎尾溪南源林子頭溪東岸，斗六街東北，九芎林又在石溜班之東北近山處。打貓庄，原為番社名，即打貓社，後稱打貓街，又稱打貓庄，亦即日後的民雄鄉。他里霧原為番社名，即他里霧社，亦即日後的斗南。保長廍在雲林溪南岸，斗六街之西。石仔坑在嘉義市之南近山處。林仔庄在嘉義縣大林街之北偏東處。牛稠溪在竹崎之東。添弟會之首楊光勳原與楊媽世同住九芎林，後因兄弟不睦，被析居石溜班。家住九芎林地方的添弟會成員包括：黃添才、楊池、林陳、陳郡、賴榮、許誇、吳三元、盧和、邱飽、黃鍾、賴斗、葉東、劉信、黃憐、陳道、張光輝、賴丕、王弼、吳遠、賴運、蔡孝、王青、許微、張關、張燕、柯贊、吳朝等27人，約佔百分之三十六。家住石溜班的添弟會成員包括：何慶、李鴻、張仁、何談、張烈、何才、陳輝、柯英、張泮、賴茂、魏景、蔡綢、黃抱、何養、張汀、賴振、張員等17人，加上楊光勳本人，共計18人，約佔百分之二十四。家住打貓庄的添弟會成員包括：張猛、胡再、柯山貴、蔡正、何嗣、沈揚、羅來、賴軍、張刊、蔡福、何夜、陳其三、涂

華、陳養、張散、何疊等 16 人，約佔百分之二十一。家住他
里霧的添弟會成員包括：沈典、蔡庇、王碧、林日、何郎、
鄒旺、周桃、葉省、姚托等 9 人，約佔百分之十二，其餘張
能住保長廊，賴省住石仔坑，簡正住馬稠庄，高杭住林仔庄，
郭卜住牛稠溪，盧桓住山仔頂，共 6 人，約佔百分之七。福
建按察使李永祺遵旨赴臺查辦結會案件時，曾疑楊光勳設立
會黨，登記姓名，恐有別情，於是將添弟會成員陳輝等人，
嚴加訊究。據陳輝等供稱：

> 楊光勳因被伊義父楊文麟析居，心懷不忿。楊文麟田
> 園較廣，冀圖糾眾搶割，兼備鬥毆，遂起意立會。每
> 人先給番銀二圓，藉其幫助，並許搶割之後，再為分
> 潤米穀。惟恐會內之人不肯出力，是以立簿登名，倘
> 有臨時退諉者，仍向討還番銀。伊等貪圖微利，聽從
> 入會[4]。

楊光勳等人倡立添弟會的主要原因，就是為了邀約多
人，以圖搶割爭鬥，並無別情。番銀一圓，約為紋銀七錢，
番銀二圓，相當於紋銀一兩四錢。楊光勳又允諾搶割稻穀事
成以後，另行分潤米穀。

楊媽世聞知楊光勳結拜添弟會後，因九芎林離諸羅縣城
較遠，並未赴官控告，而且田穀將熟，告官禁阻，已無濟於
事，為抵禦楊光勳搶鬥，亦起意結會樹黨。楊媽世認為楊光
勳兇惡不肖，必被雷擊斃，所以取名雷公會，隨即商同素好
的潘吉為主謀，陸續糾邀何稽、何歸、何啓明、黃冷、林奢、

---

4 《宮中檔乾隆朝奏摺》，第 61 輯（臺北，國立故宮博物院，民國
76 年 4 月），頁 551。乾隆五十一年九月十八日，福建按察使李永
祺奏摺。

林晚、呂僥、呂述、楊永、鄭忠、朱昶、方雅、陳青即陳清、
吳勝、蘇應、張仲、楊衿、歐穎川、許開生、賴琳、林信、
林力、張賢等 24 人，加上楊媽世本人，共 25 人，每人各給
錢五百文[5]。因田穀將熟，楊文麟恐楊光勳與楊媽世爭鬥，釀
成慘案，乃赴縣衙首告楊光勳結拜添弟會。楊光勳亦訐告楊
媽世糾眾結拜雷公會。原任諸羅縣知縣唐鎰未及查辦，旋經
同知董啓埏接署。

乾隆五十一年（1786）閏七月初四日，兼攝諸羅縣知縣
董啓埏，與北路協左營守備郝輝龍帶領兵役前往九芎林、石
溜班二處，拏獲楊媽世及添弟會、雷公會成員黃鍾、張泮、
張關、張仁、張汀、賴振、賴運、蔡孝、陳郡、何淡、黃冷、
林奢、林晚等共 14 名，並逮捕楊文麟及楊光勳之子楊狗，押
解縣衙審辦，楊狗後來因賄釋放。閏七月初七日，石溜班汛
把總陳和奉文逮捕添弟會要犯張烈 1 名[6]。把總陳和帶兵 4
名，解送張烈。同日亥刻，陳和等行至斗六門地方，在倪二
飯店歇息。楊光勳、何慶、張能等人偵知張烈被拏獲，起意
劫囚，即邀集添弟會成員何夜等 47 人，各持刀棍，趕至倪二
店前。楊光勳先令何才、林日、張光輝等放火，店內驚喊火
起。楊光勳、何慶、張能即令何夜等人圍店搶犯。把總陳和
與兵丁各拔腰刀，出店抵禦。把總陳和砍傷添弟會成員許微、

<hr>

5 《明清史料》，戊編，第 3 本，頁 229。乾隆五十一年九月二十二
　日，刑部移會。

6 按張烈是添弟會成員之一，家住石溜班，於乾隆五十一年七月初九
　日加入添弟會，同年閏七月初七日未刻被捕。《明清史料》，戊編，
　第 3 本，頁 229 作「添弟會」，《天地會》（一），頁 165 謂「初七日
　未刻，石溜班汛把總陳和拿獲天地會匪張烈一名。」句中「天地會」，
　當作「添弟會」。

姚托，目兵伊盛、吳得陞砍傷添弟會成員盧桓、賴丕。但因眾寡不敵，把總陳和被添弟會成員許微、姚托、張能、魏景、葉東等人用鐵串、半斬刀殺傷耳根、項頸、脊背、後肋、右腿後倒地，當場斃命，目兵伊盛、吳得陞、游清等三人被添弟會成員盧桓、賴丕、何夜、涂華、沈典等殺傷身死，兵丁高正恭被添弟會成員劉信砍傷肩胛後走脫，囚犯張烈遂被奪去。

斗六門汛把總陳國忠、外委陳得貴、巡檢渠永湜聞知把總陳和遇害後，即率領兵役，攜帶鳥鎗刀杖，星赴救援。楊光勳、張烈等率眾三、四十人，各持刀棍拒捕。添弟會成員李鴻、吳朝傷斃巡檢家丁華嘉，把總陳國忠飭令兵丁施放鳥鎗，擊斃添弟會成員何郎、陳其三、柯英、柯山貴、吳遠、胡再、何嗣、陳道等 8 人。添弟會成員何慶等 15 人，俱受鎗傷，楊光勳見傷亡甚眾，始率弟兄退散。是時，正值半夜，又逢驟雨昏黑，兵丁僅擒獲添弟會成員何夜、盧桓二名。閏七月初八日，兼攝諸羅縣事臺防同知董啓埏、北路協右營駐箚諸羅守備郝飛龍等據報後，即率兵馳赴斗六門一帶。閏七月初九日，北路協副將赫生額亦馳抵斗六門。閏七月初十日，臺灣鎮總兵官柴大紀、臺灣道永福據報後，亦率同臺灣府知府孫景燧、鎮標中營遊擊耿世文帶領兵役，連夜馳抵諸羅，會同督飭文武員弁分路查拏。在諸羅、彰化等縣境內陸續拏獲添弟會內劫囚要犯何慶，雷公會內要犯潘吉等 53 名。勘明燒燬民房五間，打死添弟會成員屍身八具。知府孫景燧會同副將赫生額在楊光勳家內搜出添弟會的會簿一本，並按名拏獲劫囚重犯李鴻等 16 名及添弟會要犯張刊等 9 名，此外，又拏獲雷公會要犯賴琳等 11 名。

　　添弟會共 76 名，雷公會共 25 名，加上楊文麟 1 名，應拏人數，合計 102 人，先後拏獲到案者共 89 名，經臺灣鎮道等審擬。他們審擬添弟會及雷公會首從各犯時所援引的律例為：「律載謀叛不分首從皆斬，其拒敵官兵者，以謀叛已行論；又例載閩省人結會樹黨，不論人數多寡，為首者照兇惡棍徒例，發雲貴兩廣極邊煙瘴充軍，為從減一等」等款，除謀叛律外，所援引的是乾隆二十九年（1764）修訂的結會樹黨條例。楊光勳是添弟會的會首，「妄立會名」。何慶、張能起意率黨劫囚。張能又同許微、姚托、魏景、葉東、盧桓、賴丕、何夜、涂華、沈典、劉信下手殺害兵弁，張光輝、林日、何才放火。當汛防兵弁追拏之時，楊光勳等人復敢拒敵官兵，李鴻、吳朝傷斃巡檢家丁。以上楊光勳等 18 名，都是添弟會首夥，劫囚放火兇殺拒敵官兵，被判為「不法已極」的首從重犯。俱照謀叛不分首從皆斬律，擬斬立決。因情罪較重，總兵官柴大紀等將各犯審明後，即於閏七月二十九日恭請王命，在臺灣先行正法梟示。陳輝等 28 名，聽從入會，復聽從劫囚，各持刀棍，在場助勢，同惡相濟。除何郎、陳其三、柯英、柯山貴、吳遠、胡再、何嗣、陳道 8 名，俱係添弟會成員，因先已被鎗傷身故不議外，其餘陳輝、黃抱、黃添才、羅來、賴軍、賴省、簡正、張燕、許誇、鄒旺、柯贊、郭卜、何養、王青、吳三元、盧和、邱飽、蔡庇、楊池、張猛等 20 名，俱係添弟會成員，均照謀叛律擬斬立決梟示，各犯家屬查明緣坐，財產入官。楊媽世是監生，為首結拜雷公會，未便照常擬軍，從重改發伊犁，充當苦差。添弟會成員黃鍾等 25 名，雷公會成員潘吉等 24 名，共 49 名，因聽糾入會，被指為「均非善類」，未便照結會為從例擬徒，仍留本省，致生

事端，從重發往雲貴兩廣極邊煙瘴充軍，改發極邊足四千里，仍照追各犯所得番銀錢文入官充公。楊文麟是捐職州同，平日不能管束其子，任聽其子結會圖鬥，發往雲貴兩廣煙瘴稍輕地方，交與地方官管束，家產查抄入官。楊文麟、楊光勳、楊媽世各捐照查追繳銷，各犯拒捕器械，查出銷燬。以上各犯提至郡城，嚴加監禁。拒捕要犯賴榮、張烈二名及添弟會成員葉省、蔡福、張員三名，共五名因脫逃未獲，亦飭文武員弁踩緝[7]。乾隆五十一年（1786）九月初一日，奉上諭：「所有現獲之首從各犯楊功懋等 53 名，著常青、黃仕簡等審訊明確，一面具奏，一面將首要各重犯，即在該地正法示眾[8]。」

添弟會與天地會，讀音相近，但兩者性質不同，並非同一會。林爽文領導天地會起事以後，在閩粵拏獲天地會要犯，供出天地會起自乾隆中葉，乾隆皇帝等遂誤以為添弟會就是天地會。乾隆五十二年（1787）二月初六日，〈寄信上諭〉云：

> 奉上諭：孫士毅奏獲匪犯許阿協等係在漳州地方被賴阿邊引誘入天地會，其會起於乾隆三十二年，轉相糾約，暗用記號，奪取財物，可見此等邪教，閩省內地已有，尚不止臺灣一處，著該督等於事定後，將此會匪徒嚴拏，勿留餘孽，並將三十二年以後失察之督撫及大小員弁查明參奏。至上年楊光勳一案，明係即此天地會，地方官改作「添弟」二字，化大為小，欲免失察處分，是誰之主見，並著確查嚴參示儆[9]。

---

7 《天地會（一）》，頁 170。乾隆五十一年九月初十日，臺灣鎮總兵官柴大紀奏摺錄副。

8 《清宮諭旨檔臺灣史料（一）》（臺北，國立故宮博物院，民國 85 年 10 月），頁 288。

9 《宮中檔乾隆朝奏摺》，第 63 輯（民國 76 年 7 月），頁 454。乾隆

　　軍機大臣的主要職掌是撰擬諭旨，前引〈寄信上諭〉由
軍機大臣撰擬，述旨發下後交兵部由驛站馳遞。由前引諭旨
可知乾隆皇帝與軍機大臣都認為添弟會就是天地會，地方官
改作添弟會，化大為小，希圖規避處分。乾隆五十一年
（1786），直隸大名有段文經借立八卦會為名，糾眾戕官案
件，乾隆皇帝與軍機大臣都認為天地會與八卦會都是邪教，
諭旨中飭令將乾隆三十二年（1767）以後失察邪教的督撫及
文武大小員弁，徹底查明，據實參奏[10]。乾隆五十二年（1787）
二月初七日，閩浙總督李侍堯接奉〈廷寄〉即〈寄信上諭〉，
內開：

> 奉上諭：閩省天地會邪教已閱二十年之久，豈無搶奪
> 被控之案，著李侍堯俟辦理剿捕事竣後在閩省內地嚴
> 拏，並將此會究係起自何年？該省有無被搶控告地方
> 官沈擱不辦之案，確查嚴參，並歷任失察之督撫，大
> 小文武員弁一併參奏。其改為添弟會者是何人之意，
> 仍即由六百里速行迴奏[11]。

　　清朝政府相信楊光勳起意倡立的添弟會，是由福建內地
的天地會換以同音字義而來，是地方官有心取巧的。乾隆五
十二年（1787）二月二十七日，閩浙總督李侍堯遵旨具摺迴
奏，由驛站六百里馳遞，三月十一日，奏摺到京，並奉硃批。
原摺中關於改換「添弟」字樣的說明如下：

> 上年辦理楊光勳等案內所稱添弟會，明係即此天地會
> 名色，而換以同音之字，意欲化大為小，實屬有心取

　　五十二年二月二十七日，閩浙總督李侍堯奏摺。
10　《大清高宗純皇帝實錄》，卷1274，頁19。乾隆五十二年二月初
　　六日，寄信上諭。
11　《宮中檔乾隆朝奏摺》，第63輯，頁454。

巧。臣細查此案原卷，有臺灣鎮總兵柴大紀、臺灣道
永福奏稿一件，臺灣府知府孫景燧稟一扣，俱係「添
弟」字樣。今孫景燧已經身故，若札查該鎮道，必盡
諉之該守。但該守在上年閏七月十七日稟出，而該鎮
道已先一日具摺入奏，則該鎮道斷不得諉為不知。又
卷內有照抄該犯登記入會姓名之號簿，雖已寫明「添
弟」二字，然簿內不過數十人，明係就現獲人犯捏造
成簿，既非原本，難以憑信。是改換字樣，惟應於該
鎮道是問[12]。

　　閩浙總督李侍堯細查原卷後指出臺灣鎮總兵官、臺灣
道、臺灣府知府奏稿、稟文，俱係添弟會字樣，入會號簿，
也是寫明「添弟」二字，但因原卷內所附號簿，是抄本，並
非原本，難以憑信。因此，李侍堯為了迎合上意，相信「添
弟」字樣是將天地會改換而成的，會簿也是捏造的。同年六
月二十四日，〈上諭〉又稱：

上年楊光勳等結黨倡會，拒捕戕官一案，該地方官並
不徹底嚴究，痛示懲創，轉將所立天地會名目改為添
弟字樣，希圖化大為小，將就了事，此即明證也，以
致會匪奸民等由此益無忌憚，肆意妄行，是林爽文等
滋事不法，實由該地方官養癰貽患釀成事端[13]。

　　前引諭旨，仍堅持添弟會是地方官所改換。富勒渾、雅
德曾任福建督撫，林爽文起事以後，富勒渾、雅德因怠忽職
守，經軍機大臣等訊問，其中有關查拏楊光勳、楊媽世等一

12　《宮中檔乾隆朝奏摺》，第63輯，頁455。
13　《清宮諭旨檔臺灣史料（一）》，頁380。乾隆五十二年六月二十
　　四日，上諭。

案將天地會改作添弟會一節，據富勒渾供稱：

> 我在閩浙總督任時，素知臺灣有羅漢腳匪徒，最為地
> 方之害，是以在任時不時嚴飭該處文武員弁密為訪查
> 嚴拏懲治。今閱福康安等奏到之摺始知有漳州人嚴煙
> 在臺灣溪底阿密里庄地方傳授天地會一事，我在任
> 時，不能早行知覺飭屬嚴拏，實係昏憒糊塗，罪無可
> 逭。若我曉得臺灣有此天地會名目，豈敢不即行嚴辦，
> 上緊查拏呢？至查辦楊光勳、楊媽世等一案時，將天
> 地會改作添弟會名目，係五十一年八月內之事，我那
> 時已經緣事革職，解至刑部監禁，其地方官如何添改
> 及兵丁等搜拏會匪時，如何燒燬民間房屋之處，我實
> 在並不知道是實[14]。

閩浙總督富勒渾於乾隆五十年（1785）七月初二日調兩
廣總督，由福建巡撫雅德補授閩浙總督。臺灣地方官如何將
天地會改作添弟會之處？富勒渾、雅德俱不能知道。欽差大
臣福康安遵旨訪查，並將查辦經過具摺奏聞。其原摺略請：

> 臺灣道永福係監司大員，在任數年，毫無整頓，辦理
> 楊光勳一案，惟據屬員詳報之辭，顢頇結案，將天地
> 會名目改為添弟會，永福應知此中情弊。詢據該道稟
> 稱，當日署諸羅縣知縣董啟埏原稟及北路協副將赫生
> 額移文，俱係添弟會字樣，實非擅自更改等語。隨檢
> 查原案董啟埏、赫生額之稟，俱附卷中。但該員等業
> 已身故，永福係審辦之員，豈得置身事外，諉為不知。
> 臣等細加察訪，道署幕友沈謙與諸羅縣幕友沈七，係

14　《清宮諭旨檔臺灣史料（二）》，頁 1116。乾隆五十三年四月二十
　　七日，富勒渾供詞。

屬弟兄，在上下衙門作幕，已屬不合，又令同辦一案，
自難保無通同商改情弊。質之永福，亦屬無辭可辯，
沈謙前至諸羅看視伊弟，適值逆匪滋事，業俱被賊殺
害，未便以質證無人，任其支飾，是永福辦理含混，
意欲化大為小，不問可知[15]。

　　署諸羅縣知縣董啓埏原稟、北路協副將赫生額移文，都
書明「添弟會」字樣，實非地方官擅自改換。欽差大臣福康
安堅信楊光勳等人所倡立的添弟會是由嚴煙渡臺所傳天地會
改換而來，臺灣道永福等辦理含混，意欲化大為小。但就原
案卷內附件如署諸羅縣知縣董啓埏原稟、北路協副將赫生額
移文、臺灣府知府孫景燧稟文、臺灣鎮總兵官柴大紀及臺灣
道永福奏稿等文書的記錄而論，俱書明「添弟會」字樣。當
永福被革職拏交刑部治罪時，亦供稱原案文稟，俱係「添弟
會」字樣，並非擅改，由此足以說明，當嚴煙入臺傳授天地
會期間，楊光勳等人並未加入天地會，而是另行倡立添弟會，
取「兄弟日添，爭鬥必勝」之義。楊光勳所倡立的添弟會，
與嚴煙所傳天地會，讀音相近，是歷史的巧合，並非後來將
「天地」二字人為地改為「添弟」字樣，並非換以同音字，
總兵官柴大紀、臺灣道永福、臺灣府知府孫景燧等人，並非
有心取巧，以圖規避處分。秦寶琦著《中國地下社會》一書
謂在林爽文等帶動下，「諸羅的楊光勳、黃鍾、張烈、葉省、
蔡福」先後加入天地會[16]。」張烈、葉省、蔡福等人逃逸未獲，
楊光勳已於乾隆五十一年（1786）閏七月二十一日，被正法

---

15 《宮中檔乾隆朝奏摺》，第67輯（民國76年11月），頁596。乾
　　隆五十三年三月二十二日，福康安奏摺。
16 秦寶琦著《中國地下社會》（北京，學苑出版社，1994年1月），
　　頁381。

梟示，黃鍾被判從重發雲貴兩廣極邊煙瘴充軍，楊光勳、黃鍾並未加入天地會，添弟會與天地會不可混為一談，添弟會案件雖然發生在嚴煙入臺傳授天地會之後，但仍不能將楊光勳所倡立的添弟會歸入天地會系統之內。

　　添弟會和雷公會是同籍械鬥組織，雖然都是屬於閩粵系統的秘密會黨，但與彰化天地會，彼此並不相統屬，亦非一脈相承。清廷追查添弟會改換同音字的責任歸屬問題，是始自林爽文起事以後。嘉慶初年以降，閩粵內地及臺灣的添弟會案件，屢有破獲，雷公會案件，則較罕見。光緒十四年（1888）十二月，閩浙總督卞寶第奏片中有一段記載云：

> 查莆田縣後角鄉有匪徒陳硯十八，係白旗頭目，漏網未誅，黨與眾多，兇暴久著，鄉愚不敢控告，兵役不敢捕拏。光緒十年八月間，該犯挾嫌糾黨持械至鄰村郭天麟家放火燒屋搶物，銃傷郭記二十殞命，並擄禁婦女幼童，經縣押放查拏未獲。十四年九月間，該犯與連則八拐匪婦女，差獲連則八一名，該犯糾眾奪回，拒傷差役，經營縣親臨督拏。該犯恃眾抗拒，銃斃勇丁蘇成明一命。該犯自知罪大惡極，復創設雷公會，勾結死黨，意殊叵測[17]。

　　由引文可知乾隆年間臺灣諸羅縣的雷公會，與光緒年間福建莆田縣的雷公會，都是地方性的械鬥組織，也是閩粵系統的秘密會黨，而後者又可歸入天地會系統。雖然楊光勳與楊媽世兄弟在展開械鬥以前已經遭到官府懲辦，但不能因為尚未形成械鬥而忽視其倡立宗旨及性質。

17　《光緒朝硃批奏摺》，第 118 輯（北京，中華書局，1996 年 12 月），
　　頁 266。光緒十四年十二月，卞寶第奏片。

福建按察使臣李永祺跪
奏為據實查明覆
奏仰祈
聖鑒事竊照諸羅縣奸民楊光勲楊媽世兄弟爭財
各自結會樹黨并楊光勲等糾衆刦囚殺害弁
兵一案先經署督臣常青接據臺灣鎮道柴大
紀永福等稟報會同撫臣徐嗣曾恭摺
奏明委臣前往會同究辦署督臣常青亦親往蚶
江駐劄調度臣於八月十一日自省起程二十
日行抵蚶江海口登舟候風開渡二十四日接
該鎮道等移會續獲兇匪三十六名連前獲五
十三名共拏獲首從各犯八十九名未獲五名
嚴審定擬分別斬梟軍遣業經該鎮道另摺具
奏在案臣因連日風信未順於九月初二日得風
開行初五日舟抵鹿仔港口登岸隨即起身前
往沿途察看情形遍加查訪該犯等委因兄弟
爭財彼此立會糾人希圖搶劫抵禦鄉民知之
甚悉此外並無別情臣由彰化諸羅一路行抵
臺灣郡城查案內擬斬人犯黃添才柯賛吳三
元黃抱四名并遣犯賴琳一名因受傷患病在
監先後身故隨提添弟會內現犯陳輝等四十
名雷公會內首從各犯二十四名逐一隔別研
鞫據各供起衅結會聽從刦囚傷害弁兵各情
均與原案相符臣因已經正法之楊光勲創立
會名邀約多人以圖搶劫爭鬭何必設立會簿
登記姓名而楊媽世既知楊光勲結會樹黨儘
可赴官控告又何必效尤糾衆彼此搆衅恐其
中尚有別情及各會黨夥不止此數復又嚴加
訊究據陳輝等堅供楊光勲因被伊義父楊文
麟析居心懷不忿楊文麟田園較膺冀圖糾衆
搶劫無備鬬毆遂起意立會每人先給番銀二
圓藉其幫助并許搶劫之後再為分潤米穀惟
恐會內之人不肯出力是以立簿登名倘有臨
時退諉者仍向討還番銀伊等貪圖微利聽從
入會因楊光勲糾約搶犯該犯等亦即扶同前
往嚴詰楊媽世據稱伊聞知楊光勲結會之事
因離城較遠且田穀將熟告官禁阻恐致無及
隨亦就近結會以備抵禦此外委無別項情事
并據僉供楊文麟等甫於六七月內結會閏七
月初四日即被訪拏為時未久兩會人犯實止
此數如果另有夥匪伊等已被拏獲豈肯反替
別人隱瞞各等語反覆窮究各犯矢供如一是
此案委無不實不盡已無疑義查首惡楊光勲
并下手刦囚殺弁兇匪何慶等十八名已經該
鎮道審明先行正法其餘首從各犯亦經分別
定擬具
奏恭候
諭旨毋庸再議未獲逸犯賴榮張烈葉省蔡福張貝

等五名會同鎮道嚴督各屬文武員弁選撥幹
役勒限懸賞踹緝并恐各犯竄回內地臣在蚶
江候風時先經分行沿口各員弁一體上緊嚴
密堵拏務期必獲不使一名漏網至臺灣地方
雜處民情刁悍節經大加懲創今楊光勳兄弟
復敢結會滋事且兩會夥犯率皆原籍漳泉誠
恐內地或有似此名色現在諄飭所屬實力稽
查嚴拏究辦以靖地方斷不敢稍事顢頇除內
應行緣坐犯屬及查抄家產另行分別照例查
辦再此案楊光勳楊媽世於六七月間起會至
閏七月初四日經鎮道府縣即行訪拏已獲犯
過半兼獲首犯應取失察及疏防各職名應請
仰懇
聖恩免其查參除彙報督撫二臣察核外所有臣到
臺後查明確切情形理合恭摺由驛四百里具
奏再臣於拜摺後尚有撫臣委查全臺埔地一案
一俟查勘明確臣仍由鹿仔港內渡回省臺郡
各屬年歲豐登現在地方寧謐民番樂業合併
陳明伏乞
皇上睿鑒謹
奏
知道了

乾隆五十一年九月十八日

《宮中檔》，乾隆五十一年九月十八日，李永祺奏摺

閩浙總督臣李侍堯跪

奏為遵

旨查奏事竊照乾隆五十二年三月十九日承

准

廷寄內開乾隆五十二年三月初六日奉

上諭孫士毅奏獲匪犯汪記許阿協等俱在漳州地方被

獲阿協引誘人天地會其會起於乾隆三十二年

韓相約暗用記號奉取財物可見此等邪教閩

省內地已有尚不止臺灣一處著傳諭常青等於事定

後將此會匪按名嚴拿又大小員弁升遷恭至上年揚

光勳一案明係即此天地會地方官改作添弟第三

字化大為小總兌夫察其分具詳之主見並著確

查廣東惠潮等屬歉似此抄錄逆匪孫士毅奏稿等因

本日戌刻又准三月初七日

廷寄內開奉

上諭閩有有天地會匪教已閱三十年之久豈典撥奏

被控之案著李侍堯傳勒補理勒補事竣後在閩省

內地嚴拿務將此會匪俱起自何年創有有無被

捲控地方官沈濶不辦之處確查嚴懲其改為添

弟會者是何人之意仍即由六百里速行遍查各

因欽此臣伏思許阿協等在漳被誘入夥可

見此天地會匪教非特臺灣即閩省內地亦早

有之此等匪犯立會崇暗用記號小則搶奪

大卯可以滋生事端若不嚴加訪緝務盡根株

必至釀成大案臣現欽此命於乾隆三十三

年即將時文引之多日下並即跟蹤民間

又查漳二者臺灣破試如

聖訓內地會匪臺事故誦臣即嚴拏務經密密

行芬勦搜查嚴完與緝家屬在內地

者一回辦理之使術省飭等金明此會悉

時天沒拘況計阿協所俟以乾隆三十二年

為始包會何年創始即將歷年大案之省無控

大小支武員弁逐一查恭並通查各屬有無控

告逾省而地方官匿不辦急案行朱分外控

王上年辦光熟搜先以同查之字意化大為

此天地會名色而換取巧用細查此等原委有查

小搶奪有一以總兌夫案大紀並通省查未末詳之

經府孫士毅捏具出查故款罪查參

在上年間七月十七日奏出該鎮通已先一

日具招人義則武築之斷不容改為不犯又義

內有照抄該會記之會社名色某海捕已馬

明添弟三字然薄內不過數十人明憑現接

人犯準應救緝通見問今該鎮造退泅在臺灣辦

再行拿審查奏臣緣查蓬事

諭旨令將傳添弟會之處先行由驛馳奏謹查

諸招具

奏伏乞

皇上睿鑒謹

奏

乾隆五十二年三月　十七　日

臣福康安鄂輝跪

奏為詳查逆匪滋事根由恭摺奏

聞事竊查臺灣民情刁悍吏治廢弛營伍全不整飭屢有械鬪拒捕重案僅將首夥數十人究辦不足示懲奸民等益無忌憚搶奪成風凡內地無賴莠民漏網逸犯多至臺灣聚處結會樹黨日聚日多不肯隨同入會之人即被搶劫及至事漸敗露人衆勢張輒藉官吏侵貪為辭肆行謀逆若果地方官貪黷殃民原可赴上司衙門呈告伸理乃竟逞其兇狡之性膽敢挾忿戕官謀為不軌況林爽文夥黨攻犯大墩後甫及半月南北兩路賊匪同時並起將彰化諸羅鳳山等處悉行竊據自係互商約會與倉卒激變不同揆此情形地方官平日養癰貽患之罪固所難辭而滋事根由實因結會拜盟互相搶奪而起

臣等自帶兵進剿以來隨時留心查訪並將訊出賊匪供詞互相印証到郡後又復嚴切跟查緣大里杙庄近山險阻本係窩賊之所林爽文平日交通匪類搶劫村庄乾隆四十九年三月內有漳州人嚴烟即嚴若海在溪底阿密里地方傳天地會林爽文聽從入會黨羽益多橫行無忌其時天地會名目業已傳佈南路鳳山北路彰化諸羅入會者甚多約定同會之人有難相救有事相助武斷一方莫敢過問五十一年秋間諸羅會匪楊光勳與伊弟楊媽世爭產不和楊媽世邀同張烈蔡福等另結雷公會互相爭鬪伊父楊文麟偏愛幼子首告楊光勳入天地會楊光勳復訐告楊媽世糾合蔡福等倡為雷公會諸羅縣知縣唐鎰未即查辦旋經同知董啟埏接署藉稱訪聞差拏會匪到案外委陳和帶兵護解匪犯張烈一名行至斗六門楊媽世糾約會匪攻庄刦犯將陳和等殺害董啟埏並未嚴究羽黨而在斗六門攻庄受傷之犯潛匿彰化境內署彰化縣知縣事同知劉亨基以楊光勳業被拏獲希圖即邀議叙逃逸匪犯又係諸羅之人心存推諉不復嚴行查緝雷公會匪犯遂與天地會合為一會蔡福等逸犯即逃至大里杙藏匿柴大紀永福會審此案率據屬員詳報完結並不從嚴究辦亦未將唐鎰劉亨基揭叅辦理嗣經臬司李永祺奉委來至臺灣審辦此案業在該鎮道定擬具奏之後首夥兇犯俱已正法李永祺僅提出餘犯覆審一過亦祇就案完案未經嚴切跟究乾隆五十一年十月內柴大紀巡查至彰化聞大里杙一帶匪衆搶刦即以調兵為辭轉回府城派遊擊耿世文帶兵前往知府孫景燧得信後親赴彰化督拏知縣俞峻會同副將赫生額遊擊耿世文赴鄉搜捕燒燬內新茄荎角等庄擒獲匪犯數名立

行杖斃差役等查拏過急林泮王芬劉升何有
志等布散謠言揑稱官兵欲來剿洗與林爽文
在茄荖山聚集數百人竪旗謀逆於十一月二
十七日攻陷大墩營盤彼時林姓族人不肯令
林爽文出名暫令劉升為首攻陷彰化縣城後
林爽文始為賊首在縣城演武廳會集匪夥戕
害官吏並令賊匪陳天送約會莊大田糾合南
路天地會匪犯一同謀逆蔓延一載有餘始行
撲滅仰賴
聖主洪福賊首已就俘擒此案有名頭目及助逆黨
羽均已殲除殆盡間有逃逸匪犯現在分派文
武幹員嚴密搜拏民庄番社不敢隱匿容留查
拏可期淨盡匪徒惡貫已盈斷難倖逃法網其
天地會傳習根由業經密查籌辦專摺具奏至
臺灣各官貽悞地方釀成逆案應一併分別嚴
叅查董啟埏劉亨基唐鎰三員玩悞闒冗審辦
楊光勳一案又多輕縱官聲亦甚平常不得照
死事官員之例一體仰邀
恩卹惟俞峻到任未久尚無貽悞雖查拏逸匪辦理
未能妥善但究係認真緝捕臨難捐軀應否照
例給予
卹典之處出自
聖恩至臺灣道永福係監司大員在任數年毫無整
頓辦理楊光勳一案惟據屬員詳報之辭顢頇
結案將天地會名目改為添弟會永福應知此
中情弊詢據該道稟稱當日署諸羅縣知縣董
啟埏原稟及北路協副將赫生額移文俱係添
弟會字樣實非擅自更改等語隨檢查原案董
啟埏赫生額文稟俱附卷中但該員等業已身
故永福係審辦之員豈得置身事外諉為不知
臣等細加察訪道署幕友沈謙與諸羅縣幕友
沈七係屬弟兄在上下衙門作幕已屬不合又
令同辦一案自難保無通同商改情弊質之永
福亦屬無辭可辯沈謙前至諸羅看視伊弟適
值逆匪滋事業俱被賊殺害未便以質証無人
任其支飾是永福辦理含混意欲化大為小不
問可知又柴大紀貪縱營私聲名狼籍已非一
日永福身為旗員近在同城並不據實揭報督
撫亦屬有心徇隱查該道於賊匪滋事之初捐
貲招募鄉勇固守府城復遣俸滿教官羅前蔭
等前往山豬毛招集粵民一載以來辦理均屬
妥協是該道堵禦賊匪固為出力但核其貽悞
地方之罪究屬功不掩過相應請
旨將永福革職送交刑部治罪如此外尚有別項劣
蹟再行嚴叅仍一面先行摘印開缺飭委臺灣
府知府楊廷理護理查臺灣府事務本繁現又

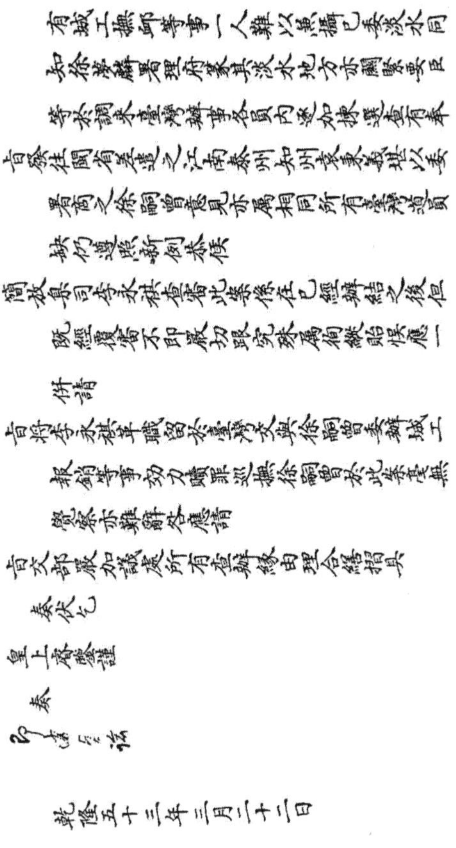
有城工撫卹等事一人難以兼攝已委淡水同
知徐夢麟署理府篆其淡水地方亦關緊要臣
等於調來臺灣辦事各員內逐加揀選查有奉
旨發往閩省差遣之江南泰州知州袁秉義堪以委
署商之徐嗣曾意見亦屬相同所有臺灣道員
缺仍遵照新例恭候
簡放臬司李永祺查審此案係在已經辦結之後但
既經覆審不即嚴切跟究殊屬徇縱貽悞應一
併請
旨將李永祺革職留於臺灣交與徐嗣曾委辦城工
報銷等事効力贖罪巡撫徐嗣曾於此案毫無
覺察亦難辭咎應請
旨交部嚴加議處所有查辦緣由理合繕摺具
奏伏乞
皇上睿鑒謹
奏
乾隆五十三年三月二十二日

《宮中檔》，乾隆五十三年三月二十二日，福康安等奏摺

臣等遵
旨將福康安李侍堯等奏到柴大紀款跡及查明臺
灣地方官兵聲名狼藉並查辦天地會及海洋
盜案各摺交富勒渾雅德閱看並嚴加訊問均
各伏地碰頭認罪容臣等另行定擬外謹錄取
供詞恭呈
御覽謹
奏
一問富勒渾雅德你兩人身為督撫在福建多
年屬員孫景燧董啟埏唐鎰等在臺灣任所貪
黷營私豈竟毫無聞見乃一味容隱並不及時
參辦以致激成事端又外洋地方盜刦時聞並
不嚴飭弁員隨時拏辦以致刦盜縱橫毫無忌
憚所司何事呢
據富勒渾供我於乾隆四十七年十二月內到
閩浙總督之任正值查辦臺灣械鬥一事彼時
我因聞係臺灣文武廢弛致有此案當將臺灣
鎮將府縣等一併嚴參拏交刑部治罪並於在
浙時節次札知新任鎮道府等務須實力整頓
以除積習不敢少有瞻徇若於孫景燧董啟埏
等貪黷營私等事稍有聞見查得實據焉敢代
為容隱不行據實參奏至外洋盜案我雖常在
浙督辦塘工會同閩撫等訪獲之案甚多又因
臺灣地方甫經辦理械鬬之後即劄飭新任總
兵等嚴行整頓營伍認真查拏盜賊以淨地方
俱有札稿案據可查今閱福康安等奏到各摺
始知該處洋面賊盜甚多臺灣官員貪婪不法
營伍廢弛實堪痛恨自係我在任時被屬員朦
混不能早為覺察實屬罪無可逭
據雅德供臺灣僻處海外地方緊要且民情刁
悍屢有械鬬巨案凡遇有調臺官員我莫不嚴
切諄諭囑其實心辦理四十七年十二月我在
福建巡撫任內因辦理漳泉械鬬一案曾會總
督富勒渾將臺灣鎮總兵金蟾桂及道府各員
參奏治罪並不敢少有徇隱若早知孫景燧董
啟埏唐鎰等在臺灣任所有貪黷營私情事我
豈肯不據實參奏貽誤地方至海洋盜案我飭
屬嚴拏隨時查辦節次俱有案可查今閱福康
安等查奏各摺始知該處地方官如此貪婪不
法洋面盜刦橫行肆無忌憚是我在任時竟形
同木偶毫無聞見這就是我的罪了尚有何辯
呢
又問富勒渾雅德你兩人於柴大紀在臺灣時
將派往戍兵責放私回內地貿易惟留延建等
兵在營當差而漳泉兵丁聽其在外營生開賭
窩娼販賣私鹽令其按月繳錢並格外勒索餽
送又到南北兩路巡查時需索夫價自六百圓
至四百圓不等及得受兵丁劉欽林長春甘興
隆等番銀謝禮拔補外委又將番銀借給糖行
黃姓二分起息等事如此貪婪不法你兩人安
坐省城豈竟毫無聞見乃通同徇隱並不據實
參奏以致營伍廢弛匪徒等得以乘機倡亂你
們當得何罪呢
據富勒渾供我於四十七年冬底到閩後彼時
即聞臺灣駐兵向來多有酗酒賭博及鎮將等（有賣令兵丁放賭販私等事遇飭新任鎮將等）
急應嚴行整頓痛改積習氣不復因柴大紀調
補臺灣看其人有綠營習氣不敢深信於往來
員弁到省時留心體訪並恐營員通同徇隱節
次劄飭道府等時加查訪倘有積弊不除廢弛
營伍等事即密行飛稟查辦若文武通同瞻徇
別經發覺必將不行稟報之道府一併嚴參並
將四十八年參辦楊廷樺馬鳴鑣左英之案通
飭臺灣各屬俾知警懼如果我於柴大紀貪劣
款蹟稍有風聞屬員等曾向我告知豈肯喪心
昧良代為徇隱不行據實參奏從前已節經供

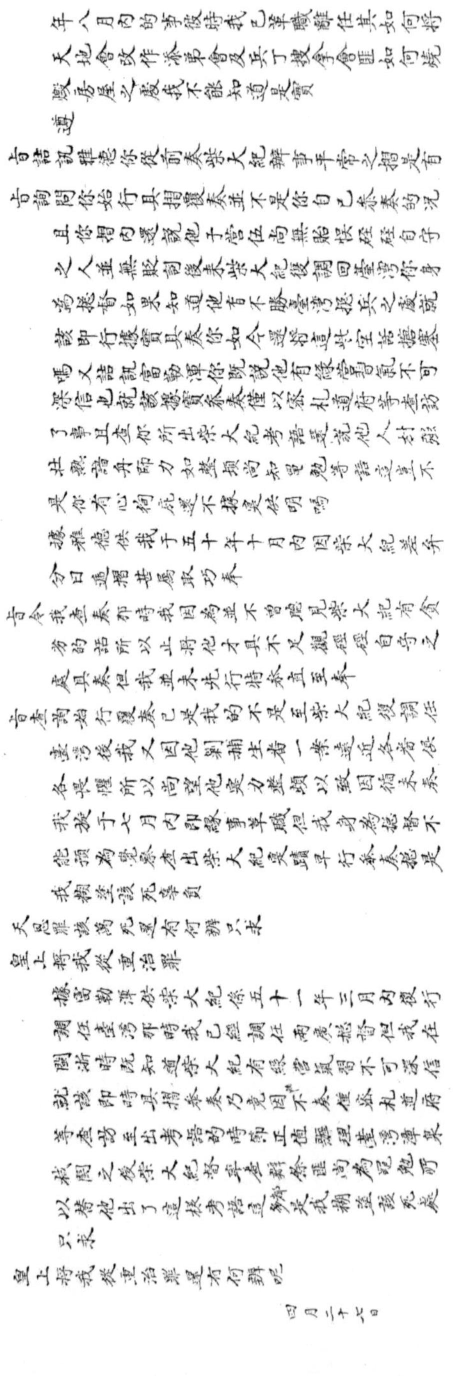

《上諭檔》，乾隆五十三年四月二十七日，富勒渾等供詞

兵民糾紛
──小刀會的由來及其社會衝突

　　臺灣為海疆重地，特設重鎮，其兵丁俱從福建內地調戍。但因臺地營伍廢弛，歷任總兵貪黷廢事，軍紀敗壞，戍臺兵丁不僅不能彈壓地方，反而助長了臺灣的社會動亂。康熙四十七年（1708）二月間，臺灣兵丁滋事喧譟。同年三月初三日，閩浙總督梁鼐等接獲福建水師提督吳英手字，略謂：

> 臺灣鎮標戍旗兵丁為賭博之事，有該鎮傳事領旗袒護隨丁，只責營兵，眾兵以其崇擅不公，赴該鎮呈訴。而總兵王元聽信先入之言，竟無發付，遂致眾兵誼譟，勒令罷市，赴道擂鼓，齊集較場。經道府廳縣暨臺澎貳協副將多方曉諭，眾兵勒要責革傳事領旗隨丁叁人，併保眾人日後無事，該鎮無奈依行，然後解散[1]。

　　兵丁賭博，風氣盛行。兵丁喧譟，動輒罷市。水師提督吳英已指出總兵官王元自從履任以後，日以沉酗為事，因受傳事領旗壅蔽，以致兵丁喧譟。王元出身「海盜」，熟悉海上情形，為人也有膽量，所以補授總兵官。但他做官平常，身患咯血病症，又輕躁嗜酒，以致諸事廢弛。當營兵與隨丁賭博爭鬧時，其傳事領旗袒護隨丁，擅責兵丁，眾兵呈訴王元，然而王元並未秉公處理，出言不善，於是引起營兵的公憤。

1　《宮中檔康熙朝奏摺》，第 1 輯（臺北，國立故宮博物院，民國 65 年 6 月），頁 611。康熙四十七年三月初四日，閩浙總督梁鼐奏摺。

由臺灣兵丁喧譟一案，可以反映營伍廢弛之一斑。閩浙總督
梁鼐具摺時亦指出總兵官王元年齒漸衰，調任臺灣以後，縱
酒誤事，舉動輕躁，難勝海外重任。但梁鼐同時指出臺灣驕
悍之風實不可長，兵驕將惰，惡習相沿，由來已久。梁鼐具
摺覆奏時指陳積弊頗詳，原摺有一段內容云：

> 閩省臺灣，海外重地，總兵一官，關係封疆，其員缺
> 尤為緊要，在閩人生長海濱，海上情形，或所熟悉，
> 而臺灣則兼統水陸，其重不尚在於水師，地方遼闊，
> 番社雜處，更須威望懾眾，持重得體，方足以資彈壓。
> 且以閩人而居此任，則其左右用事，必皆閩人，而親
> 戚知交到彼探望貿易，因而藉勢招搖，俱所不免，即
> 從內地調戍兵丁，其間亦多有本官同里共族之人，遇
> 事未免狗情，多致不公招議[2]。

臺灣設鎮戍兵，多用閩人，遇事狗情，所以閩浙總督梁
鼐認為臺灣總兵一員，閩人似非所宜。雍正年間，福建總督
高其倬具摺時亦指出福建本地人做本地武官後，多瞻顧鄉
情，討好眾人，並不嚴管兵丁，甚至多方庇護，形成風習[3]。
陳盛韶著《問俗錄》一書亦稱，「臺灣多漳、泉民，漳、泉兵，
至非姻族即同鄉，土音相對，聲氣相通。其上者操練暇日，
仍業工商；其次或開小典，或重利放債，即違禁非法，獲利
倍蓰者，靡所不為[4]。」

---

2 《宮中檔康熙朝奏摺》，第 1 輯，頁 841。康熙四十七年六月二十
　一日，閩浙總督梁鼐奏摺。
3 《宮中檔雍正朝奏摺》，第 6 輯（臺北，國立故宮博物院，民國 67
　年 4 月），頁 517。雍正四年九月初二日，福建總督高其倬奏摺。
4 陳盛韶著《問俗錄》（北京，書目文獻出版社，1983 年 12 月），頁
　134。

臺灣歷任總兵，深染綠營惡習，聲名狼藉，有玷官箴，對所管各營，多不督率操演，平日亦不能嚴格管束兵丁，以致營兵驕縱，游蕩曠玩。臺灣戍兵，規定三年更換，內地提鎮，於兵丁換班之日，雖然嚴加挑選，始行撥遣，然而各營挑選之兵不盡過臺，每有半途賄買頂替者。凡熟悉臺灣，積慣生事兵丁，前期換回，轉眼又到臺地，生事害民，不守法度[5]。

乾隆年間，臺灣兵丁頂替的情形，更加嚴重，各營自守備以上，例有旗牌、材官、伴當、管班四項目兵，在衙門內輪流當差。其千總、把總等官分管的兵丁，或在營汛，或守倉庫，其中漳、泉兵丁，因與漳、泉移民大半同鄉，言語相通，兵丁大多離營在外經營生理。各兵原無資本，多在街市售賣檳榔、糕餅，與民爭利，或編織草鞋，日積錙銖，作為添補衣履的費用。其中汀州府兵丁善於製造皮箱，或編織皮毯，所以多在皮貨舖中幫做手藝，賺取工資。兵丁日逐微利，閒散自由，憚於差操拘束，每月出錢三百文至六百文不等，僱倩同營兵丁替代上班，稱為包差，此項包差兵丁，以漳、泉、汀等府為最多。而且向來操防兵丁，多不按照內地原營歸整安設，一營之兵，分散數十處，以致各府兵丁多有包差情弊。由於兵悍民強，兵民糾紛案件，遂層出不窮，臺灣小刀會就是兵民糾紛下的產物。

小刀會的活動，見於內閣大庫《明清史料》、《宮中檔》硃批奏摺及《軍機處檔·月摺包》奏摺錄副等。從現存檔案可以發現乾隆七年（1742）已破獲小刀會案件。《明清史料》

5　《宮中檔雍正朝奏摺》，第 10 輯（民國 67 年 8 月），頁 396。雍正六年五月初六日，巡視臺灣吏科掌印給事中赫碩色等奏摺。

記載諭旨一道，其內容云：

> 奉上諭，閩省向來武備廢弛，兵丁久染惡習，而武弁
> 又復袒護姑容，即如漳浦縣殺死知縣一案，子龍小刀
> 會內即有兵丁連結，此則干犯法紀之尤甚者，著該督
> 撫提鎮嚴飭各將弁自今以後，務令約束兵丁，申明條
> 教。倘再有百姓不法之案，營兵在內指使牽連者，將
> 該管弁員即行糾參，從重議處，欽此[6]。

引文內「子龍小刀會」，據閩浙總督那蘇圖奏摺的敘述，是指「兵民結有小刀、子龍二會[7]。」乾隆年間，在小刀會活動過程中，兵丁確實扮演了重要的角色。

廣東潮州府屬饒平、大埔等地，與福建毗連，乾隆七年（1742）春末夏初，雨少米昂，民情惶惶。據潮州鎮武繩謨稟報：「風聞福建詔安縣地方，有不法之徒何指等，與白葉鄉陳作等聚眾拜把，經詔安營拿獲匪犯何指、歐二等，並先後起獲藤牌等軍器。」兩廣總督慶復具摺時亦稱：「閩境積習，奸民煽誘，拜把為匪，以致閩境之漳浦、詔安、平和等縣，風聞創有子龍、小刀等會名色，旋經漳浦訪拿，致有殺害縣令之事[8]。」

關於漳浦縣小刀會殺害縣令一案，據汀漳道陳樹著稟稱：「漳浦縣雲霄地方有小刀會，因本年三、四月間雨澤愆期，傳播訛言，驚擾愚民。經該縣朱以誠查有雲霄張姓一人，並和平縣張姓一人，小刀亦經起出，兩面有鋒。」閩浙總督那

6　《明清史料》(臺北，中央研究院歷史語言研究所，民國 61 年 3 月)，戊編，第 1 本，頁 74。

7　《康雍乾時期城鄉人民反抗鬥爭資料》(北京，中華書局，1979 年 8 月)，下冊，頁 624。

8　《康雍乾時期城鄉人民反抗鬥爭資料》，下冊，頁 622。

蘇圖查閱移交案卷時，見有護理巡撫張嗣昌會稿一件，內載「漳浦縣知縣朱以誠，於乾隆七年六月初三日在縣堂審事，被公廨內居民賴石持刀刺傷，即於本日身故[9]。」那蘇圖十分震驚，即刻飭令按查司嚴查致死實情。漳浦縣小刀會案發後，陸續發現小刀會成員多人，其中包括兵丁沈秦等四名，知縣朱以誠未被刺殺以前即行文雲霄營飭令將兵丁沈秦等四名解縣訊問，雲霄營游擊拒絕將沈秦等人解送縣衙。朱以誠認為沈秦等兵丁加入小刀會一事，未便置之不問，欲稟報上司處理。小刀會首領監生蔡懷等人深恐此案若經查明，禍必及己，遂指使小刀會內成員賴石於是年六月初三日持刀潛入縣衙內，在公堂上將知縣朱以誠刺殺[10]。蔡懷、李珠等人是小刀會的首領，因恐一併被拏，所以同謀指使賴石刺殺知縣朱以誠。根據同年七月初十日上諭記載，小刀會成員賴石將知縣朱以誠持刀刺割咽喉斃命[11]。縣民殺死知縣，即部民殺死本管官，此風不可長。漳浦縣小刀會的兇悍，對社會造成了重大的負面作用。

　　乾隆中葉，臺灣所破獲的小刀會，雖然是閩粵內地結盟拜會的派生現象，但是臺灣小刀會與漳浦縣小刀會並非一脈相承。漳浦縣小刀會成員中，兵丁扮演了重要角色，臺灣小刀會則為縣民因抵制兵丁而結拜小刀會，兵丁未加入小刀會，臺灣兵丁所扮演的角色，與漳浦縣營兵不同。臺灣小刀會的盛行是由於軍紀不良，兵丁欺凌百姓，百姓為求自衛，於是紛紛結拜小刀會。乾隆初年，彰化平原已成為重要的移

9　《康雍乾時期城鄉人民反抗鬥爭資料》，下冊，頁621。

10　秦寶琦著《中國地下社會》（北京，學苑出版社，1994年1月），頁201。

11　《康雍乾時期城鄉人民反抗鬥爭資料》，下冊，頁624。

墾重心，流動人口，與日俱增。為了彈壓地方，清廷在彰化
縣境內多設兵丁。但因兵悍民強，兵民糾紛案件，遂層見疊
出，彰化小刀會就是兵民糾紛下的產物。乾隆三十七年（1772）
正月間，彰化縣大墩街民林達因賣檳榔，被汛兵強買毆辱，
林達遂起意邀同林六、林水、林全、王錦、葉辨、陳畝、林
掌、楊奇、吳照、盧佛、盧騫、林豹、李水、陳倪即陳霓、
李學、林貴、許攀等十八人結為一會，相約遇有營兵欺侮，
各帶小刀幫護[12]。地方人士以林達等十八人竟敢與兵丁相抗，
大如王爺，而稱他們為十八王爺。因林達等人各帶小刀幫護，
而被稱為小刀會，又稱王爺小刀會。後因林達與賴焰等人買
柴角毆，赴彰化縣城告驗，先後行文移究，官方始知十八王
爺及小刀會之名。但彰化縣知縣張可傳差拘林達等到案訊
問，林達等供認與賴飲等爭買牛肉起釁，並非因買柴角毆，
亦無十八王爺名目及小刀會確據，於是將林達等分別枷責完
案。

　　彰化地區的經紀小民，為抵制營兵，彼此模倣，各結小
刀會。乾隆三十八年（1773），彰化縣民林阿騫邀同黃添、陳
帶、陳比、黃崑山等五人結拜小刀會，後有黃江即周江入會，
共計六人，相約各備小刀防身，如遇營兵及外人欺侮，各執
小刀幫護，外人畏其威勢，視小刀會成員大如王爺。以林達
為首的十八王爺小刀會，後因會內成員林水等先後死亡而散
去。另由會中成員林六另邀林媽、林陶、林韮、楊進等五人
另結一小刀會。另有縣民林文韜又招同林踏、王涼水、蘇海
等各聯一會，嗣後彰化地區結拜小刀會，遂蔚為風氣。

12　《宮中檔乾隆朝奏摺》，第 55 輯（民國 76 年 11 月），頁 859。乾
　　隆四十九年四月二十九日，福建水師提督黃仕簡等奏摺。

　　乾隆三十九年（1774）以後，又有陳纏、馮報等各結小刀會。乾隆四十年（1775）十月，臺灣府知府蔣元樞訪拏小刀會成員林達、李水、許樊、黃添、陳帶、陳比、黃崑山、林栢、葉辦、王錦等人，行文彰化縣解究。彰化縣知縣陞任淡防同知馬鳴鑣另外訪拏盧佛、楊奇、林六、林阿驀等差拘到案，究明結會情實，審擬具詳臺灣府，經知府蔣元樞批示枷責完案，責成鄉保嚴加管束，倘若再犯，則倍加究辦。此後數年內，小刀會的活動，略為收斂。

　　乾隆四十四年（1779）以後，彰化地區的小刀會活動，復趨活躍。是年有彰化縣民盧講等人先後聯結小刀會的活動。乾隆四十五年（1780）七月二十九日，興化營兵丁洪標與同伍兵丁陳玉麟等同往彰化潭田地方公祭遠年平番陣亡兵丁。因舊時設祭之處，已被縣民楊振文在原地新蓋房屋，洪標等即在楊振文門首擺列祭品。楊振文率眾阻止，將祭品搶散，兵丁陳玉麟與楊振文毆鬥，各營兵亦一齊抵拒。兵丁鄭高先被楊振文毆傷，即回營攜取鳥鎗施放，誤傷販賣某物的街民林水腿肚，林水赴縣衙呈控。彰化縣知縣焦長發差拘陳玉、鄭高等犯到案，杖責發落，旋經黃文侯調處，令楊振文出番銀一百五十圓給陳玉麟等買地起造祠屋，兩絕爭端[13]。但營兵挾林水赴縣衙控驗之嫌，屢次蹧蹋擾累民人，林水氣忿，即於乾隆四十五年（1780）九月間邀同孫番、楊報、林葵等共四人復結小刀會，亦相約如遇營兵欺凌，彼此攜帶小刀幫護。

　　兵丁吳成是福建龍溪縣人，充當漳州鎮左營兵丁。乾隆

13　《宮中檔乾隆朝奏摺》，第 58 輯（民國 76 年 2 月），頁 212，乾隆四十八年十一月十二日，福建巡撫雅德奏摺。

四十四年（1779），吳成赴臺換班，派撥彰化縣城守汛，即與
同伍兵丁張文貴夥開估衣店。乾隆四十六年（1781）十一月
十五日，兵丁黃文水向吳成索欠爭鬧，有民人林文韜與堂叔
林庇出勸，因林文韜等袒護黃文水，吳成忿恨，將林庇推跌，
林文韜趕助林庇，欲毆吳成，吳成跑脫。是晚，吳成攜帶鳥
鎗，糾約同伍兵丁楊祐等人前往林庇店房尋釁。林庇、林文
韜走避，吳成等用石塊擲毀林庇店屋，適有理番廳役陳尚即
陳才經過，吳成疑其幫護林庇，即施放鳥鎗，中傷陳尚頷頰
等處。林文韜不甘，即於次日邀約王洪等前往吳成所開估衣
店報復，適吳成外出，店夥張文貴出而爭罵，被王洪持刀砍
傷腦後右太陽穴等處，林文韜隨後搗毀吳成店內桌椅等物，
並搶去衣服十餘件，張文貴報經彰化縣知縣焦長發驗傷。知
縣焦長發差拘林文韜等到案，訊明兵民爭鬥屬實，焦長發乃
將林文韜等分別枷責，但應究兵丁吳成卻未拘解到案。同年
十二月，臺灣府知府蘇泰提解林文韜到案時，林文韜因病取
保就醫，病癒後潛回彰化。

　　乾隆四十七年（1782）六月十五日晚，吳成等撞遇林文
韜，復挾前嫌，將林文韜擒入營盤，由吳成揪住林文韜髮辮，
曾篤騎壓林文韜身上，兵丁楊祐用小刀戳傷林文韜右眼成
瞎，兵營員弁並未查明詳報，竟置之不問。同年八月二十三
日，彰化莿桐腳庄演戲，有漳州籍移民在庄內開設賭場，三
塊厝小刀會成員黃添是漳州籍移民，他與泉人賭博，泉人賭
輸，因其所出番錢銀色低潮，彼此爭鬧，黃添之子黃璇等糾
眾毆斃居住秀水庄的泉人廖老，泉人謝笑即謝湊等倡議傳帖
知會各泉州庄相幫，終於擴大成為大規模的泉、漳分類械鬥。

　　福建巡撫雅德等具摺時，曾將乾隆三十九年（1774）至

乾隆四十七年（1782）歷年加入小刀會者開列姓名奏報，包括：陳纏、馮報、張元、曾順、陳察、盧講、陳由、陳政、陳章、王洪、王天富、王量水、蔡馬川、黃尾即縣役林穆、郭秋、陳握、趙番、林水、孫番、楊報、林葵、溫聰、陳溪、林路、藍絨、鄭溜、鄭思、洪勳、楊範、陳遠生即縣書辦陳文、林栢即理番廳役林興、楊侯、沈維純、游尚、吳鳳、劉廷科、林楊樹、盧全、胡湳、陳六雍、陳周甫、陳諳章、黃待、黃全、陳尚即理番廳役陳才、陳栢、黃新、蘇鳳等四十八名。其中含有多名衙役，例如黃尾是彰化縣衙役，陳遠生是彰化縣書辦，林栢、陳尚是理番廳衙役，這些人也加入了小刀會，兵役不和，也反映悍兵肆虐的日趨嚴重。小刀會盛行於臺灣的主要原因，主要就是由於清代營伍廢弛及兵丁貪黷牟利累民歛怨所致。福建水師提督黃仕簡等奏覆臺灣小刀會起因時已指出，「緣彰邑城內兵民雜處，兵悍民強，各不相下，由來已久，而小本經紀之人，歷被營員短價勒買，遂各聯同類，藉以抵制[14]。」多羅質郡王永瑢等議覆臺灣小刀會結會緣起時亦稱：「查臺灣一府，地居海中，番民雜處，是以多設兵丁，以資彈壓。乃兵丁等反結夥肆橫，凌辱民人，強買強賣，打毀房屋，甚至放鎗兇鬥，以致該處居民，畏其強暴，相約結會，各持小刀，計圖抵制，是十餘年來，小刀會之舉，皆係兵丁激成[15]。」臺灣小刀會的成立，確實是百姓等為了抵制戍臺兵丁的肆橫凌虐而紛紛結拜小刀會。

　　臺灣小刀會的活動，雖然由來已久，但它受到朝廷的重

14　《宮中檔乾隆朝奏摺》，第 55 輯，頁 858。乾隆四十八年四月二十九日，福建水師提督黃仕簡等奏摺。

15　《軍機處檔・月摺包》，第 2776 箱，140 包，33320 號，乾隆四十八年七月初一日，多羅質郡王永瑢奏摺錄副。

視，是在乾隆四十七年（1782）以後，是年，福建水師提督
黃仕簡等因渡臺查辦彰化泉、漳分類械鬥案件，始注意到臺
灣小刀會的盛行。乾隆四十七年（1782）十二月二十八日，
福建水師提督黃仕簡與按察使銜福建臺灣道楊廷樺聯銜會奏
時，附陳訪獲小刀會首夥林阿騫等緣由，其原摺略謂：

> 訪聞彰化縣城西南門外有王爺小刀會名目，查係匪徒
> 藉名父母會，三五成群，遇有會內人父母身故，各助
> 銀一圓，米一斗，以資喪費。該匪徒又各置小刀一把，
> 隨帶防身，凡會內與人爭鬧，即持刀群赴相幫，鄉愚
> 畏威驚避，是以指小刀會人為王爺，謂其大如王爺，
> 不敢相犯，非小刀會之外，另有王爺會。此等棍徒，
> 即係流匪，俗呼羅漢腳，多係遇事持刀逞兇，亟應嚴
> 挐究辦盡絕，業經查開名單，飭屬挐獲林阿騫、陳遠
> 生、蔡馬川等十六名，仍在跟捕黨夥[16]。

引文中所稱小刀會藉名父母會，遇有會內人父母身故，
各助番銀一圓，米一斗，以資喪葬費用云云，是影射臺灣父
母會的性質及其社會功能。小刀會的宗旨，主要也是強調內
部的互助，但就其性質及類型而言，則是屬於抵制營兵的民
間自衛組織。小刀會的起源，並非藉名父母會。因臺灣查辦
父母會案件在前，查辦小刀會案件在後，因此，福建地方大
吏具摺時遂謂小刀會藉名父母會。福建晉江縣人張標向在臺
灣鹿仔港賣米生理，乾隆四十七年（1782），張標之子張攀曾
至臺灣，旋返原籍。據張攀供稱：

> 前在臺灣，聞父親張標說，漳、泉匪類，名為羅漢腳，

16　《宮中檔乾隆朝奏摺》，第 54 輯（民國 75 年 10 月），頁 586。乾
　　隆四十七年十二月二十八日，福建水師提督黃仕簡奏摺。

還有三五成群，結盟拜把，遇事和人打架，大家就挈
了小刀相幫，因此叫做小刀會，人皆怕他，都說他們
是王爺一般，不敢輕惹，想來父親信內說王爺小刀會，
就是這話，實在那個為首，在那地方？不得知道[17]。

羅漢腳是流動人口中的一種游民，因無家室，三五成群，
結盟拜把，成為秘密會黨的主要來源。彰化漳、泉分類械鬥
期間，有漳、泉移民黃再、周烈等人自臺灣逃回福建內地被
挈獲，軍機大臣遵旨寄信福建督撫等將黃再等人嚴切審訊，
因何有小刀會名目？起自何時？乾隆四十七年（1782）十二
月二十三日，閩浙總督富勒渾等奉到寄信上諭後，即督率在
省城的司道將在押各犯張攀、黃再、周烈等人隔別嚴訊，均
供稱小刀會不知起自何時？福建水師提督黃仕簡等具摺時亦
指出經過深入查訪後，臺灣小刀會名目確實不知起自何時。
檢查小刀會案件，係起自乾隆三十七年（1772）。統計小刀會
黨夥共八十名，先後緝獲首夥共三十三名，內除林阿騫即林
阿賽、黃添、陳帶、陳比、黃崑山、林媽、林六、林陶、楊
進等九名因參加彰化漳、泉分類械鬥審有攻庄殺人情罪較重
先後正法梟示外，其餘林豹等二十四名，已於乾隆三十九年
（1774）押解福州審擬。其續獲各犯，俱經審擬重處。乾隆
四十八年（1783）四月二十九日，福建水師提督黃仕簡等具
摺奏明審擬緣由。黃仕簡等審擬小刀會首夥各犯時所援引的
律例為：「查例載：結會樹黨，陰作記認，魚肉鄉民，凌弱暴
寡者，不論人數多寡，審實將為首者照兇惡棍徒例發雲貴兩
廣極邊煙瘴充軍，為從減一等；各衙門兵丁胥役入夥者照為

---

17 《宮中檔乾隆朝奏摺》，第54輯，頁358。乾隆四十七年十二月
　　初九日，福建巡撫雅德等奏摺。

首例問擬。」當臺灣府將小刀會各要犯審擬解勘後，黃仕簡
等覆鞫究詰，查無歃血焚表飲酒立簿及造刀散給別情，因此，
摘錄乾隆二十九年（1764）所修訂的條例要點，而將林文韜、
陳纏、盧講、王洪、黃尾即縣役林穆、林水、溫聰、鄭恩、
林栢即理番廳役林興、吳鳳、胡湳、陳尚即理番廳役陳才、
陳察等十三人定為首謀結會逞兇之徒，俱與入夥的廳縣胥役
陳遠生即陳文等共十四名照例發雲貴兩廣極邊煙瘴充軍，從
重改遣伊犁等處給種地兵丁為奴，夥犯林豹、吳照、盧騫、
黃江即周江、蔡馬川、趙番、鄭溜、楊侯、沈維純、蘇鳳等
十名，因均非「善類」，若照為從減等杖徒例仍留本省，恐致
生事擾良，俱從重按照兇惡棍徒例發雲貴兩廣極邊煙瘴充
軍，以示懲創；兵丁楊祐即楊進德用刀剄瞎林文韜右眼，曾
篤即曾國耀幫同騎壓，兇橫不法，未便僅照瞎人一目首從科
斷，楊祐、曾篤均照兇惡棍徒例充軍，俱從重改遣伊犁等處
給種地兵丁為奴。小刀會案犯林達、林水、林全、王錦、葉
辨、陳畝、陳由、陳章、林踏、王涼水、王天富、王量水、
郭秋、楊報、林葵、陳溪、林路、藍絨、陳六雍、陳周甫、
陳諳章、黃待等二十二名，已先後身故。林貴、林掌、楊奇、
盧佛、李水、陳倪、李學、馮報、張元、曾順、陳政、蘇海、
陳握、孫番、洪勳、楊範、游尚、劉廷科、林楊樹、盧全、
林韮、黃全、陳栢、黃新等二十四名逃逸未獲。至於兇兵吳
成、陳玉麟、鄭高、洪標、王妙、張文貴、蔡江、楊順、許
綿等九人及應訊兵丁林得光、高壽、盧得高、林淦、林國龍
等五人，或因先後班滿，或已革糧回籍，均未究辦[18]。黃仕簡

18　《宮中檔乾隆朝奏摺》，第 55 輯，頁 860。乾隆四十八年四月二
　　十九日，福建水師提督黃仕簡等奏摺。

等原摺於乾隆四十八年（1783）六月二十六日奉硃批：「留京
王大臣會同三法司核擬速奏」。同年七月初一日，多羅質郡王
永瑢、刑部尚書喀寧阿、署都察院左都御史德保、大理寺卿
富炎泰等遵旨議覆。同年七月初三日奉旨，其旨意如下：

> 此案兵丁楊祐、曾篤屢次糾人挾嫌爭毆，並用刀剜瞎
> 林文韜右眼，實屬兇橫不法。且林文韜等因素被兵丁
> 欺凌，希圖抵制，該處小刀會即由此而起。是楊祐等
> 實為此案罪魁，自應從重定擬。乃黃仕簡等僅照尋常
> 爭毆折傷人肢體者一律科斷，殊屬輕縱，黃仕簡、楊
> 廷樺著交部議處。前因臺灣械鬥一案，黃仕簡等查辦
> 妥協，曾交部議敘。今於審擬楊祐等罪名，失之輕縱
> 議處，亦所應得。朕於諸臣功過，悉視其人之自取，
> 從不肯畸輕畸重於其間也。楊祐、曾篤俱著即處絞，
> 餘依議，欽此[19]。

　　臺灣戍兵，兇橫不法，欺凌民人，為圖抵制兵丁，小刀
會遂由此而起。蕭一山撰〈天地會起源考〉一文稱，「天地會
的名稱不一，普通所稱之三合會、三點會都是它的別名。後
來的清水會、匕首會、雙刀會、鉢子會、告化會、小紅旗會、
小刀會、劍仔會、致公堂，以及哥老會、青紅幫等都是他的
分派。但它原來的總名，對外則稱天地會，對內則自稱洪門[20]。」
不論福建內地或臺灣地區，小刀會案件的破獲都早於天地
會，所謂小刀會等都是天地會分派的說法，是不足採信的。
陶成章撰〈教會源流考〉一文所稱小刀會是由大刀會演變而

19　《軍機處檔‧月摺包》，第 2776 箱，140 包，33320 號。乾隆四十
　　八年七月初一日，多羅質郡王永瑢等奏摺錄副。
20　蕭一山撰〈天地會起源考〉，《近代秘密社會史料》（臺北，文海出
　　版社，民國 64 年 9 月），卷 1，頁 4。

來，福建小刀會又由三點三合會之慕小刀會名而改稱云云[21]，同樣也是不足採信。臺灣小刀會是屬於閩粵系統的秘密會黨，它的起源，與閩粵地區的異姓結拜及宗族械鬥活動，有密切關係。漳州小刀會案件的破獲始於乾隆初年，臺灣小刀會案件始於乾隆中葉，都早於三點會或三合會，將小刀會與民間秘密宗教混為一談，是明顯的錯誤。

　　秦寶琦撰〈臺灣學者對天地會小刀會源流研究述評〉一文指出，從張攀供詞等有關臺灣小刀會活動情況的史料來看，俱不像是天地會系統的秘密結社。再從最早到臺灣傳播天地會者嚴煙的供詞中可知，他是在乾隆四十八年（1783）渡臺，在漳化開設布鋪，時常引人入天地會。乾隆四十七年（1782）天地會尚未傳入臺灣，可見當時臺灣的小刀會，並不是屬於天地會系統的秘密結社。既然乾隆七年（1742）、乾隆四十七年（1782）的小刀會活動，並不具備天地會的特色，「不屬於天地會系統，也就不能據此把小刀會的創立時間，提早到乾隆七年或乾隆四十七年了。」原文結論指出，「乾隆七年、乾隆四十七年的小刀會，不屬天地會。道光二十九年、三十年廈門小刀會雖屬小刀會系統，但非最早者，故不能作為小刀會的起源。屬於天地會系統的小刀會，乃是乾隆五十九年臺灣彰化鄭光彩等人創立的」[22]。就臺灣地區而言，天地會傳入臺灣，最早時間確實是始於乾隆四十八年（1783）以後，以天地會傳入臺灣的時間作為分水嶺，將臺灣小刀會歷史分為不屬於天地會系統的小刀會與屬於天地會系統的小刀

21　陶成章撰〈教會源流考〉，《近代秘密社會史料》，卷2，頁7。
22　秦寶琦撰〈臺灣學者對天地會小刀會源流研究述評〉，《清史研究集》，第2輯（北京，中國人民大學出版社，1982年6月），頁311-313。

會，是可以接受的方法，譬如乾隆三十七年（1772）至乾隆
四十七年（1782）彰化各起小刀會案件，都是屬於非天地會
系統的小刀會，乾隆五十九年（1794）彰化鄭光彩等人結拜
的小刀會案件，可以歸屬於天地會系統的小刀會。但無論天
地會系統或非天地會系統的小刀會，都可以說是屬於閩粵系
統的秘密會黨，例如乾隆七年（1742）漳浦小刀會案件及乾
隆三十七年（1772）以來臺灣彰化等地小刀會案件，都是屬
於閩粵系統的小刀會。探討閩粵系統的小刀會，不可忽視漳
浦、彰化各起小刀會案件。將鄭光彩等人所領導的小刀會，
作為屬於天地會系統內小刀會的起源，雖然可以接受，但是
因乾隆七年（1742）、乾隆四十七年（1782）的小刀會活動不
屬於天地會系統，而認為「不能據此把小刀會的創立時間，
提早到乾隆七年或乾隆四十七年」的論斷，既不客觀，亦不
符合歷史事實。就閩粵系統的小刀會源流而言，乾隆初年的
小刀會，與清代後期的小刀會，就是小刀會從早期到晚期的
演變，忽視早期小刀會的活動，確實無從客觀的論證小刀會
的起源與發展。

奏為奏

聞事竊臣等欽奉

諭旨閩省漳泉臺灣各案俱關緊要責成實力查辦

等因伏思匪徒滋事深為地方之害臣等仰荷

天恩俾廥重寄敢不力圖搜捕以期戢奸究而靖閭

閻臣雅德駐劄廈門嚴督地方官多帶幹役會

營實力查拏臣永德復同降調提臣李奉堯親

率將弁於泉州海口要臨處所嚴密盤緝先後

共獲自臺潛回內地之周烈等三十四名當即

移究臣雅德飭委糧道沈元振逐一審訊明確

臣永德復由蚶江安海馬巷等沿海一帶巡緝

於十二月初一日行抵廈門會同臣雅德悉心

酌核凡有實因本身事業回籍或曾經保護本

庄因匪徒肆橫之後生理艱難無可偹迓渡還

福州將軍兼署陸路提督臣覺羅奇臣跪

福建巡撫臣雅德跪

故里訊無不法情事者分別保釋外惟查有周

烈陳設林惟陳送蘇送黃卿許開等七犯或隨

同械鬭或被脅燒庄各供訊不諱雖堅稱並

非為首糾眾亦無殺官搶掠等事但皆一面之

詞難保無避重就輕不盡均須徹底根究

又陳設供出在臺泉民械鬭之頭人施椿林惟

供出糾泉之頭人黃鏗林湊又許開供出同往

燒庄之李然李遠李聰李老李輝又陳送蘇送

供出隨同詹堆觀蘇琴蘇老高愷高甫吳棟燒

庄又有未經同行之林他供出諸羅縣漳民翁

裕光散粟散銀守庄等事查該犯所供黃鏗等

均係案內為首重犯俱應嚴挐審擬速正典刑

以彰

國法又盤獲晉江縣民黃再一名據供係在臺

患病回家惟於隨帶行李內搜出張源記托寄

家信一封當經拆閱書內叙述彰化情形有大
里村林姓倡首攻番仔溝漳人林阿將兄弟及
許武舉人倡首有分現今筭鎖縣監又番仔溝
倡首謝湊官破銀一千二百圓買其孀一身
免提收監并有彰化王爺小刀會等語甚堪駭
異當向黃再根訊據稱張源記書信係張標交

托伊兄黃姜付其帶囬伊於本年五月甫經到
臺旅因得病臥床那王爺小刀會名色並沒聽
見實不知道又傳張標在籍之子張攀到案據
供前在臺灣關父親張說漳泉匪類名為羅
漢脚還有三五成羣結盟拜把遇事和人打架
大家就筭了小刀相帮因此叫做小刀會人皆

怕他都說他們是王爺一般不敢輕惹想來父
親信內說王爺小刀會就是這話實在那個為
首在那地方不得知道如今父親張標現在臺
灣只求查問復將林他等再四訊僉稱聽得
臺灣小刀會名色原是有的都是些羅漢脚各
自三五成羣並没有那個叫做王爺實在那個

為首那個是在會內無從指出等語竊思小刀
會名目久干嚴禁該地方官平日因何並不查
筭究報其王爺小刀會之說是否實有為首不
法之人至謝湊官出銀買故雖有書中之語
諒非無因該犯既係番仔溝倡首之人罪關重
大豈容漏網現在曾否緝獲是否差役賄縱抑

係官吏營私必須窮究至所稱許武舉人倡首
有分隨訊據歸來之黃秀供稱有武舉許國標
聞係大呌山為首之人現已被筭等語但查臺
灣已獲各犯並無許國標及林阿將彰化許首
果否被筭亦應確查又臣等查詢彰化許首之名
由僉稱事因賭博而前據臺地來筭俱稱着戲

角口顯有膝捏以上種種情節均關緊要急須
嚴密推求務期水落石出臣等現獲各犯供
詞並所供各首犯姓名及書內各種情逐一
開明飛咨提臣黃仕簡並飭該道楊廷樺迅速
查筭逐層跟究不容稍有隱漏分案查辦從重
定擬臣等現在督飭各口嚴密盤詰將來獲犯

自多如審有為首鈄泉傷官焚搶之犯立即審

擬具

奏不使稍稽顯戮如係為從及別有情節隨時飭

查明確歸案辦理外所有臣等盤獲內渡人犯

及究出各情現飭查辦緣由謹合詞恭摺奏

聞至黃再擕帶張標原書多係家務瑣碎之語謹

將閩倮地方情節逐一摘敘另繕夾單恭呈

御覽再臣永德仍由沿海臨口一帶督緝凡有潛回

臺匪不使縱漏至馬巷廳林耀案內尚有林允

得等五犯未獲臣等現在嚴督緝孥前任提臣

李奉堯亦於海口及馬巷廳各境會同協緝合

併陳明伏祈

皇上睿鑒謹

奏

乾隆四十七年十二月　初　日

《宮中檔》，乾隆四十七年十二月初九日，雅德等奏摺↑

福建水師提督一等海澄公臣黃仕簡
按察使銜稱福建臺灣道攺臣楊廷樺謹

奏為欽奉

上諭覆

德建水師提督黃仕簡傳諭按察使銜臺灣

道楊廷樺乾隆四十七年十一月二十九日奉

上諭據黃仕簡奏抵臺查辦漳泉庄民械鬥一案光

後孥嚴要犯多名奏請王命正法各於犯事地方

傳首示眾甚為妥名犯現在查孥務獲解審等

語所辦甚好己於摺內㧴示同日又據雅德奏到

此案在雅德不過因朕旨嚴諭為此敷衍奏報斗

自不若黃仕簡之身在臺灣查辦此事者之切實

詳盡者來此案先後獲犯及辦理情形己有七八

成未必致更生事端但尚有未獲聚首要犯

謝笑等并飭官重犯張石唐發張琳現在貿否就

獲並此外餘黨不可不盡行搜解務獲以靖根株

臺灣孤懸海外尤非內地濱海要區可比此等匪
類若不多辦散人不足以靖海疆而徹兇頑著傳
諭黃仕簡楊廷樺徹底跟查務將未獲聚眾戕官
各犯逐一擒獲從重懲治永除後患至閩省自陳
輝祖任意督以來一味營私年利武格廢弛已極
富勒渾赴閩後不可不嚴加整頓即如雅德摺內

稱據金蟾桂來札擒獲流匪六名內洪鍾一犯訊
像曾在笨港焚搶富即正法餘犯挿箭示眾等語
此等兇徒自應分別嚴辦何得以挿箭示懲了事
再李奉先秦漳浦縣民黃茂鎗傷六役聞警自焚
身死一案此等奸民既敢拒捕傷兵馬知不梏默
焚斃情形布圍鬼脫前經降旨諭知該撫等詳悉

勘查取有確實憑據尚未據雅德覆奏者再傳諭
富勒渾等務須留心察訪檢驗確實毋得稍存瞻
沈了事之見倘該犯未經焚斃將來別經拏獲惟
該督撫是問恐不能當此重戾也以後臺灣奏此
事著黃仕簡之次楊廷樺一併列名將此由六百

里加緊各傳諭知之欽此遵

音寄信前來同日奴才黃仕簡並接到具
奏摺臺查辦情由一摺恭奉

硃批汝此去甚是所辦亦好茲惟剩餘奴才
行搜挐以靖根株餘有旨諭欽此竊然本案奴才
等自到臺後隨赴諸羅嚴督文武兵役窮搜密
捕共獲三百六十五犯先後恭請

王命就諸羅笨港地方訊實首惡兇匪情罪最重
之要犯分別正法共一百十一名民情帖服安
定並無再敢滋事節經街會

奏在案嗣於十二月二十日自笨港起程沿途查
省各難民多已歸庄修復舊廬收穫地尺花生
蔬菜雜植田土多已翻犁並有撒種出秧者市

肆開張貿易氣象如常寧靜於二十一日抵彰
化縣城查此案起釁回彰化縣屬劉桐卿鄉本
年八月二十三日演戲因貼角口泉民廖老被
漳人黃添之子黃墩等毆斃鎗時泉眾不知兇
手何人以劉桐卿在起舋就地搶開以致漳民
不服亦會齊過溝仔等庄前往幫設連日互相

搶奪欲行械鬪經營各縣查等各散黃添等因泉
人衆多恐難抵禦私約漳庄大里杙林姓於八
月二十九日出庄連攻番仔溝過溝仔新庄仔
鹿仔港等庄俱被阻回己有解散之勢又係己
正法之漳匪黃添等私留大里杙庄民守護俟
庄大里杙庄民林懍即林士謙於九月初六日
復斜衆出庄四鄉羅漢腳從而附和其在逃番
仔溝庄衆人謝笑籍詞幫護鹿仔港等庄鄉親
亦黨衆互開乘搶殺從茲此散彼聚延及貓
霧捒之犁頭店葫蘆墩沙轆大肚街牛罵頭并
大武郡燕霧東西螺海豐港等庄各保
庄肆害月餘影邑被援大小村庄約二百餘處
懷控殺命者己有數百命甚至殺死把總林審
是大里杙之漳匪與番仔溝之泉匪作惡甚
而大里杙漳匪首先聽邀攻庄尤為起事首惡
若不大加懲創實無以儆兇惡而安良善查大
里杙漳庄林姓族大丁多素屬強悍鄉里側目
住近山腳分為三庄另內木柵一處緊連生番

地界尤為險僻其內快官庄為泉民戕殺汛弁
林審之所以奴才等於二十五六等日赴大里杙
快官庄等處嚴督搶殺大里杙漳匪九十五名
並搜出鐵鍋錦鎗半斬刀等兇又拏獲快官
庄泉匪十四名又先經訪聞彰化縣城西南門
外有王希小刀會名目係匪徒籍名父母會
三五成羣遇有會內人父母身故各助銀一員
冰一斗以資喪費該匪徒又各置小刀一把隨
帶防身凡會內與人爭鬪即持刀擁赴相幫鄉
愚畏戚驚避是以指小刀會人為王希謂其大
如王爺不敢相犯非小刀會之外另有王爺會
此等棍徒即係流匪呼羅漢腳多係遇事持
刀逞兇逞應嚴挐究辦盡起業經查開名單飭
傷拏發林阿騫陳逵生蔡馬川等十六名仍再
跟捕黨影奴才等回至彰邑經府歷縣連夜審
訊解勘先將供認焚搶殺命情罪最重之大里
杙等庄克匪林明林在起提黃亥老易祿陳賓
黃文沈唐與攻庄殺命之小刀會克匪林阿騫

共犯匪九名於十二月二十七日恭請

己先後拏獲現飭嚴訊虛實分別定儗辦理外
餘犯並即按名逐一嚴拏歸案分別妥速審定
完結以期永靖海疆俯副
聖主除匪安良至意現在彰化地方安帖其餘臺營
均各寧謐所有欽奉
諭旨遵辦及到彰辦理情由理合聯銜恭摺由六百

王命監視正法梟首示衆仍上緊督拏未獲餘黨又
歿弁案內之張主忠鄭全張克及張石唐發早
己就擒正法其謝笑一犯查己潛回內地張琳
即己正法張石之弟亞設法購線嚴加偵捕務
期按名全獲究明從重懲治勿使一名漏網又

草職臺灣鎮金塽桂僅將所獲匪民吳說等五
名捆菊輝放實屬輕縱現飭拘回解究再臺匪
因屢行查拏恐有四散寬逃先極移行臺屬及
內地各廳察堵緝近接撫臣椎德來咨盤獲
自臺潛回內地之周烈等三十四名查有周烈
陳設等七犯或隨同械鬥或被齊燒在升據供

出在臺城鬥之頭人施樁黃鑿林湊同住燒在
之李㷀等及發粟散銀産人守左之翁裕光倡
首攻左之林阿將兄弟謝湊官武粟許國㮣升
小刀會人犯等因查翁松光發粟散在人守
庄被害衆人控其聚匪肆虐武粟許國㮣亦被
人控指為首主使械鬥之死奴才等到臺均先

奏
奏伏乞
皇上睿鑒謹
里馳驛慶

臣奏 俟奏 餘名奏謹

乾隆肆拾柒年拾貳月　貳拾捌
日

《宮中檔》，乾隆四十七年十二月二十八日，黃仕簡等奏摺

福建水師提督一等海澄公奴才黃仕簡
按察使銜福建臺灣道奴才楊廷樺謹

奏為

奏明先後督獲小刀會匪就犯先辦事竊奴才等

於上年十二月二十八日會

奏欽奉

諭旨遵辦及到彰辦理情由摺內附陳訪獲小刀會

硃批覽奏俱悉餘有旨諭欽此又於本年正月二十

七日接奉

廷寄

上諭據永德奏歷次盤獲自臺灣逃回之漳泉民人

周烈等七名逐一訊問供有曾經械鬪或隨眾放

火焚庄各情節又於黃再帶回書信內查有影化

王爺小刀會之語現在飛咨督撫覆訊嚴等語

該犯等在臺緊急械鬪滋事己屬兇橫乃敢稱影

化王爺及小刀會等名目尤為可惡自當嚴加根

究其不法情事著傳諭富勒渾速提該犯嚴切審

訊因何有此等名目起自何時現在有無黨羽迅

速查拏即行定擬具奏幷諭黃仕簡等將此案餘

黨按名搜捕務盡根株從重辦理再黃仕簡等前

往臺灣之後魯經一次教獲犯查緝情形迄今

又隔旬餘何以未據續奏著傳諭該提督等現將

在查辦情形及兇犯曾否全行就獲之處迅速由

六百里加緊慶奏將此由六百里加緊諭令富勒

渾等並諭永德知之欽此遵

旨寄信前來欽遵在案正月二十八日及三月內

督撫二臣疊次咨行確查因何有此等王爺小

刀會名目起自何時查拏黨羽有無效尤焚搶

戕命名目確情俟重辦理務盡根株幷以首犯謝

笑之子謝長尚須在臺正法陳達生等自當就

近辦理毋庸解省等因奴才等伏查本案起自

乾隆三十七年林達等十八人其三四八九等

年以至四五六七等年或三四人或五六

人各聯一會遇事持刀幫護統計會匪共八十

名先後緝獲首影共三十三名內除林阿騫即

林阿賽黃添陳帶陳氏黃崑山林媽林六林陶

楊進等九名審有攻左殺命情罪戮重先後正

法俱經會

奏在案其餘已護林豹等二十四名許擧一名另

犯毆死楊輝命案於三十九年先已審擬解省

已故二十二名餼屬確切查明並令將未獲之

犯二十四名勒限緝捕升有無影移移使按名

就擒盡其根株從重辦理以杜漏逸本案係奴

才黃仕簡與楊廷樺會辦之案茲奴才黃仕簡

欽遵

諭旨以內地緊要先就現犯會辦

奏明餘犯交楊廷樺辦理奴才等會審省得林達

等先後各結小刀會及悍兵楊祐即楊進德等

劉瞻林文韜右眼又兵丁吳成賞率同伍鎗傷

陳才即陳尚一案緣彰邑城內兵民雜處兵悍

民強各不相下由來已久而小本經紀之人歷

被營兵短價勒買遂各聯同類藉以抵制乾隆

三十七年正月間有大墩街民楊遂因賣檳榔

被汎兵強買毆辱起意邀同林六林水林全王

錦葉辦陳訟林掌楊奇吳照盧佛盧騫林豹李

水即李潤水陳倪即陳霓李學林貴許擧等十

八人結為一會相遇有營兵散侮各帶刀輒

護續因林達與賴焰等買柴角毆赴縣吉聽營

丈先後移究始有十八王爺及小刀會之名前

彰化縣張可傳差拘林達等赴案訊因林達等

與賴飲辜買牛肉起鬨非係保買柴角毆並無十

八王爺名目并小刀會確擄將林達等分別加

責在案三十八年林阿賽邀同黃添帶陳比

黃崑山等五人結會并續入會之黃江即周江

各僱小刀防身如遇營兵及外人散侮各執刀

帮護外人農其威勢謂其散與兵衛大如王爺

實非小刀會外另有王爺會名色嗣林達會內

林水等先後死亡散去林六復邀林媽林陶林

韭楊進等五人另結一會林丈韜招同林踏王

凉水藕海等各聯一黨經紀小民遂各效尤自

三十九年至四十五六七等年歷有陳嬶馮

報張元曾順并續後入會之陳察又盧講陳由

陳政陳章又王洪王天富王量水蔡馬川又黃
尾即縣役林穆郭秋陳握趙番又林水孫番楊
報林葵又溫聽陳溪路藍絨鄭溜又鄭思洪
勳楊範陳遠生即縣書陳丈又林栢即理番廳
役林與楊侯沈雜粃游尚又吳鳳劉建科林楊
盧全又胡涌陳六雅陳周甫陳譜章黃待黃
樹
全又陳尚即理番廳役陳才陳栢黃新燕鳳等
或三四人或五六人各自結會相約如遇營兵
欺侮彼此攜刀互相幫護此小刀會八十人先
後續入會之情節也先於四十年十月內前臺
灣府蔣元樞訪拏會匪林達李水許攀黃添陳
帶陳屹黃崑山林栢葉辦王錦等行縣解究又

會之舉四十五年七月有興化營兵因在楊振
文門首祭孤爭鬧鎗傷街民林水左腿肚四十
六年十一月內林文韜與兵丁吳成爭水砍成
黨牽同伍還毆故毆打傷陳尚即陳才領鎗左
臂腰手背并擲毀林文韜堂叔林范行屋林文
韜不甘亦斜王洪等至吳成故衣店內打開刀
傷店夥兵丁張文貴腦後右太陽穴并砍碎店
前故衣數件被縣差拘前泰令焦長發訊明兵
民互相打架屬實將行凶之林文韜玉紅陳德
陳管林茅沈余孫陳蕃等分別枷責營移打架
兵丁陳王麟鄭高加責草糧逐水其愿究兵丁
吳成及兵眾未據解審四十六年十二月內前
臺灣府泰守祿泰訪提會匪林文韜等到案因
林文韜患病取保候醫愈後潛回彰邑未經審
辦四十七年六月十五日脫吳成等慫遇林文
韜後狀前嫌將林文韜擒入營盤吳成慫住林
文韜髮辦曾篤騎壓林文韜身上楊祐用刀戳
傷林文韜右眼成醫營員並未查明具報解究

據前彰化縣姓任淡防同知馬寫鑣另訪盧佛
楊奇林六林阿審等拘到案究明結會情實
別無遁究不法情事議擬具詳前府蔣元樞批
示加責完案責成鄉保嚴加管束仍不時留心
檔查再犯倍究在案嗣會匪林文韜等先後聯
聚越至四十四年以後又續有盧講等先後聯

茲奴才等訪查飭拏吊桌察核先壩攝理彰化

縣理番同知王雋訪拏廳書役林栢陳尚即

陳才兼飭替縣陸續獲到新獲案犯林栢六林文

韜等到案逐一研究據林文韜等供認抵制營

兵及歷次打架各情如繪並提到兵丁曾寫楊

祐等亦據供認幫同騎壓劉瞎林文韜右眼不

譚由府審擬解勘奴才等提犯覆核與府縣

審供無異再三究詰委無挿血焚袤飲酒立薄

造刀散給別情加以刑訊大口不移洵無遁飾

除林阿騫黃添陳比陳帶黃莧山林媽林六楊

進林陶既係小刀會首夥又攻庄槍斃實為兇

惡之尤先經歸入城闈案內先後審明正法許

舉一名已於另犯命案解省不議外查訊載結

會樹黨陰作記認魚內鄉民炎弱暴寡者不論

仝數多寡審實將為首者照兇惡棍徒例發雲

貴兩廣極邊煙瘴充軍為從減一等各衙門兵

丁厝役八影者照為首例問擬各等語今林文

韜陳纏盧講王煥黃尾即縣役林標林水溫聰

鄭思林栢即理番廳役林興吳鳳胡涌陳尚即

理番廳役陳才陳察均首謀結會遲兇應同入

影之廳縣脅役陳逄生即陳文等十四名均照

例發雲貴兩廣極邊煙瘴充軍仍從重改遣伊

犁等處給種地兵丁為奴影犯林豹吳照盧審

黃江即周江蔡馬川趙番鄭淄楊侯沈維純蘊

鳳等十名均非善類若照為從減等枷徒仍留

本省恐致生事擾良應請從重改遣伊

例發雲貴兩廣極邊煙瘴充軍以示懲創兵丁

楊祐即楊進德用刀劉瞎林文韜右眼曾篤即

魯國耀幫同騎壓兇橫不法本便僅照瞎人一

目首從科斷楊祐曾篤均照兇惡棍徒例充軍

亦請從重改遣伊犁等處給種地兵丁為奴吳

有儎黃溪均訊無不法情事應請移回歸伍在

逃之小刀會犯林貴林掌楊奇盧佛李水陳倪

李學馮報張元曾順陳政藹陳逗孫番洪熟

楊乾游尚劉廷科林楊樹盧全林進黃全陳栢

黃新二十四名飭委文武分遣兵役督同飭拏

期在必獲不使漏網獲日立即究結己彀之林
逵林水林全王錦葉辨陳訅陳由陳章林端王
凉水王天富王量水郭秋楊報林羡陳溪林路
藍成陳六雍陳周甫陳諸章黃侍等二十二名
飭取該縣即廿切結僱桒所有克朱吳成陳玉
辭鄭高洪標王妙張文貴蔡江楊許綿及應
訊林得光高壽盧得高林淦林國龍等先後班
滿或己革種回籍現在咨移鎮臣並咨稟督撫
二臣拘提務獲解臺究結再本桒結會始自乾
隆三十七年前令張可傳任內擾控提究分別
枷責四十年陞任彰化縣馬鳴鑣奉前府將元
樞札訪飭鈴等會匪並自複多犯按擬詳究府札
枷杖完結交保嚴加管束此後會散未有復歌
又自四十四年起至四十七年止歷有林文韞
等接踵聯會前府秦守穆泰雖經訪提林文韞
等到桒不即究辦率聽担病保醫以致潛回後
滋事端前縣奉令焦長發雖有林文韞等與營
兵吳成等言驗審究發落枷責但有四十
五七兩年管兵吳成藉桒孤滋護黨兵楊祐等擅
林文韞拉入營鑿刀戳右眼成督響縣俱在城
內既己失察於前又不究於後桒延數載隱

請不報按其兇悍民強情狀全無顧忌是文員
之玩愒武職之廢弛迥非尋常狥縱可比除前

臺灣府將元樞病故前撫泰與前彰化縣焦
長發均己另桒革職等問外前任彰化縣知縣
胜任延平府通判另桒降調張可傳雖經究辦
亦屬輕率完結又前任彰化縣知縣現塵淡防
同知馬鳴鑣查其任內並無致會之事即從前
會匪亦經奉府訪等並自獲犯一併究詳府札
枷杖完結桒非告發事由訪拿與張可傳有間
但原擬桒結案從輕又攝彰化縣知縣理番同知
王雋承襲四月有餘獲犯未全所有應桒各職

名理合一併開送請

御覽所有審辦此桒緣由謹先恭招會

奏伏乞

皇上睿鑒

勅部議覆施行謹

旨勅部議處其餘應桒文武各職名俟查明前後歷
任尚兼統各職名另行咨票督撫嚴揭請桒合
將各犯供草桒呈

奏
宮寺王大陸會同三虎引核摺陳奏
乾隆肆拾捌年肆月　貳拾　日

《宮中檔》，乾隆四十八年四月二十九日，黃仕簡等奏摺

官逼民反

——林爽文與天地會的發展

　　臺灣天地會是閩粵內地天地會的派生現象，是屬於閩粵天地會系統的秘密會黨，可歸入傳播關係。

　　有清一代，會黨林立，名目繁多，天地會是眾多會黨之一。近年以來，隨著天地會起源問題研究的深化，以及檔案資料的陸續發掘，對天地會的起源時間及地點，已有較可信的論證。乾隆三十二年（1767），福建漳浦縣人陳丕等加入天地會，他被捕後供稱：「乾隆三十二年，聽得本縣高溪鄉觀音亭有提喜和尚傳授天地會，入了此會，大家幫助，不受人欺負，小的就與同鄉的張破臉狗去拜從提喜入會[1]。」覺羅伍拉納接任閩浙總督後，即與福建巡撫徐嗣曾督同司道將提喜之子行義及提喜之徒陳彪，反覆細勘，熬刑究詰，並檢閱全卷，悉心察核，然後於乾隆五十四年（1789）四月十六日繕摺具奏，同年五月初三日奉硃批「三法司核擬速奏。」原奏有一段內容如下：

> 查天地會節經查明起於提喜，該犯俗名鄭開，僧名提喜，又名涂喜，又號洪二和尚。其傳會口訣，既以五點二十一為暗號，而悖妄詩句內膽敢嵌入洪字，以致

1　《軍機處檔・月摺包》（臺北，國立故宮博物院），第 2778 箱，161 包，38231 號。乾隆五十三年十一月初十日，陳丕供詞。

臺灣逆匪造作洪號、順天等字，皆緣此而起。該犯又編出木立斗世等字為三十二年起會之根，情節甚為可惡，非尋常惑眾欲錢可比。茲雖查明病故確實，而陳彪為該犯教授之徒，行義為該犯親生之子，結會緣由，傳習人數，必須向該二犯嚴切細究，方足以抉底裏而淨根株。但陳彪恃其老病，狡猾異常，福康安在閩時設法逼勸，除前供同會之人陳丕、張破臉狗、張普、徐炎、陳棟等數名之外，續又供出何哲等十餘人，俱係盧茂謀叛案內著名之犯。臣等查乾隆三十三年盧茂一案首夥共三百餘名，當時並未訊有天地會名色，係該犯扳扯業經正法無可質證之人，支吾搪塞，因復督同司道等反覆細勘熬刑究詰，始據供認盧茂等與該犯後先俱拜提喜為師。盧茂之叛，提喜本屬同謀，該犯亦經邀允入夥，乃知提喜、陳彪均係盧茂案內漏網稽誅之犯，尤不可不從嚴辦理。查該犯等供稱，提喜於乾隆二十七年即在高溪觀音廟傳佈天地會，盧茂等即於是年入會，陳彪由方勸指引入會，趙明德本名趙宋，於二十八年拜陳彪為師，帶見提喜，改名入會。盧茂於三十二年起意糾集同會匪徒謀叛，陳彪係何哲邀允入夥，該犯又轉邀趙明德入夥。因盧茂等於三十三年三月內先期破案，該犯等聞風逃免，而僧提喜則係暗中主使，不露名姓，眾犯以其係傳教之師，曾經穿刀設誓，均不供出，而所傳之天地會〔口〕訣亦只用三指按心，並無標色登記可查，各犯遂皆隱匿未吐，以致漏網。又有李少敏即阿閔一犯，亦係同時入會，因提喜所編詩句內有李朱洪字樣，李阿閔復於三十五年

間捏造朱振興名字為前明後裔，糾眾謀匪，旋即拏獲正法。嗣後提喜、陳彪等均各欲跡，不敢復行傳會。至四十四年提喜患病，有親生之子鄭繼於十七歲時贅與潘姓為婿，生有子女，來菴探病，傳與會訣，並告知從前所傳陳彪、陳丕、張破臉狗、張普等數人，以為將來依倚謀食之計。提喜病故，陳〔鄭〕繼因提喜遺有寺田，隨於該處落髮為僧，改名行義，又號續培和尚接住耕種，有方漢到菴做工，始將會訣傳〔授〕。而陳彪於四十七年因提喜已故，年久案湮，故智復萌，又起意傳會。時有該犯族叔陳柚及李摘、嚴煙等入會，各送給番銀一二圓及錢千文不等。李摘又轉傳詹邁、林龍、陳焯、李桐姑、許松姑五人。林龍又轉傳鄧昌、廖浦二人。嚴煙於四十八年前往臺灣，轉傳多人，官役搜捕不善，以致林爽文等聚眾為匪，此各犯後先輾轉傳會之原委也。臣等查提喜於乾隆二十六年倡立天地會名色，編造悖妄詩句，而盧茂、李阿閔此次叛案，皆該犯會中所傳，可見其本意實圖不軌，藉此結盟糾眾，煽惑人心[2]。

由引文內容可知天地會的起源，最早只能追溯到乾隆二十六年（1761）。提喜又名涂喜，稱為僧提喜，或提喜和尚。因以「萬」為義姓，所以又稱萬提喜，或萬和尚涂喜。因提喜乳名洪，排行第二，又稱洪二和尚。嚴煙供詞中的「洪二房和尚」，當即洪二和尚。嘉慶十一年（1806），護理江西巡撫先福具摺時亦稱：「天地會起於提喜，該犯俗名鄭開，僧名

2　《軍機處檔・月摺包》，第 2778 箱，168 包，40258 號。乾隆五十四年四月十六日，閩浙總督覺羅伍拉納等奏摺錄副。

提喜，又名涂喜，又號洪二和尚[3]。」原奏亦引嚴煙供詞稱，萬和尚涂喜「在廣東地方傳教。」學者指出先福原奏不僅證實了涂喜確係提喜，且明確提及「天地會起於提喜。」值得注意的是先福所奏內容，在嘉慶年間其他督撫大吏如汪志伊、阿林保、張師誠等人奏摺中皆曾提及，且俱稱其內容係「溯查」自乾隆年間天地會檔案，皆有確據，因而是可信的[4]。創會的地點，異說紛紜，大多數學者認為提喜在福建雲霄高溪觀音亭創立天地會的說法，較為可信。據福建漳浦縣人盧茂供稱，提喜和尚於乾隆二十七年（1762）在漳浦縣境觀音廟傳佈天地會，盧茂等即於是年入會。陳彪是廣東人，在漳州府平和縣境內行醫度日，由方勸指引入會。廣東人趙宋於乾隆二十八年（1763）拜陳彪為師，由陳彪帶見提喜，趙宋改名趙明德入會。乾隆三十二年（1767），漳浦縣人陳丕、張破臉狗等入會。

在乾隆二十六年（1761）以前，官方破獲的秘密會黨，包括鐵鞭會、父母會、桃園會、子龍會、小刀會、鐵尺會、關聖會、邊錢會、關帝會、北帝會等，名目繁多，倘若天地會已於康熙初葉成立，何以其流傳反而在這些會黨之後呢？連立昌著《福建秘密社會》一書指出，「堅持康熙甲寅說的同志，認為缺乏直接史料是康熙時史料存留少的緣故，可是雍正至乾隆早期的史料已很多了，也未見天地會活動的記載。如天地會早於小刀會創立，理該先流傳，可是不但漳、泉地區和潮汕地區均未見蹤跡，而傳入臺灣反在小刀會之後，這

---

3 《天地會（一）》（北京，中國人民大學出版社，1980 年 11 月），頁 148。

4 秦寶琦撰〈鄭成功創立天地會說質疑〉，《鄭成功研究論文選續集》（福州，福建人民出版社，1984 年 10 月），頁 336。

就難以解釋了。因而天地會起於康熙甲寅說不能說服人。天地會起於乾隆時的漳浦，應是比較符合史實的[5]。」蔡少卿著《中國秘密社會》一書也認為「在天地會的發源地一帶，原已存在著一些秘密結社如父母會、鐵尺會等，天地會只是匯集了這些組織的特點，以新的號召，充實了新的內容而建立起來的。最明顯的是它採納了以往秘密會黨的基本結拜方式，但又獨創了「開口不離本，出手不離三」，「取煙吃茶，俱用三指」，以及「木立斗世」等暗號。這種三指訣，是由洪二和尚首創，後來就成為會內世代相傳的特有暗號；「五點二十一」、「三八廿一」則暗喻洪門，也是天地會特有的象徵[6]。」據行義供稱，「伊父在日，曾教過三指訣，原為誆騙銀錢，並無別故[7]。」廣東饒平縣人林功裕被捕時供認入會時，排列刀劍，「令從劍下爬過設誓，教以三指拏煙喫茶及遇搶奪之人用三指按住胸膛為號。問從那裡來？只說「水裡來」三字，便知同會[8]。」福建漳州府平和縣人嚴煙供稱，「旗上書寫『洪號』字樣，並有『五點二十一』隱語，都是取『洪』字的意思，曉得暗號，就是同會，即素不認識之人，有事都來幫助[9]。」三指訣及五點二十一等隱語暗號，就是天地會的特有暗號，

5　連立昌著《福建秘密社會》（福州，福建人民出版社，1989 年 2 月），頁 164。

6　蔡少卿著《中國秘密社會》（杭州，浙江人民出版社，1989 年 8 月），頁 24。

7　《天地會（一）》，頁 139，《上諭檔》，乾隆五十四年正月十七日，字寄。

8　《宮中檔乾隆朝奏摺》，第 63 輯，頁 456，乾隆五十二年二月二十七日，兩廣總督孫士毅奏摺。

9　《宮中檔乾隆朝奏摺》，第 67 輯（民國 76 年 11 月），頁 472。乾隆五十三年三月初六日，福康安等奏摺。

即官府所稱「陰作記認」，後來成為各種會黨互相模仿編造的隱語暗號。戴玄之撰〈略論清幫與洪門的起源〉一文指出，因天地會係洪二和尚所創，入會者皆為其門徒，故稱「洪門」[10]。所謂「洪門」，就是以「洪」為姓集團。在洪姓集團出現以前，已有萬姓、齊姓、同姓、海姓、包姓等集團，洪姓集團創立天地會，會中成員為消除本位主義，即以「洪」為義姓。所謂「開口不離本」，意即「本姓某，改姓洪」，「出手不離三」以及三指訣的「三」，即指桃園劉關張三結義的異姓結拜弟兄，近似出家人破除俗姓，以「釋」為姓的性質，以「洪」為姓集團，就是一種虛擬宗族。排比各種秘密會黨案件出現的時間後，可以反映天地會是較晚出現的一個秘密會黨，它吸收了原已存在的秘密會黨的各種要素後加以改造及創新。

　　張破臉狗向來以開場窩賭為生，乾隆四十六年（1781）夏間，趙明德、陳丕、陳棟等三人到張破臉狗家中聚賭。張破臉狗後來被拏獲，閩浙總督李侍堯曾詰以結拜天地會後有何好處？據張破臉狗供稱：「一入此會，就有同會之人相護，開賭便不怕人攪擾[11]。」嚴煙又名嚴若海，向來以賣布為生。乾隆四十七年（1782），洪二和尚的嫡傳弟子陳彪，在漳州平和縣行醫，嚴煙聽從陳彪的糾邀，加入天地會。次年，嚴煙渡海到臺灣，在彰化開設布鋪，並傳天地會。乾隆五十三年（1788）六月，嚴煙被拏解入京，六月十六日，由軍機大臣會同刑部審訊，錄取供詞。嚴煙供出倡立天地會的宗旨及加入天地會的好處。他說：

10　戴玄之撰〈略論清幫與洪門的起源〉，《星洲日報》，1973 年元旦新年特刊，第 34 版。

11　《天地會（一）》，頁 104。乾隆五十三年五月二十三日，閩浙總督李侍堯奏摺。

　　天地會名目，因人生以天地為本，不過是敬天地的意
　　思。要入這會的緣故，原為有婚姻喪葬事情，可以資
　　助錢財；與人打架，可以相幫出力；若遇搶劫，一聞
　　同教暗號，便不相犯；將來傳教與人，又可得人酬謝，
　　所以願入這會者甚多[12]。

　　臺灣天地會成員楊振國等亦供稱：「凡入會者，令其對天
跪地立誓，因取名天地會，並不寫帖立簿，只以舉指為號[13]。」
以天地為本，敬重天地，異姓弟兄對天跪地盟誓，天地共鑒，
這是天地會得名的由來。天地會的宗旨，主要是在於內部成
員的互助問題，天地會的倡立及其發展，反映了許多社會問
題，下層社會或早期移墾社會的普遍貧窮，婚姻喪葬，養生
送死，亟需資助；民風好鬥，雀角微嫌，動輒聚眾鬥毆，結
盟拜會，與人打架，可以相幫出力；地方治安欠佳，盜竊成
風，熟稔隱語暗號，便不敢相犯；會中成員收徒傳會，便可
得人酬謝。所謂天地會的活動實踐證明，它的創立宗旨是「反
清復明[14]」，天地會是為著特定的政治目的成立的，其創立宗
旨是「反清復明」，而不是「互濟互助」云云[15]。天地會初創
階段，過於強調其政治目的，並不符合歷史事實。

　　臺灣天地會雖然是閩粵內地天地會傳佈的產物，但臺灣
天地會勢力的膨脹以及林爽文的加入天地會，都與漳、泉分

12　《天地會（一）》，頁 111，審訊嚴煙供詞筆錄。
13　《宮中檔乾隆朝奏摺》，第 62 輯（民國 76 年 6 月），頁 821。乾
　　隆五十二年正月初六日，閩浙總督常青奏摺。
14　赫治清撰〈略論天地會的創立宗旨——兼與秦寶琦同志商榷〉，《歷
　　史檔案》，1986 年，期 2（北京，歷史檔案編輯部，1986 年 5 月），
　　頁 93。
15　赫治清著《天地會起源研究》（北京，社會科學出版社，1996 年 2
　　月），頁 279。

類械鬥規模的擴大有密切的關係。乾隆四十七年（1782）八月二十三日，彰化縣城西門外莿桐腳庄民張甘在庄演戲。居住在三塊厝庄的漳州籍移民黃璇堂伯黃叫起意聚賭，令黃璇攜帶寶盒，各出本錢一千文，在戲臺前攤場開壓。泉州籍移民廖老壓寶，指輸作贏，輸錢不給，互相爭吵[16]。廖老向黃叫奪取賭本，黃叫氣忿，用竹凳毆傷廖老頂心，廖老嚷罵而走。黃璇追趕，聲言廖老搶奪錢文。當時有黃璇族人黃弄在戲場削賣甘蔗，即將廖老攔住，廖老腳踢黃弄，黃弄用削蔗刀砍傷廖老左腿，廖老向前奪刀，復被黃弄砍傷左手胐胅，廖老畏懼急走。黃璇從後趕上，抽取檳榔擔上鑲鐵竹錚戮傷廖老左腿胐胅，斜透腿面，血流不止，不久後殞命。屍兄廖琳投保報縣相驗，但正兇未獲，泉人心懷不甘。八月二十四日，廖老之父廖詔以其子在賴邱氏屋旁被毆身死，賴姓不行出救，遷怒賴姓，於是邀同其弟廖雄及族人廖國等到賴邱氏家鬧搶[17]。漳州籍移民則糾眾幫護賴邱氏，互相攔搶，從此漳州庄與泉州庄，彼此報復，焚搶不休，蔓延日廣。八月二十八日，黃璇之父黃添及過溝子庄漳州籍移民陳陽等先後糾約大里杙庄漳州籍移民林慊即林士謙等人守庄。陳陽又商同許福生等許給庄眾飯食，允諾如保庄無事，另備銀兩酬勞。林士謙轉告林西河等招集枋橋頭庄黃全等一百一十四人，於八月二十九日出庄攻打泉州庄番仔溝。番仔溝泉人謝笑已先期聞知，即倡首糾眾抵禦，率同吳成等人邀約近庄泉人及鹿仔港泉人施奇等轉邀族鄉，並會同各庄泉人出幫番仔溝，與漳人

16　《軍機處檔・月摺包》，第 2776 箱，145 包，34439 號。乾隆四十八年十一月初九日，福建巡撫雅德奏摺錄副。

17　《宮中檔乾隆朝奏摺》，第 57 輯（民國 76 年 1 月），頁 390。乾隆四十八年九月十二日，福建巡撫雅德奏摺。

互相械鬥搶殺，旋聚旋散。因漳人林八等四人被泉人殺害，漳人黃添、林士謙等又糾眾出庄報復，瓦窯庄漳人洪唱亦率領漳州籍移民進攻泉州庄。據統計，漳人林士謙等從九月初四日起至九月二十四日止共二十天內先後攻打過口庄、秀水庄、鹿仔港等處，共計九十一庄。其間有把總被殺一案，新調南北投把總林審是漳州人，於九月初九日帶領兵丁十名，將赴南北投防汛，路過內快官庄。內快官庄是鄰近大里杙的一個泉州庄，泉人聞大里杙林姓欲率漳人來攻，九月初九日午刻，適把總林審帶兵赴汛路過內快官庄，泉人張主忠等將林審攔留，指林審為大里杙漳人假扮來內快官庄探聽的奸細，而加以殺害[18]。

林圯埔漳人張北，許厝藔漳人石祖等會同林士謙率領漳州籍移民於九月二十五日至二十七日三天內先後攻打沙連保、埤仔頭、柯仔坑等處泉州庄，共計二十庄。鹿仔港泉人施奇等聽從謝笑邀約，出庄幫護番仔溝，於八月二十九日攻打半線保等七庄，自九月初五日至十七日止，攻打馬芝遴保等六十一庄。九月二十日至二十四日，施奇等領頭又進攻大肚等十三庄。北投大哮庄武舉漳人許國梁，下茄荖庄漳人洪墨等赴南投出帖邀約漳州籍移民五十四名，於九月初五、初六等日攻燒南北投保半山等處泉庄共計十五庄，其中漳人林阿騫是小刀會成員。據統計八月底至九月底一個月內，彰化縣境內被泉人攻搶的漳州庄共八十一庄，被漳人攻搶的泉州庄共一百一十一庄。彰化縣境內漳、泉分類械鬥規模擴大後，蔓延至諸羅等地。諸羅縣的縣丞分駐笨港，轄南北兩港，漳

---

18 《宮中檔乾隆朝奏摺》，第55輯（民國75年11月），頁278。乾隆四十八年三月初二日，福建水師提督黃仕簡等奏摺。

人多居南港，泉人分居北港，各懷疑懼。九月二十日，泉人施斌等糾約北港泉人赴南港攻搶漳州庄[19]。在漳、泉分類械鬥期間，漳、泉各庄，或焚搶殺人，或逞兇擄掠，或截留婦孺，或姦佔婦女。無賴棍徒，乘機附和，藉端滋事，社會幾致失控。地方大吏審擬各要犯時，已指出泉人謝笑等倡議寫帖，糾集庄眾，械鬥焚掠，與反叛無異[20]。

彰化等地漳、泉分類械鬥期間，大里杙林姓族人扮演了重要角色。大里杙東倚大山，南繞溪河，附近田地，可供耕種。福建水師提督黃仕簡等訪查後指出，「大里杙漳庄林姓族大丁多，素屬強悍，鄉里側目。住近山腳，分為三庄，另內木柵一處，緊連生番地界，尤為險僻。其內快官庄為泉民戕殺汛弁林審之所[21]。」福州府福清縣人劉懷清，在彰化縣署充當刑房書辦。據劉懷清供稱：「大里杙地方，庄子甚大，人數眾多。」漳州府平和縣人林茂是林爽文族姪，據林茂供稱：「大里杙居住的林姓，約有數千人，與林爽文俱是同族[22]。」高文麟原籍漳州府龍溪縣人，住居彰化縣犁頭庄。據高文麟供稱：「那大里杙一庄，共有二、三千人[23]。」福建水師提督黃仕簡認為大里杙林姓是漳、泉分類械鬥的「起事首惡」，必須大加懲創。其原摺有一段內容如下：

> 黃添等因泉人眾多，恐難抵禦，私約漳庄大里杙林姓

19 《軍機處檔・月摺包》，第 2776 箱，145 包，34439 號。乾隆四十八年十一月初九日，福建巡撫雅德奏摺錄副。

20 《宮中檔乾隆朝奏摺》，第 55 輯，頁 380。乾隆四十八年三月十四日，福建水師提督黃仕簡奏摺。

21 《宮中檔乾隆朝奏摺》，第 54 輯，頁 585。乾隆四十七年十二月二十八日，福建水師提督黃仕簡奏摺。

22 《天地會（四）》，頁 344。

23 《天地會（一）》，頁 251。

於八月二十九日出庄，連攻番仔溝、過溝仔、新庄子、鹿仔港等庄，俱被阻回，已有解散之勢，又係已正法之漳匪黃添等私留大里杙庄民守護保庄。大里杙庄民林慊即林士謙於九月初六日復糾眾出庄，四鄉羅漢腳，從而附和。其在逃番仔溝庄泉人謝笑藉詞幫護，鹿仔港等庄鄉親亦黨眾互鬥，乘機搶殺，從茲此散彼眾，延及貓霧揀之犁頭店、葫蘆墩、沙轆、大肚街、牛罵頭，並大武郡、燕霧、東西螺、海豐港、布嶼稟等處各保庄，肆害月餘，彰邑被擾大小村庄約二百餘處，據控殺命者已有數百命，甚至殺死把總林審。是大里杙之漳匪與番仔溝之泉匪，作惡實甚。而大里杙漳匪首先聽邀攻庄，尤為起事首惡，若不大加懲創，實無以儆兇惡，而安良善[24]。

漳、泉分類械鬥各要犯經官方大加懲創後，被正法人數眾多，據福建水師提督黃仕簡於乾隆四十八年（1783）二月二十八日奏報已正法械鬥人犯共計 242 名。

　林爽文是福建漳州府平和縣人，生於乾隆二十二年（1757）。乾隆三十八年（I773），隨其父林勸等渡海過臺，徙居彰化大里杙庄。當時的大里杙庄距離內山水沙連等生界原住民約有二十多里，「橫長俱有五里，四面有溪水，毛竹，大樹叢密，可容萬餘人[25]。」閩浙總督李侍堯曾訪查林爽文原籍平和縣林姓族人，其林姓各支，多者千餘丁，少亦數百丁。據林姓進士林屏南稱，康熙年間有林恪因隻身無食，渡臺營生，後即家於大里杙。乾隆四十年（1775），林屏南的堂姪林

24　《宮中檔乾隆朝奏摺》，第 54 輯，頁 585。
25　《天地會（二）》，頁 230，林小文供詞。

伍觀往臺貿易，寓居大墩林訪家。據林伍觀稱，大墩距離大里杙不遠，曾有大里杙人林爽，年約二十以內，常來閒遊，詢知是林恪之孫。閩浙總督李侍堯具摺指出「漳、泉土風，往往人名有兩字者，只呼一字，以便稱謂[26]。」因此，林伍觀所稱林爽，當即住居大里杙的林爽文，其祖父就是康熙年間開發大里杙的林恪。林爽文為人爽直，也很慷慨，不吝錢文[27]。林爽文徙居大里杙後，曾經趕車度日，在彰化縣衙裡充當捕役，素喜交結。因漳、泉分類械鬥，蔓延甚廣，為了凝聚漳州籍移民的力量，必須組織民眾。林爽文「時常聽見說，漳、泉兩府設有天地會，邀集多人，立誓結盟，患難相救[28]。」為了患難相救，林爽文便於乾隆四十九年（1784）加入了天地會。渡海過臺傳佈天地會的嚴煙被解送北京後，由軍機大臣會同刑部等審訊，錄取供詞，其中有一段內容云：

> 四十九年上，我在溪底阿密里庄遇見林爽文，與他往來熟識，他向我說也要入會。我就將從前陳彪傳我入會的話告訴他，說凡要入這會，須設立香案，在刀劍下鳴誓，遇有事情，同教之人大家出力，公同幫助。又恐人數太眾，不能認識，相約見人伸三指，並有「洪」字暗號，口稱「五點二十一」，便是同教之人。林爽文又糾約林泮、林領、林水返等都來入會。我當時原見林爽文為人慷慨，所以叫他入會[29]。

26　《宮中檔乾隆朝奏摺》，第 64 輯（民國 76 年 9 月），頁 697。乾隆五十二年十月初四日，閩浙總督李侍堯奏摺。

27　《天地會（一）》，頁 116。

28　《軍機處檔・月摺包》，第 2778 箱，16 包，38807 號，林爽文供詞。

29　《天地會（一）》，頁 111，嚴煙供詞。

　　由引文可知臺灣天地會就是福建內地天地會傳播的結果。林爽文與嚴煙往來熟識，早就聽聞天地會的活動，因此，主動要求加入天地會。福康安具摺時亦稱：

> 大里杙庄近山險阻，本係窩賊之所，林爽文平日交通匪類，搶刼村庄。乾隆四十九年三月內，有漳州人嚴煙即嚴若海在溪底阿密里地方傳天地會，林爽文聽從入會，黨羽益多，橫行無忌。其時天地會名目業已傳佈南路鳳山，北路彰化、諸羅，入會者甚多，約定同會之人有難相救，有事相助，武斷一方，莫敢過問[30]。

　　乾隆四十九年（1784）三月，林爽文加入天地會，並無政治目的。乾隆五十一年（1786）八月十五日，林爽文與林泮、林領、林水返、張回、何有志、王芬、陳奉先、林里生等，因平日意氣相投，於是在大里杙山內車輪埔歃血瀝酒，結拜天地會，互相約誓，有事相助，有難相救。光緒年間，福建臺灣巡撫劉銘傳曾指出「林爽文之變，係因升科逼迫。」臺灣天地會走上叛亂一途，一方面是由於天地會雖然強調內部成員的互助相救，但是，這種片面的社會功能，也具有暴力傾向；一方面則由於官方處理地方事件的不當，官逼民反而釀成民變。林爽文供稱：

> 我們雖遠在臺灣，大皇帝愛養百姓，我們原都是知道的。只因地方官查拿天地會的人，不論好歹，紛紛亂拿，我們實在怨恨他。原要想到衙門控告，因為隔著海面，道路遙遠，不能前去呈控。若到道府衙門控訴，恐同城官府官官相護，不能替我們辦理，反遭其殃。

30　《宮中檔乾隆朝奏摺》，第 67 輯（民國 76 年 11 月），頁 595。乾隆五十三年三月二十二日，福康安奏摺。

　　所以不曾控告，就糾眾殺官。既已幹出這樣犯法事來，
　　是以不得不趁勢造反了[31]。

　　地方官查拏會黨，不分青紅皂白，紛紛亂拏，引起民怨。據天地會要犯楊咏、楊軒等供稱：「今因彰化文武官同到大墩圍拏林爽文，並楊光勳案內逸犯，還說要放火燒庄。林爽文才起意糾集多人，刮了大墩營盤[32]。」天地會要犯高文麟對林爽文聚眾起事的原因，供述較詳，他說：

　　　林爽文住居彰化大里杙庄，素與小的熟識，他平日原
　　　是作賊窩賊，得來銀錢肯幫助人，因此人多服他。本
　　　年三月內，林爽文來糾小的入會，說有事大家相幫，
　　　不怕人家欺侮，也不怕官役拘拿。凡入會的人，要對
　　　天跪地立誓，故此取名天地會。因怕官府查拿，隨約
　　　定會內的人，彼此遇見各舉大手指為暗號，並不寫帖
　　　立簿。那大里杙一庄，共有二、三千人丁，林爽文究
　　　於何時起會，實在會內有若干人，小的不知詳細，這
　　　是要問林爽文的。十一月二十日，彰化俞知縣訪聞林
　　　爽文結會滋事，並查有窩藏諸羅縣楊光勳結會案內逸
　　　犯張烈們，會同赫副將、耿游擊帶領兵役幾百名，到
　　　大墩紮立營盤，離大里杙有六里路，諭令大里杙人獻
　　　出林爽文並諸羅縣逃犯。那時林爽文躲避，俞知縣說
　　　如不交出林爽文，就要燒庄搜剿。庄內人都害怕，林
　　　爽文就起意抗拒[33]。

　　天地會暗號的作用，主要是怕官府查拿，作為會中弟兄

31　《天地會（四）》，頁400，林爽文供詞。
32　《天地會（一）》，頁64，乾隆五十二年正月初六日，閩浙總督常青奏摺錄副。
33　《天地會（一）》，頁251，高文麟供詞。

暗中連絡的隱語手勢。林爽文結盟拜會，大里杙窩藏諸羅縣
添弟會逸犯，地方官處理過激，引起天地會的反彈。地方官
滋擾村庄的情形，頗為嚴重。據林爽文供稱：

> 斗六門地方，有楊光勳弟兄，因分家起釁，立會招人
> 入夥，被人告發，並牽連我們，一齊呈告。彰化文武
> 官員，差人各處查辦，衙役等從中勒索，無論好人、
> 歹人，紛紛亂挐，以致各村庄俱被滋擾。那時，林泮
> 等房屋已被官兵燒燬，他同王芬、陳奉先、林領、林
> 水返、陳傳、賴子玉、蔡福、李七、劉升等，起意招
> 集各庄民人，抗拒官兵，就來邀我[34]。

天地會要犯楊咏、高文麟、林爽文等人的供詞，彼此是
相吻合的。供詞中的張烈，是諸羅縣添弟會成員之一，他住
在諸羅縣境內的石溜班。乾隆五十一年（1786）七月初十日，
張烈加入添弟會，他拒捕脫逃，藏匿於大里杙庄內。福康安
具摺分析天地會起事原因時亦指出：

> 乾隆五十一年秋間，諸羅會匪楊光勳與伊弟楊媽世爭
> 產不和，楊媽世邀同張烈、蔡福等另結雷公會，互相
> 爭鬥。伊父楊文麟偏愛幼子，首告楊光勳入天地會。
> 楊光勳復訐告楊媽世糾合蔡福等倡為雷公會。諸羅縣
> 知縣唐鎰未即查辦，旋經同知董啓埏接署，藉稱訪聞
> 差挐會匪到案。外委陳和帶兵護解匪犯張烈一名，行
> 至斗六門，楊媽世糾約會匪劫庄刦犯，將陳和等殺害，
> 董啓埏並未嚴究羽黨，而在斗六門攻庄受傷之犯，潛
> 匿彰化境內。署彰化縣知縣事同知劉亨基以楊光勳業

---

34 《軍機處檔‧月摺檔》，第 2778 箱，16 包，38807 號，林爽文供
　　詞。

> 被拏獲，希圖即邀議敘，逃逸匪犯又係諸羅之人，心
> 存推諉，不復嚴行查緝，雷公會匪犯，遂與天地會合
> 為一會，蔡福等逸犯，即逃至大里杙藏匿[35]。

引文中的「天地會」，是添弟會與天地會的混淆或誤解，楊光勳結拜的是添弟會，大里杙庄出現的是天地會。所謂雷公會與天地會合為一會，則指小刀會、添弟會、雷公會與天地會的互相結合，並接受天地會的領導。乾隆五十一年（1786）十月間，彰化縣知縣俞峻抵任，因聞大里杙天地會恃險抗官，主張嚴辦急治，差役藉端索詐，兵丁肆虐，林泮等人的房屋俱被焚燬，林泮等遂糾集天地會成員抗官拒捕，由林爽文領導天地會起事。林爽文供詞指出，「我們入於天地會，後來因地方官查拿緊急，我們一時畏罪，又怕兵役燒燬我們房屋，知道綠營官兵不甚厲害，況且一時又未必就能齊集，所以聚眾滋事的[36]。」但因族長林繞等勸阻，林爽文並未領導起事，而是被藏匿於冀箕湖山內。十一月初七日，臺灣鎮總兵官柴大紀巡閱各營，行抵彰化，經副將赫昇額、知縣俞峻稟報天地會聚眾並請即撥兵前往查拏。柴大紀藉口調兵，返回府城。十一月十六日，始派遊擊耿世文、知府孫景燧帶兵三百名馳赴彰化會同副將赫昇額等緝治會黨。

林爽文揭竿起事與會黨響應

臺灣道永福等見柴大紀遲遲不肯帶兵赴援，曾與楊廷理等私相議論云「我若是總兵，早帶兵前進[37]。」孫景燧駐劄彰化縣城，耿世文、赫昇額、俞峻帶領兵丁壯役，於十一月二

35　《宮中檔乾隆朝奏摺》，第 67 輯，頁 595。
36　《天地會（四）》，頁 419。
37　《宮中檔》，第 2774 箱，215 包，53495 號。乾隆五十三年三月十三日，福康安奏摺。

十日至距大里杙七里的大墩地方劄營。俞峻親往各庄搜捕，同時曉諭庄民擒獻林爽文及雷公會、添弟會各逸犯，聲稱「如敢違抗，即燒庄勦洗。」《嘯亭雜錄》謂俞峻「諭村民擒獻，否則村且毀，先焚數小村怵之，被焚者實無辜，爽文遂因民怨集眾夜攻營[38]。」是時，天地會為擴充勢力，大量吸收會員，漳州籍庄民遂紛紛被邀加入天地會，據陳傍即陳榜供稱：

> 原籍漳州府漳浦縣人，年三十二歲，父母已死，並無伯叔兄弟，也沒有娶妻。乾隆四十六年往臺，在彰化縣大肚地方肩挑度日，與在臺居住的許溪同縣相熟。五十一年十一月初間，許溪邀小的入天地會，說入了這會，就不怕人欺侮，小的允從，同到王芬家中與郭盞們一同入會的。當時只見林爽文、王芬、許溪、郭盞、陳樵、吳帶、吳卜、李積、郭卻、阮澤、薛指、林倚、趙榮、林載生、陳典雄、陳良德、陳桃、王太、林旋、張玉、陳理、林泮這些人，餘外尚有何人？並不知道，縣主會營查拏，林爽文起意抗拒[39]。

林泮等見民怨沸騰，庄眾驚懼，欲乘機起事，又前往糾約林爽文。十一月二十五日，林爽文與劉升、林泮、王芬、何有志等聚集二百多人，在茄荖山（在南投縣草屯東北）豎旗起事，原推林爽文作盟主，因合庄耆老發誓不肯由林爽文為首，另推劉升為盟主。劉升為漳州龍溪縣人，在臺生長，年四十六歲。劉升等糾合會黨及庄眾一千餘名於十一月二十七日夜間四更時刻往劫大墩營盤，耿世文、赫昇額、俞峻及

38　汲修主人著《嘯亭雜錄》，卷3，頁36。

39　《軍機處檔・月摺包》，第2778箱，161包，38789號，乾隆五十二年二月十五日，陳傍供單。

千把總等猝不及防，俱被殺害，全軍覆沒。是時，除添弟會、雷公會黨夥加入抗清陣容外，小刀會亦起而響應，其中如彰化小刀會首領林阿騫就是林爽文的同族，而且居住於其鄰村[40]。

　　劉升等率眾攻破大墩營盤後，自知事態嚴重，因思攻佔彰化縣城以為根據地，即於沿途邀集會黨，裹脅庄民同行，眾至三千人，往攻縣城。知府孫景燧、北協中營都司王宗武、同知長庚、前署彰化縣事俸滿臺防同知劉亨基等督率鹿仔港巡檢馮敏宗、原任典史李爾和、外委許瑪率領兵役，調集熟番，掘濠插竹，分門戒嚴。因存城兵少，而縣城又係栽竹為牆，遂為會黨砍破，擁入城內。李爾和、許瑪皆受重傷，孫景燧、劉亨基、長庚、王宗武、馮敏宗等俱被殺戮[41]。關於劉升等攻破彰化縣城的時間，各書記載頗不一致。《清代通史》、《聖武記》等書俱謂林爽文於十一月二十七日攻破彰化縣城；《臺灣縣誌》、《彰化縣志》、《臺灣通史》等書則繫於是月二十九日。惟據大肚社番字寄大甲社通事稱「十一月二十九日晨，縣城已失陷，路途梗塞。」考其原因，或由於林爽文起事之初，地方文武員弁紛紛稟報，然多屬風聞，未得確信。據前往彰化投文的兵丁賴得林稱：

> 小的蒙差赴彰投文，在彰城中住宿，有賊匪數千圍攻城池，於二十八夜將縣城攻破，王都司被害，其餘各官因倉皇之際，不能深悉。小的假裝火頭，始得免害。

40　佐佐木正哉編《清末之秘密結社》，前編，〈天地會之成立〉（東京，巖南堂書店，昭和 45 年 12 月），頁 242。

41　《宮中檔》，第 2774 箱，201 包，49859 號。乾隆五十二年正月初六日，常青奏摺。

次日，混出逃回[42]。

大肚社致大甲社通事的信函所稱彰化縣在十一月二十九日晨已經失陷與兵丁賴得林口述林爽文於是月二十八夜攻破縣城是彼此符合的，質言之，林爽文攻破彰化縣城的確切時間，是在十一月二十八日夜間。

劉升等率領會黨攻破大墩、及彰化後，到處張貼安民告示，俱寫「大盟主劉」字樣，其後眾人議論，多不服領導，公推林爽文為首，劉升將令旗交出，林爽文做了盟主，封劉升為元帥，但劉升不情願，改封副先鋒，兼管北路協[43]。據天地會重要頭目林領供稱攻破彰化縣城後，「因林爽文為人爽快，有義氣，推他做大哥。」林爽文既佔據彰化縣城，稱為盟主大元帥，會黨對內仍呼林爽文為大哥，會員彼此則以兄弟相稱。黨夥搶奪舖戶綢布豎立旗號，初書「天運」年號，後稱「順天」。十一月二十九日，舉行慶功宴，以縣署為盟主大元帥府。彰化既破，旋即分路往攻鹿仔港、淡水、諸羅等處，留高文麟、楊振國、楊軒等帶同黨眾數百人守護彰化縣城，林領、林水返據守大里杙附近烏日庄、田中央等處，陳傳佔據南北投，蔡福佔據古坑，李七攻取斗六門。因恐村民充當義民，故令在辮頂外留髮一圈，便於識認。臺灣南路，天地會相傳已久，據莊大韮供稱「天地會名色，相傳已久，實不知道起自何時？但曉得入了會，如有衙役來欺侮我們，會內的人可以齊心幫助，並無別的緣故。」莊大田亦供稱「見面時，只有一個暗號，說五點二十一，就知道是會內的人了，

42　《宮中檔》，第 2774 箱，200 包，49723 號。乾隆五十一年十二月十七日，常青奏摺。

43　《軍機處檔‧月摺包》，第 2778 箱，161 包，38814 號，劉升供單。

所以我叫洪號輔國大元帥，算是會頭，此外並無別故。」莊
大田為莊大韮族兄，莊大田為漳州平和縣人，乾隆七年
（1742），隨父母渡臺，居住篤家港，種田度日。莊大韮係漳
州龍溪縣人，居住鳳山阿里港，開設鞋舖。林爽文攻佔北路
各處後，為增加聲勢，並牽制清軍，即於乾隆五十一年十二
月間遣派陳天送前往南路糾約天地會黨同時起事。據莊大韮
供稱是月「有北路素識之陳天送到我庄上說，林爽文有書信
來，要我招人造反，我就同陳天送招集一百餘人，在各舖戶
歛錢搶劫，共湊錢三千錢，大家均分。並搶布數十疋，做了
許多旗子，叫手下人各處招人豎旗[44]。」莊大韮、陳天送欲令
眾人到北路歸順林爽文，眾人不肯遠行，原要推莊大韮做大
哥，因眾人不服，改請莊大田為大哥。莊大田自稱洪號輔國
大元帥，其木質印信鑴刻「洪號輔國」四字，莊大田遂與林
爽文南北相應，設官分職，以強化組織。在北路方面，林爽
文先後以陳奉先、陳梅、董喜、及侯辰等人為軍師，劉懷清
即劉四為彰化縣知縣，劉志賢即劉鼎鉉，又名劉賢士為海防
同知，楊咏即楊振國因林爽文念其從前賣放之情，許為副元
帥，高文麟許為總爺，楊軒委辦軍務，王作為征北大元帥，
陳秀英為中南總統大元帥，林水返、黃玉娘為副元帥，王芬
為平海大將軍，又稱靖海大將軍，賴達為保駕大將軍，何洪
為武勝將軍，王茶為遊巡將軍，林九為鎮北將軍，陳傳為安
南大將軍，謝檜為都督將軍，溫道為護駕大將軍，柯春為鎮
國大將軍，林桂為保駕大將軍，李春風為順勇將軍，林扇為
鎮北將軍，加封中路開國總先鋒、保駕大元帥，郭鑒為護國

---

44 《軍機處檔‧月摺包》，第 2778 箱，161 包，38813 號，莊大韮供
單。

將軍，加封總監軍兼理詞訟，劉三即劉三嘉為忠武將軍，郭漢生為輔信將軍，劉笑為英武將軍，李載為掃北大將軍，林駕為右衛大將軍，陳元、涂虎為遊擊將軍，陳商為水陸將軍，林達為宣略將軍，廖東為將軍，陳泮為征南大都督，林領為大都督，許尚為靖海侯兼都督使，何有志為右都督，蘇敬為左都督，蔡福總督內外諸軍務，鄭記為總先鋒，劉升為副先鋒兼管北路協，陳天送巡查察院，林舊為總先鋒，加封靖山大將軍，林全總曹帥府兼管水陸軍務，涂龍為左監軍，何泰為中路總提督，林楓為九門提督，陳闖為北路先鋒，林倉管理軍糧，林繞為總名耆老，管理總制帥府鈐印。各將領分掌各旗，每旗管理二、三百人不等，其中陳泮與陳傳管理紅旗，把守南投；蔡福管理青旗，把守諸羅；李七管理白旗，把守斗六門；何有志管理黑旗，把守大肚；林爽文執掌黃旗，往來督陣。北路各軍所用的銀錢，是向富戶派出米糧，在各庄勒派，山田按一九抽收，水田按二八抽收，間有收糧人作弊，對半平分者，所抽米石，俱交林侯、林棍、林得壠、林水等分散各軍。在南路方面，莊大田先後以簡添德、李惠為軍師，簡添德旋加封總參軍，莊大九為護國元帥，何光義為順天副元帥，許光來、黃成為副主帥，莊大韮為開南大將軍，林漢為輔國左將軍，陳舉為洪號大將軍，陳寧光為護駕大將軍，黃潘即番子潘為金吾將軍，李出為保駕大將軍，蘇良為征西將軍，葉娥為洪號右將軍，陳牙為洪號開南左先鋒，王什方為副先鋒，張益光為招討使。南北兩路，會黨並起，聲勢日盛，官兵遂分起東渡。

福建水陸提督渡臺與鳳山再失

林爽文起事後，攻城略地，臺灣總兵柴大紀、臺灣道永

福等聞彰化縣城失陷後即命鎮標遊擊李中揚、千總蘇明耀、
魏大鵬等帶兵六百名馳往諸羅，因東邊三路可由羅漢門通達
臺灣府城，另飭該汛守備李步雲防堵，並撥臺協水師兵丁協
力截拏。同時因鐵線橋為諸羅與笨港（北港）通往府城必經
之路，柴大紀於十二月初四日帶領鎮標兵丁督同臺協左營遊
擊林光玉前往駐劄，又以中營遊擊楊起麟為後援，另檄調澎
湖協兵丁八百名，由右營遊擊蔡攀龍帶領渡臺，聽候調用。
鹿仔港守備陳邦光會同泉粵庄義民及受傷北協中營千總帥
挺、外委許瑪在鹿仔港募集鄉勇堵禦。駐劄竹塹的署淡水同
知程峻會同守備董得魁帶領兵役鄉勇社番前赴中港（苗栗縣
竹南鎮）堵截。福建水師提督黃仕簡一面委令提標右營遊擊
邱維揚先帶兵二百名渡臺赴援，一面挑選提標五營員弁及兵
丁一千名候風放洋。閩浙總督常青則飛咨黃仕簡率領提標兵
一千名、金門鎮兵五百名、南澳鎮銅山等營兵五百名，合計
二千名，由鹿耳門登陸進攻，派令副將丁朝雄、參將那穆素
里帶領督標兵八百名、海壇鎮兵四百名、閩安烽火營兵三百
名，俱聽海壇鎮總兵郝壯猷調遣，由閩安出口，至淡水登陸，
以便南北夾攻。同時參將潘韜、都司馬元勳帶領陸路提標兵
一千名赴鹿仔港堵禦，常青本人則駐劄泉州，會同陸路提督
任承恩居中調度。又委令金門鎮總兵羅英笈前往廈門彈壓，
嚴飭沿海州縣加強防範，以免偷渡，並分咨廣東、浙江等省
嚴查海口。因郡城緊要，常青又與任承恩籌商增調提標兵千
二百名，由任承恩統率從鹿耳門上岸，與黃仕簡聲勢相援。
但清高宗尚不知事態嚴重，認為常青的佈署，「皆過於張皇
矣，豈有因一匪犯，使合省及鄰疆皆懷恐懼之理[45]？」當清軍

45　《大清高宗純皇帝實錄》，卷 1271，頁 26。乾隆五十一年十二月

紛紛調遣馳援期間，諸羅、淡水、鳳山又相繼失陷。

　　諸羅縣城雖經柴大紀派兵增援，加強防禦，但林爽文率眾掘崩牆腳，乾隆五十一年十二月初六日卯刻，攻破縣城，攝諸羅縣事俸滿臺防同知董啓埏、署諸羅縣事唐鎰、遊擊李中揚、守備郝輝龍、典史鍾燕超等俱被殺。柴大紀統兵駐劄府城外十里的三坎店，永福則招募鄉勇堅守府城。次日夜，永福見府城危急，乃命典史易鳳翊等賫持臺灣道印信星夜出城，配船放洋，前往廈門求援。因鹽埕橋阨要，柴大紀即馳往巡查，見會黨船隻數百艘浮水而至，即命施放鎗礮，阻其來攻。初九日，陸上會黨萬餘人蜂擁而來，旋退旋進。在北路中港地方堵禦的淡水同知程峻於彰化城破後，即趲返竹塹（新竹），會黨征北大元帥王作等分隊埋伏。十二月初七日，程峻遇伏擊，因眾寡不敵，程峻自殺，竹塹遂陷[46]，巡檢張芝馨、把總高茂等被殺。程峻長子程必大恐印信被奪，改裝易服，懷取淡防同知關防潛往八里坌（臺北八里）搭船內渡求援，北路竹塹營外委虞文光及兵丁王元浩亦往泉州求援。十二月初十日，八芝蘭（臺北士林）會黨首領賴水、郭穩等樹立大旗，招募千餘人，派吳異人即貢生吳志趙會同其胞叔吳尊等取道前往艋舺（臺北萬華），聯絡會黨，於途次為署都司易連拏獲，押赴教場斬首梟示。同日，北路會黨四處響應：新莊林小文、劉長芳、林三奇、賴欲等；下莊仔中港厝黃祖成、葉山林、陳軒、李王等；擺接莊（在臺北板橋境）賴樹、賴國等；滬尾（臺北淡水鎮）、八里坌、長道坑何馬、何記、

丁卯，上諭。

46　案淡水廳治，是時設於竹塹，《彰化縣志》、《臺灣縣誌》、《臺灣通史》等書俱載淡水陷於十二月初一日。

吳三奇、莊漢等俱各招募黨眾千餘人，樹立大旗分踞各處，旋焚燬新莊衙署[47]。是月十二日午刻，署鹿仔港守備事千總陳邦光邀約泉籍義民林湊、林華等往救彰化。林爽文聞知清軍將至，即出西門外駐劄，奪取彰化營汛鎗礮。陳邦光命義民分為左右翼向前攻殺，林爽文軍敗退，前後不能相顧，其執旗指揮的副元帥楊振國、協鎮高文麟、先鋒陳高、辦理水師軍務楊軒等四名俱被擒獲，彰化縣城遂為義民等收復。原任彰化縣知縣張貞生、丁憂典史李爾和、教諭王梁、訓導陳琠等仍被羈未釋[48]，收復縣城後始獲救。但林爽文軍中陳泮、吳領等仍率眾據守彰化東南山虎仔坑、萬丹城一帶，聯絡內山生番，連日出擾四處村莊。陳邦光鑒於彰化縣城逼近大里杙，民心驚慌，各義民又無糧可支，難以駐劄，乃護衛被困官吏眷屬及居民返回鹿仔港，以致空城莫守，復為林爽文軍所奪取，彰化縣城得而復失。

臺灣南路方面，鳳山參將瑚圖里於乾隆五十一年十二月十二日已得莊大田欲攻打鳳山縣城之信，即帶兵三百名劄營城外。十三日晨，莊大田軍二千餘人進攻鳳山縣城，瑚圖里督兵施放鎗礮，莊大田佯敗，瑚圖里縱馬直追，莊大田乘虛由龜山北門撲入城內。清軍鎗礮莫施，遂致潰散，瑚圖里單騎南奔。知縣湯大奎雇募鄉勇守城，因眾寡不敵，即行自刎，其子湯荀業、典史史謙同時被殺，臺灣道永福遣典史易鳳翊

47　《宮中檔》，第 2774 箱，200 包，49774 號。乾隆五十一年十二月二十四日，常青奏摺。

48　《宮中檔》，第 2774 箱，201 包，49833 號。乾隆五十二年正月十三日，常青奏摺；《宮中檔》，第 2774 箱，201 包，49919 號。乾隆五十二年正月十四日，任承恩奏摺。《彰化縣志》載北庄粵監生李安善與張貞生等克復縣城，惟據前檔張貞生等實被羈未釋。

內渡請兵，楊廷理亦遣諸生曾廷豪赴澎湖告急。十三日，署
都司易連帶領兵民先攻新莊，守備董得魁、把總蘇陞等帶領
義民五百名由艋舺渡河南攻下莊，至草店尾大街。易連復會
同千總席榮等帶領兵民三百名由草店尾河先斷浮橋，進攻國
王廟附近，李因、鄭追等督率義民五百名由武勝灣進攻中港
厝（在臺北新莊境），監生黃朝陽、林講等督率義民六百名由
中港厝分路進攻海山頭（在鶯歌與三峽間），粵庄義民邱龍
四、林貴陽等埋伏彭厝庄（在臺北樹林南）。是日，滬尾庄蔡
才、陳許等率領義民三百名，和尚洲（臺北蘆州）鄭窗、楊
景等率領義民六百名，大坪頂（在臺北新店西）黃英、王步
雲等率領義民四百名，進攻滬尾、八里坌、長道坑等處，救
出同知程峻及新莊司李國楷兩家眷屬。十四日，易連與千總
張正耀等率兵三百名，和尚洲鄭享、蔡論等率領義民五百名
由北投唭里岸，孫立勳、黃光等率領義民六百名由上埠頭會
攻八芝蘭，雙方爭持不下，義民被殺百餘名，大礀沉溺一門。
是夜，會黨走擺接。十五日，易連督同營兵三百名及義民等
由溪州登岸，直攻芎蕉腳，千總張正耀、把總譚朝亮等率領
義民八百名由加臘仔過溪攻打南勢角，林賀、翁滿等率領義
民五百名由大坪林攻打暗坑子，四面合攻，會黨不支，走藤
寮坑山頂等處。十八日，程峻幕友壽同春，時年已七十，用
計退敵，親赴各庄招集義民，會同俸滿巡檢李生椿及竹塹城
書院掌教原任榆林縣知縣孫讓等率領義民收復竹塹，擒斬王
作等三十餘人[49]。是日，彰化大突庄義民報稱咳咍等庄會黨謀

49　《欽定平定臺灣紀略》，卷 4，頁 12。乾隆五十二年二月初一日，
　　據徐嗣曾奏。《彰化縣志》將收復竹塹城繫於十二月十三日，且榆
　　林縣作榆陵縣，俱誤。

攻鹿仔港。陳邦光即傳令泉粵庄義民乘夜行至大突、二林地方埋伏，前後夾攻，斬殺會黨百餘名，咳哈、湳仔、內灣、二八水等庄俱為清軍焚燬。十九日晨，據牛罵頭（臺中清水）義民報稱大肚等庄會黨焚劫泉粵各村，陳邦光即密約各庄義民於二十日辰刻，由沙轆進攻水裏、大肚等處會黨根據地，會黨敗退，走烏日庄。二十三日，莊大田軍往攻府城，旋聞粵庄義民燒其村落，即行撤回。陳泮、吳領等則率會黨焚燒泉粵各庄，為陳邦光等率義民逐退，陳泮等分別退回南北投。二十七日，林爽文與莊大田合攻府城，不利而退。在淡水方面，署都司易連、新莊巡檢王增錞等連日率領兵民攻打大姑坑等處會黨，殺陳軒等百餘人。

　　林爽文豎旗起事後不及一月，南北會黨先後響應，全臺震動，聲勢甚盛，將軍常青屢次奏請添派大軍赴援。福建水師提督黃仕簡奉命渡臺後，陸路提督任承恩亦親往赴援。惟清高宗於林爽文實力認識不明，尚不覺事態嚴重，以為林爽文不過一時烏合，與過去地方械鬥實無不同，不值水陸兩提督前往辦理。乾隆五十一年十二月二十九日，清高宗諭軍機大臣云：

> 此等奸民糾眾滋事，不過么麼烏合。上年臺灣即有漳泉兩處匪徒糾集械鬥，滋擾村莊等案，一經黃仕簡帶兵前往督辦，立即撲滅，將首夥各犯殲戮淨盡。今林爽文等結黨橫行情事相等，臺地設有重兵，該鎮道等業經會同剿捕。黃仕簡籍隸本省，現任水師提督，素有名望，現已帶兵渡臺。該提督到彼，匪黨自必望風潰散。即使該提督病後精神照料未能周到，亦止可於內地添派能事總兵一員多帶兵丁前往協勤幫辦。而漳泉

為沿海要地,某鎮將尚不可輕易調遣,乃任承恩竟欲親往,豈有水陸兩提督俱遠渡重洋置内地於不顧辦一匪類之理。至所稱簡派欽差督辦,更不成話。督撫提鎮俱應綏靖地方,設一遇匪徒滋事,輒請欽派大臣督辦,又安用伊等為耶?從前康熙年間,臺匪朱一貴滋擾一案,全臺俱已被陷,維時止係水師提督施世驃帶兵渡臺進勦,總督滿保駐劄廈門調度,不及一月即已收復葳功,伊等豈竟未之聞乎?看來常青未經歷練,遇事不能鎮定,任承恩竟係年輕不曉事體,而黄仕簡尚能辦事,於此案亦不免稍涉矜張[50]。

陳邦光以署守備防守鹿仔港汛地,僅有汛兵五十餘名,其能攻克彰化縣城,屢敗會黨,實由於該處義民首林湊等糾募義民,始克葳功。壽同春等收復竹塹,同樣也是得力於義民的合作。林爽文起事後,一方面遭受義民的堅強抵抗,一方面又面臨清軍的壓力。常青屢次增調大軍馳援,其中分起開拔的延建兵一千名派委延平協副將林天洛管帶,由陸路兼程赴廈門,並派汀州總兵普吉保統率登舟。又於水師提標五營内挑備兵丁六百名由興化協副將格綳額帶領,亦從廈門配渡。乾隆五十二年正月初二日,因藍元枚為福建世家,清高宗命其前往泉州署理福建陸路提督,幫同常青調度接應一切事宜。又命福州府海防同知楊紹裘署理臺灣府知府。福建水師提督黄仕簡於上年十二月十五日由廈門出口,陸路提督任承恩於是月十七日放洋,因連日俱遇風暴,狂浪洶湧,黄仕

50　《宮中檔》,第 2774 箱,201 包,49909 號。乾隆五十二年正月十三日,常青奏摺抄錄字寄;《大清高宗純皇帝實錄》,卷 1271,頁28。乾隆五十一年十二月戊辰,上諭。

簡自金門收泊料羅，二十八日放洋。同日，任承恩亦由蚶江放洋。二十九日，黃仕簡抵澎湖。乾隆五十二年正月初三夜，黃仕簡乘潮進入鹿耳門，次日晨登岸進城，由閩安出口的海壇鎮總兵郝壯猷、水師協副將丁朝雄及署福州城守副將那穆素里等亦於是日抵臺。是月初六日，任承恩抵鹿仔港，因風暴大作，其所統兵丁二千名延至初十日始全行上岸。清高宗因常青初任總督，未能料理裕如，李侍堯久任封疆，初十日，命李侍堯調補閩浙總督。

水師提督黃仕簡抵達臺灣府城後，鑒於府城為全臺根本，周垣廣闊，僅以木柵環植，乃親督官兵加強防禦。十二日，金門、南澳、銅山等鎮營兵陸續抵臺，黃仕簡即遣郝壯猷率同丁朝雄、那穆素里、遊擊蔡攀龍、都司羅光炤等帶領兵丁二千三百餘名前往南路，以期收復鳳山。另由柴大紀率同參將潘韜、遊擊李隆、楊起麟、林光玉、守備邱能成等帶兵二千二百三十餘名前往北路，以期收復諸羅、彰化等處。任承恩於鹿仔港上岸後即於十一日分派遊擊穆騰額、守備潘國材帶兵五百名由員林進攻中路南投各庄，遊擊海亮帶兵三百名及鄉勇熟番等進攻南路嵌頂各庄，守備常萬雄帶兵三百名進攻北路北投各庄，又派都司馬元勳帶兵三百名駐劄大加冬，以防堵濁水溪後路。十二日，遊擊穆騰額帶兵焚燬許厝寮等三處村庄。十三日，沈勇雲焚燬林厝仔等六處村庄，海亮攻克嵌頂，焚燬內灣等七處村庄，常萬雄進攻北投，焚燬月眉庄等七處村落。北路各庄義民、兵役、熟番等擒獲曾受林爽文封為掃北大將軍的林里生，並呈繳靖海將軍王芬首級。曾任彰化縣兵房書辦的劉志賢受林爽文封為鹿仔港同知後，即前往徵收鹽課、船規等稅，是日亦為清軍運糧官黃嘉

訓拏獲。據任承恩所拏獲由林爽文派往各處探聽軍情的僧人
西葉、心向、新法三人供稱林爽文久攻府城不下，且聞鹿仔
港方面清廷援軍已至，乃由諸羅、斗六門繞回大里杙，並約
會陳泮等招集會黨分拒清軍。任承恩命海亮、穆騰額領兵六
百名、署都司張奉廷領兵二百名駐劄馬鳴山，馬元勳、常萬
雄帶兵七百名駐劄埔心庄，餘兵七百名則留守鹿仔港。十八
日，楊起麟等由鐵線橋行至下加冬（臺南後壁嘉苳村）擊退
會黨百餘名。十九日，前赴南路的郝壯猷經過大湖（高雄大
湖鄉公所所在地）遇會黨數千人來攻，郝壯猷即會同丁朝雄
率兵抵禦，自巳刻至申刻，連施鎗礮，會黨始退。是晚，會
黨復來撲營。二十一日，在西園庄地方三路夾攻會黨，前後
焚燬村庄數百間。是日，柴大紀在外三部竹地方與會黨接觸，
義民王守等擒獲護駕大將軍廖東等人[51]。二十二日巳刻，柴大
紀在田洋與林爽文軍激戰，自午至酉刻鎗礮並施，在被擒獲
會黨八十餘人中，吳映是先鋒，侯辰、張清先二名是軍師，
阮贊是千總。會黨退守諸羅，邱能成首先攻開城門，林爽文
軍由北門退走，諸羅遂為清軍收復[52]。諸羅城內文武衙署軍裝
庫局已殘毀不堪，倉庫空無一物，各官印信亦不知下落。是
日，海亮帶兵至柴坑仔，會黨於大肚溪東岸固守，因路徑窄
狹，四面皆係竹叢、麻林，天色漸黑，清軍不敢追擊，行至
莿仔尾，會黨從竹叢內蜂擁突出，衝散兵丁縣勇，清軍千總
葉榮、吳聊貴鎗傷陣亡，海亮見會黨逼近，鎗礮莫施，隨將

51　《宮中檔》，第 2774 箱，207 包，51801 號。乾隆五十二年七月十
　　八日，李侍堯奏摺，據廖東供稱於是年正月十八日被擒。

52　《宮中檔》，第 2774 箱，201 包，50003 號。乾隆五十二年正月二
　　十四日，黃仕簡奏摺。《彰化縣志》將收復諸羅縣城日期繫於正月
　　二十三日。

官兵收回大營。

在南路方面，郝壯猷於正月二十一日探知莊大田軍三四千人據守新園庄（在屏東萬丹鄉南），乃於是月二十三日派遊擊蔡攀龍、署守備林芳帶兵由北路前進，參將瑚圖里、署守備盧思聰帶兵由南路前進，副將丁朝雄、守備黃喬帶兵與府經歷羅倫率同義民鄉勇由中路前進，三路夾攻，施放連環鎗，莊大田軍被殺三百餘名，焚燬草寮數百間。是日，常青所調汀州鎮總兵普吉保、興化協副將格綳額等帶兵抵臺。二十六七兩日，延建兵一千名陸續抵臺。二十九日，普吉保將原帶延建兵及水師兵率同格綳額、林天洛等馳赴諸羅、彰化一帶會同柴大紀相機進勦。是時，全臺增援清軍合計不下一萬三千餘人。

乾隆五十二年二月初五日，署都司張奉廷、署守備陳邦光、李漢升等分巡彰化一帶，午刻至大肚山。林爽文軍屯聚山梁，揮旗施礮，官兵鄉勇埋伏田坎，林爽文軍被誘下山，清軍三路夾攻，敗之，生擒手執紅旗頭目謝華等人。初七日，因山東省按察使楊廷樺曾任臺灣道，在閩省年久，乃命其調補臺灣府知府。是日，普吉保自諸羅啓程進攻大里杙，途經大埔尾時擊退來攻的林爽文軍，擒獲張貴等四名，押往鹿仔港後俱被殺。十二日，探得林爽文軍聚集於離諸羅縣城二十里的大坪頂地方，楊起麟、林光玉、邱能成等帶兵八百名，武舉陳宗器、黃奠邦帶領義民於是夜五更啓程，次日黎明抵大坪頂，擊退會黨，生擒蔡慶、翁月等二十餘名。十三日，林爽文軍由番婆庄往攻鹿仔港，任承恩命穆騰額領兵抵禦，普吉保抄截後路，至番仔溝擊敗林爽文軍，生擒鄭實等十餘名。同日，馬元勳於埔心庄遇林爽文軍三四千人來攻。在清

軍先後搜獲會黨五封書信內，有「由休生等門會齊進攻」等
語，林爽文軍似曾運用八門遁甲戰法。十九日，清廷命易連
補授臺灣鎮標中營遊擊，邱能成補授左營遊擊，陳邦光補授
北路協都司。二十一日，南路方面，郝壯猷、遊擊鄭嵩等雖
收復鳳山縣城，但所得僅一空城[53]。

　　乾隆五十二年三月初二日，副將徐鼎士、遊擊吳秀、易
連、參將羅禮璋等在淡水所屬三貂、金包裏（在金山一帶）
搜捕會黨。同日，會黨李阿七聯絡南路陳靈光率眾數千人屯
聚牛稠山、北勢庄一帶，遊擊楊起麟、李隆等帶領兵丁義民
往攻，敗李阿七等，在被殺會黨中有騎馬頭目一名，搜出輔
國帥印一顆。初四日，南路參將瑚圖里自山豬毛（在屏東高
雄二縣之間）被莊大田軍攔截後，迄未過溪，郝壯猷即遣鄭
嵩帶兵六百名往援，鄭嵩行至硫磺溪時猝遇莊大田軍圍攻，
清軍潰散。是日未刻，莊大田率眾猛攻清軍大營及鳳山縣城
東門。初六日，郝壯猷將城外官兵移駐城內。初七日，莊大
田四面猛攻。初八日，圍攻益急，是日午刻，南門不守，會
黨蜂擁入城，四處放火攻殺，縣城二次失陷。鳳山城自初次
收復後，守軍約三千餘名，至是俱被衝散。遊擊鄭嵩、延山
等陣亡，署理理番同知王儁因解餉過臺派往鳳山支放，在佛
頂頭地方被殺。郝壯猷損折兵丁達一千六百餘名。初十日，
郝壯猷逃回府城，遣回兵丁僅七百餘名[54]。鳳山再失後，林爽

53　《宮中檔》，第2774箱，203包，50335號。乾隆五十二年三月初
　　一日，李侍堯奏摺。清軍收復鳳山縣城日期，《彰化縣志》、《臺灣
　　縣誌》俱繫於二月二十三日。

54　《宮中檔》，第2774箱，203包，50402號。乾隆五十二年三月十
　　一日，黃仕簡奏摺；《宮中檔》，第2774箱，203包，50477號。
　　乾隆五十二年三月二十二日，李侍堯奏摺。郝壯猷身為總兵官，

文已將大里杙一帶掘壕放水，高築土牆，安設礮位，會黨聲勢益盛，清軍兵力單薄，不敷遣派，統兵將弁多已觀望不前。李侍堯曾指出此時臺灣形勢云：

> 現在情形既與春初稍異，則辦理亦不得不稍費力，自兩提臣不能及早勦賊，兩月以來，賊愈蔓延。林爽文既以搶掠之貲益招徒黨，其他豎旗糾眾或與林爽文相應，或效林爽文所為到處焚劫，地無完村，被難之民無可資生，亦多去而從賊，是以愈形賊多。今保聚尚完者惟府城及鹿仔港等四五處，而府城為全郡根本，鹿仔港亦進兵要口，且近大里杙，此兩處必須保固，方可措手。查臺地舊有之戍兵已散失殆盡，前據楊廷理稟稱合內地調往之兵不過一萬三千餘名，分作數處，自鳳山失事，折耗又多，兵力益形單薄，臺郡人心不覺驚惶[55]。

黃仕簡與任承恩俱係提督大員，渡臺二月以來，黃仕簡株守郡城，任承恩安居鹿仔港，一南一北，職分相等，不相統攝，呼應不靈，各顧所轄，互相觀望，既不親率弁兵前往征戰，惟知添遣官兵飛檄鎮將，東堵西禦，疲於往來，零星打仗，輕分兵力，不知採取主動制敵機先，反而坐費時日老師糜餉。是年三月二十一日，清廷命閩浙總督常青將黃仕簡、

當莊大田復攻鳳山縣城時，既不能事先防禦，城陷時又不能身先士卒，畏怯倖生，後於四月初四日清高宗諭常青將郝壯猷於府城正法。四月十九日，郝壯猷被押赴軍前正法，見《欽定平定臺灣紀略》，卷一七，頁6。《彰化縣志》將斬郝壯猷日期繫於三月初九日常青甫抵臺灣府城之時。

55 《宮中檔》，第 2774 箱，203 包，50528 號。乾隆五十二年三月二十八日，李侍堯奏摺。

任承恩解回內地，革職拏交刑部治罪。

常青抵臺督師與諸羅困守

　　黃仕簡、任承恩既因循玩誤，不能剋期竣功，清廷改命常青渡臺督師。乾隆五十二年二月二十三日，常青至廈門登舟，因春令北風甚弱，寄泊料羅。三月初六日，風順放洋。初九日，由澎湖進鹿耳門，隨即登岸抵達臺灣府城。鳳山既再失陷，乃飛札調兵馳援。惟常青鑒於奏調內地援兵尚需時日，於是先調澎湖兵四百名及水師提標兵六百名，馳赴府城，以資防禦。自三月二十日以後，林爽文留陳泮、林慶守大里杙，自率大隊南攻諸羅、鹿仔港等處，府城因而稍得喘息。是月二十二、三等日，莊大田軍屢逼府城。二十九日，林爽文復親率大隊往攻諸羅，柴大紀望見林爽文身騎白馬，在山坡往來指揮。柴大紀即飛飭駐劄東門外遊擊林光玉、駐劄南門外遊擊李隆加強防禦，又派署把總蔡開洋、孫朝亮帶領鎗礮兵丁赴西門外要路堵截，柴大紀則親督遊擊楊起麟、守備陳明德、楊黟、邱能成等在北門外田洋抵禦，清軍連放大礮，林爽文軍敗退，清軍乘勢追過兩溪，直抵火燒庄，因日暮兵單而收軍，會黨被殺八十餘名。

　　臺防同知楊廷理在稟文中已指出北路林爽文軍連日焚劫各庄，涵西港為米糧通往府城要路，已為林爽文軍所梗塞，府城米價益昂。南路莊大田軍又沿村脅迫，日聚日眾，常青雖屢次堵禦，而會黨到處攻擾，彌覺增多。至於鹿仔港一路，據都司陳邦光稟稱林爽文往來於大里杙、烏日庄等處，陳泮、吳領屯聚虎仔坑、南北投。因此，如欲進攻林爽文，則陳泮等無兵可禦，如欲進攻陳泮等，又慮林爽文乘間來襲，是鹿仔港亦亟需添兵增援。臺灣各路新舊兵丁共一萬三千餘名，

主要分佈於府城、鳳山、諸羅、鹿仔港、淡水五處，備多力分，不克奏功。常青復奏請增兵七千名，其中南澳、金門、銅山、海壇各營兵二千名，粵兵三千名，浙兵二千名。但內地營兵，經屢次調遣，所存已無幾。李侍堯以閩浙毗連，故知會覺羅琅玕、陳大用即將原派浙兵三千名星速赴閩接濟。清高宗卻認為浙兵「脆弱無能，恐不濟事」，而改調福建駐防滿兵一千名，命恆瑞帶領馳赴府城，命藍元枚仍帶閩兵二千名由蚶江出口，前赴鹿仔港。四月初四日，清高宗正式授常青為將軍，恆瑞、藍元枚俱為參贊，藍元枚同時奉命調補福建水師提督。至是月十三日，先後抵臺粵兵計四千名。臺郡府庫實存銀二十五萬兩，倉穀十二萬石，俱已用盡，因此，解餉運糧更是迫不及待。署臺灣府知府楊紹裘因官兵南北分馳，所需運送兵糧等項，夫役繁多，府庫無項動撥，故稟請於福建藩庫撥解銀十萬兩。臺灣道永福亦稱鳳山、諸羅、彰化、淡水四廳縣倉庫悉空，所以請解米十萬石分路接濟。彰化縣屬僅存鹿仔港一處尚為清軍固守，各村庄男女老幼俱來此避匿，不下十萬餘人，無可得食，永福等乃請倣照災賑之例，酌為賑卹。至於鄉勇口糧向係義民公捐，但為日既久，義民告匱，難令再捐，亦請照出征兵丁例每名給米八合三勺，鹽菜錢十文。惟米穀碾運艱難，李侍堯再四籌謀，以閩省向食番薯，其切片成乾者，一觔可抵數觔，加米煮粥，即可度日。隨飭司道先於泉州採買薯乾一萬觔，撥米二千石，派員運解鹿仔港，設廠煮粥散食。因林爽文等據險堅守，官兵不易逼近，常青又奏請於內地沿海各營酌撥大礮。李侍堯即於泉州、廈門等營起出原存數千斤護城大礮，命各營將弁試演，挑取十尊，隨帶鐵子火藥等項派員解交常青應用。因鹿仔港

接近大里杙，為利於轟摧，復飭挑撥大礮十尊運往鹿仔港備用。

　　乾隆五十二年四月二十五日，因南路會黨屢攻府城，常青謀攻南潭，莊大田已先率眾往攻府城小東門、草店尾、桶盤棧等處。林爽文亦率萬餘人猛攻諸羅，屢卻屢進。草店尾、三坎店、大埔林、斗六門等處會黨更是出沒無常。五月初三日，普吉保帶兵至土庫，欲與柴大紀會攻斗六門，因聞林爽文軍乘虛往襲鹿仔港、埔心庄等處，遂收軍救援，但沿途所過基盤厝等庄已為林爽文軍焚掠一空。是月初七日以後，諸羅縣屬沿海各庄俱為林爽文焚劫殆盡，居民紛紛逃往鹿仔港避難。十一日黎明，原已降清的會黨莊錫舍率領義民與常青裏應外合攻打南潭莊大田軍獲捷，會黨被殺五六百人，藉符咒助戰的番婦金娘及林紅等被擒。其中金娘曾受莊大田封為軍師，稱為仙姑，並受林爽文封為一品夫人[56]。二十四日，莊大田與林爽文等約期進攻府城，次日，常青甫出府城，即遇莊大田與林爽文南北兩路來攻。據恆瑞稱府城外會黨不下萬餘人，而埋伏各庄的會黨更不計其數，然而存留府城的官兵因水土不服，患病者已千餘名。二十六日，粵省守備千把總陣亡四人，清軍傷亡極重。府城北面三十里外的麻豆社為薪米入城必經途徑，共計三十餘庄，俱為會黨所焚掠，清軍補給路線遂被切斷。莊大田等採取「不與官兵接仗，而官兵已為所困」的策略，使清軍無計可施。彰化方面，藍元枚在北門外曾遇會黨七八千人，普吉保在快官庄遇會黨二千餘人，守備張奉廷在大肚溪遇會黨千餘人，俱被阻不能前進，南北兩路會黨聲勢壯盛，清軍兵少力分，寸步難行。笨港為諸羅

56　《欽定平定臺灣紀略》，卷20，頁2。

通海要口，亦為鹿仔港至府城海路必經之口。府城、諸羅、鹿仔港陸路原已不通，惟恃沿海使用小舟往來。是月三十日，笨港再失後，焚劫一空，船隻多為會黨所得，在海口攔截。因此，水陸兩路信息皆告中斷，清軍遂陷入南北各自為戰的局面。藍元枚因「賊多兵少」，只得於難民中擇其壯健者充當義民以助官兵戰守，並遣人往大甲聯絡熟番，令其進攻大里杙。常青再請增兵一萬一千名，清高宗諭李侍堯云：「浙兵無用，不如召募閩兵為是。」但閩兵存營無幾，而漳州鎮兵四千名，因林爽文籍隸漳州，故未加調用，惟漳州兵丁素稱強勁，於是奏請將漳州兵丁派往藍元枚處，以便漳人統漳兵，既可約束，亦較得力。

　　乾隆五十二年六月初八日，莊大田乘雨直撲常青大營，初十日，大營及桶盤棧復遭攻擾。林爽文則自是月初五日起往來攻擊鹿仔港、二林、大甲溪岸裏社等處。清軍副將徐鼎士帶兵赴援，藍元枚亦遣守備潘國材帶兵由海路前往，合計官兵一千八百餘名。十七日，魏大斌留都司羅光炤帶兵五百名防守鹽水港，自帶兵丁駐剳鹿仔草。十八日，魏大斌與副將詹殿擢、遊擊邱能成、武舉陳宗器等帶領兵丁義民至埔心、大崙等庄與會黨接觸，會黨萬餘人四面蜂擁圍攻，魏大斌等殺出重圍退回鹿仔草，陣亡把總麥逢春、武承烈、劉聯陞及外委包定邦四員，兵丁六十六名，邱能成、蔡國忠二員受傷，千總黃殿臣、把總陳世棟、陳彪三員及兵丁二百餘名被衝散，下落不明。十九日，閩兵二千名抵臺。二十日，以福康安年力富強，諳練軍旅，又能駕馭海蘭察，清高宗即命福康安以陝甘總督嘉勇侯攜印由驛啓程前往熱河行在陛見，預備差遣。林爽文自攻府城不利後，見府城兵多，遂移軍猛攻諸羅。

莊大田自麻豆庄敗退後，復糾集大武壠等處會黨往攻鹽水
港，欲斷絕清軍糧餉。林爽文日夜圍攻諸羅，常青雖遣魏大
斌、田藍玉、張萬魁等率兵往援，惟因林爽文軍放水灌田，
又將田埂削窄，以致官兵不能結隊前進，所有通往諸羅路徑
皆遍插竹籤，官兵難以行動，其圍困諸羅之計，常青亦歎稱
「殊屬狡惡。」是月二十日，林爽文率眾萬餘人往攻諸羅四
門營盤，退而復來者三次，兵丁義民亦覺畏怯，經柴大紀與
林光玉等率所屬兵丁義民盡力夾攻，林爽文軍始敗退，獲會
黨旗一面，上寫五個雷字，四角寫天地日月字樣。以日月隱
喻反清復明的宗旨，日月遂成為後來會黨的暗號，且會中腰
憑亦常見日月字樣。同月二十五日黎明，林爽文復擁眾環攻
諸羅西北營盤。清軍疊發大礮，義民奮力堵禦，林爽文軍仍
冒死進攻，因四野積水泥濘，清軍怯而不進。是役據報會黨
重要頭目蔡福被礮打穿頷頰傷重抬回打貓街（嘉義縣民雄鄉
公所所在地），旋即身故。二十八日，林爽文軍八九千人扛抬
枋車，上蒙濕棉被，蜂擁圍攻諸羅西北兩門營盤，東南兩門
山頂各有會黨六七百人遙為聲援。清軍大礮轟碎枋車數座，
會黨犧牲雖重，但仍抵死猛攻，退而復進。是役會黨後將軍
葉省被清軍大礮打傷肚腹，扛回牛稠山，至二十九日身死，
其妻王玉娘散銀糾眾復欲攻城報仇。蔡福、葉省與林爽文為
北路三房，俱為天地會重要首領，其中蔡福混號「遼東仔」，
尤為兇悍，曾受林爽文封為提督軍門，故當蔡福、葉省身死
時，林爽文曾為之痛哭，如失左右手[57]。

57　《宮中檔》，第 2774 箱，207 包，51366 附 1 號。乾隆五十二年七
　　月十八日，李侍堯奏摺。《彰化縣志》將葉省被擊斃日期繫於六月
　　二十四日。

　　乾隆五十二年七月初三日，莊大田遣許光來等往攻山豬毛，為粵籍村民擊退。是月初五日，莊大田親率大隊往攻鹽水港，為兵丁義民所敗。在各次戰役中，以粵省官兵及義民打仗最為出力，犧牲最多。二十四日，番仔溝粵民村庄被焚燒殆盡。二十七日，清高宗命護軍統領海蘭察為參贊大臣，舒亮、普爾普為領隊大臣，各帶侍衛、章京、拜唐阿二十名[58]。舒亮領頭隊，海蘭察領第二隊，普爾普領第三隊，一同前往臺灣征戰。會黨作戰時固較清軍奮勇出力，但缺乏火藥鎗礮，每於清軍施放鎗礮之後，滿地檢拾鐵子鑄造。為利於進行肉搏戰，林爽文命其所屬訓練一支「敢死隊」，官兵與之接戰，猝不及防，每致失利。據孫士毅奏稱「近因官兵鎗礮利害，不能抵禦，竟敢練出一夥亡命奸徒，伏在賊匪隊裏，抵死直犯我兵。我兵倘不預為整備，尚爾持鎗在手，恐臨時轉致喫虧[59]。」林爽文軍每於退卻清軍窮追時即反身投擲利刃，清軍受傷既重，往往畏縮不進。常青一再奏調大軍東渡，惟軍事迄未轉機。常青自是年三月初間抵臺後已閱半載，較之黃仕簡僅兩月耽延更為日久，且黃仕簡僅帶兵二千名，而常青所帶兵丁又數倍於黃仕簡。黃仕簡、任承恩等因循觀望，常青亦僅能株守府城而已。清高宗諭軍機大臣時略謂：

> 　　據藍元枚奏稱鹿仔港四面皆有賊眾滋擾，而彰化、淡水交界大溪等處，又有賊屯聚。昨常青又奏賊眾在桶盤山等處圍繞大營，實有不能移動之勢。看來賊匪南

58　拜唐阿，滿文讀如「baitangga」，意即聽差之人，或執事人，漢字音譯又作柏唐阿，內務府一種小差使，或內外衙門部院管事無品級人，又隨營聽用之各項匠人、醫生等俱是。

59　《宮中檔》，第 2774 箱，208 包，51499 號。乾隆五十二年八月初八日，孫士毅奏摺。

北四出擾攘，意在牽綴官兵，而常青、藍元枚等墮其
術中，竟有應接不暇之勢。用兵之道，合則勢盛，分
則勢弱。今賊首林爽文、賊目莊大田等明知重兵俱在
常青、藍元枚兩處，而林爽文牽綴北路，莊大田牽綴
南路，使我兵分投堵禦，奔走不暇，賊匪得以乘間蹈
隙，將南北兩路緊要各港社隘口任意搶佔，賊勢轉得
聯絡，狡計顯然，乃常青等為其所愚，止知結營自守，
分兵防備。遇賊匪擊東應東，擊西應西，譬之奕棋，
使賊人著著佔先，通聯一氣，而官兵止辦接應，並無
制勝之策，轉致疲於抵禦，何時方可竣事[60]？

　　常青在府城督辦軍務，初時尚有振作之氣，及見不能取
勝，復見會黨日聚日眾，竟至一籌莫展，雖奏報屢有斬獲，
並未能加以痛勦。莊大田屢攻府城，肘腋之間，任其逼處，
因循坐待，以致師老力疲。大學士阿桂分析臺地軍事云：

緣臺灣地方，西臨大海，東憑大山，大山之東係生番
居住，為民人所不到。大山迤西之麓則現為賊匪全行
佔據，山麓之下以至濱海平衍地方，始為建設郡縣處
所，官兵駐劄即在於此。此時賊匪佔據山麓，官兵進
勦，勢須仰攻，無由察其虛實，而賊眾居高臨下，且
其中如水沙連、虎仔坑、斗六門等處，南北又在在可
通，足以伺官兵之隙，前邀後截，四出滋擾。若徒撥
兵堵禦，則山徑叢雜，不但現有之兵不敷分派，即再
添一倍之兵，恐仍不能一一盡堵。現在惟有將緊要地
方如郡城、諸羅、鹿仔港等處先為駐兵防守，而防守

60　《欽定平定臺灣紀略》，卷二五，頁19。乾隆五十二年七月十五
　　日，上諭。

之兵必察其力保固，實可無虞，再選擇可戰之兵二三
萬進逼賊人巢穴，搗其要害，或兩路夾攻，或全力專
注，但得官兵連勝一兩次，則賊人膽落，其黨夥附從
當不攻而自潰。伏讀節次諭旨實已燭照靡遺，乃蒙垂
詢及臣，以臣曾膺軍旅，令就所見據實覆奏。臣再四
思維，方今國家全盛之時，帑藏充盈，威稜遠播，諒
此么麼草竊，豈能久肆鴟張。惟臺灣現有兵丁，除分守
府城等處外，似尚不敷勦捕，且其中亦少可用之兵，
在初辦時若深悉賊匪情形，就本省兵略為多調，趁賊
情惶惑之際，未嘗不可即就撲滅，今則賊人已漸知戰
守，臺灣復被佔據過半，從賊者為數已多，實又有不
得不增添兵力之勢，此事現奉旨令福康安前往督辦。
福康安近年經歷軍務，聲威已著，各省兵丁情形，均
所深悉，計臣此摺到日，福康安亦可馳抵行在。臣愚
以為此時似應令福康安先行通盤籌畫，臺灣現有兵丁
若干，尚須添兵若干，及何省兵丁於山路崎嶇之地，
用之方可得力，雖距閩隔遠一兩省者，亦准其檄調備
用，或竟調慣於跋涉山路之黔楚兵各一萬，合之粵兵
萬餘，兵力充裕，賊必指日授首，雖目下似稍遲一兩
月，而功成反速矣[61]。

　　質言之，臺灣軍務久未蕆功，實因南北道路梗阻，清軍
聲勢未能聯絡。莊大田攻逼府城，牽制清軍，常青不能自南
趨北，林爽文因得乘隙圍困諸羅。因此，將府城及諸羅兩處
會黨「痛加勦洗」，以開通道路，就成為清軍作戰的緊要關鍵。

61　《宮中檔》，第 2774 箱，207 包，51402 號。乾隆五十二年七月二
　　十四日，阿桂奏摺。

福康安奉命東渡與臺郡之平定

乾隆五十二年（1787）八月初二日，清高宗命協辦大學士陝甘總督福康安攜帶欽差關防馳赴臺灣更換常青督辦軍務。因臺灣山深箐密，路徑崎嶇，而湖廣、貴州兵丁前曾調赴金川軍營，於馳陟山險較為便捷，故命舒常於湖北、湖南各挑備兵二千名，富綱、李慶棻於貴州挑備兵二千名，揀選曾經行陣將弁帶領。川省屯練降番，素稱矯捷，從前調往甘肅勦捕回亂時頗稱得力，故又命保寧挑選屯練降番二千名，分別由威寧鎮總兵許世亨及成都將軍鄂輝等帶領。是月初五日，福建按察使李永祺由鹿耳門抵達臺灣府城，奉命辦理軍需。常青與恆瑞約定於十六日啓程前往諸羅，留兵二千交梁朝桂駐守府城，卻揚言於十三日啓程，會黨即於是日辰刻分由東南北三路往攻清軍營盤，雖經常青率領將弁兵民分投堵禦，然已被阻不能前進。常青急檄副將貴林、蔡攀龍援應諸羅，陸路既已被阻，只能由水路沿海前進。但臺郡入八月以後暴風頻作，貴林等屢為風雨所阻，去而復回，遭風損失者不計其數，諸羅久困，糧食匱乏。駐劄鹽水港的遊擊楊起麟只得先雇番民各攜火藥、番銀等於晚間伏地而往，暗中運送。在諸羅城困守期間，其軍用火藥則取土熬煎以製硝。十八日，參贊藍元枚因患痢疾，卒於鹿仔港。二十日，蔡攀龍奉常青命帶兵五百名，貴林等帶兵一千一百名往援諸羅，行至半天厝時即遇林爽文軍萬餘名三路伏截，蔡攀龍率兵力戰，不料在大崙、竹仔腳等庄預先埋伏的會黨蜂擁突出衝殺。孫全謀、邱能成、楊起麟往攻東南角，貴林、杭富、馬大雄往攻東北角，蔡攀龍往攻南邊，各路清軍且戰且走，貴林等為林爽文軍層層圍裹，楊起麟急往救應，至老店庄時，貴林等二隊被

衝散。蔡攀龍與孫全謀、邱能成等奮勇突圍，至三苞竹地方遇柴大紀親率將弁接應到諸羅縣城。遊擊楊起麟、都司杭富、守備馬大雄四員於正音庄陣亡，千總外委陳邦材、陳洪猷等十六員亦於是役被殺。守備楊彪在諸羅西門外防禦，因中礮傷重身故。清軍潰敗逃至諸羅者僅六百餘名。鹽水港附近樹林頭、鹿仔草、新店等處於是月下旬先後為會黨所攻取，鹽水港庄民大半投順會黨。因此，恆瑞雖統兵三千名赴援諸羅，但始終被阻於鹽水港，而府城周圍十里內村庄悉被會黨裹脅，是時不惟諸羅受困，即府城亦在圍中，同時在府城等處臥病兵丁多達千餘名，士氣日益餒怯。

普吉保駐劄元長庄，離諸羅僅二十餘里，恆瑞駐劄鹽水港，離諸羅亦僅四十里，因道路梗阻，彼此觀望不進。乾隆五十二年九月十六日，普吉保幾經力戰始抵笨港，所帶兵丁包括粵兵二千、浙兵五百、漳兵二千、泉兵一千，諸羅城外林爽文軍遂抽去十之四五往禦普吉保。莊大田見清廷援兵日增，乃將家眷移入大武壠，自率親信屯聚石仔瀨，常青即派副將丁朝雄等帶兵一千二百名及義民二千餘名往攻東港。二十五日，丁朝雄遣人將會黨所設大礮灌濕，官兵分三路登岸攻擊，生擒守港會黨首領吳豹等。莊錫舍亦自帶所部義民數百名欲會合粵庄居民往攻會黨，但粵民以其曾經附從會黨，後來降清得官，共相鄙薄，不聽約束，莊錫舍孤軍奮戰，負傷敗退。在北路方面，李化龍等於是月十八日在義民首許伯達引導下由八卦山直攻柴坑仔。二十日，清軍擊敗林爽文所部於中寮地方。二十二日，再敗之於大肚溪。二十五日，林爽文由土庫等處逼近清軍營盤，為普吉保及署副將琢靈阿腹背夾攻，會黨被殺百餘名。十月初六日，副將徐鼎士派遊擊

吳秀等由岸裏社往攻大里杙，自率都司敏祿由牛罵頭等處進攻大肚溪。初七日，往攻豬篙庄。初十日，進兵麻園，清軍傷亡甚眾。十九日，普吉保在麥仔寮擊敗林爽文軍，遂收復笨港。常青遣梁朝桂帶兵一千名往援鹽水港。二十二日，鹿仔草、樹林頭等處亦為恆瑞等收復。

　　乾隆五十二年十月十一日，福康安在大擔門配渡後即被風打回。十四日，得有順風，與海蘭察同舟放洋。二十三日，因風信強烈，收入崇武澳停泊。二十八日，風勢漸轉，泛海東渡。二十九日，抵達鹿仔港，適遇退潮，不能進口，至十一月初一日晨始登岸。舒亮、普爾普及巴圖魯、侍衛等隨後繼至[62]，鄂輝、穆克登阿所帶屯練兵丁亦於是日抵達。是時諸羅被圍困已數月之久，清廷乃有更改縣名之議。《清史稿·福康安列傳》敘述更改縣名之由來云「時諸羅被圍久，福建水師提督柴大紀堅守，上褒大紀，改諸羅為嘉義，以旌其功[63]。」此謂嘉義一名在旌表柴大紀的功績，實非清高宗的本意。清高宗頒諭時指出「林爽文糾眾倡亂以來，提督柴大紀，統兵勦捕，收復諸羅後，賊匪屢經攻擾，城內義民，幫同官兵，奮力守禦，保護無虞，該處民人，急公嚮義，眾志成城，應錫嘉名，以旌斯邑[64]。」清軍平定林爽文所領導的抗官群眾運動，義民實有不世之功。清高宗為欲褒獎義民，特賞給義民褒忠、旌義等匾額，並詔改諸羅縣名。十一月初二日，軍機大臣遵旨更定諸羅縣名，擬寫嘉忠、懷義、靖海、安順四名，進呈御覽，並奏請硃筆點出一名，以便寫入諭旨。清高宗就

62　巴圖魯，滿文讀如「baturu」，意即勇士，為清朝封諡等處用語。
63　《清史稿》，列傳117，福康安列傳，頁2。
64　《大清高宗純皇帝實錄》，卷1292，頁9。乾隆五十二年十一月丙寅，上諭。

「嘉忠」與「懷義」二名中，各取一字，而定名為「嘉義」，取嘉獎義民之義[65]。次日，正式頒諭，將諸羅縣改為嘉義縣。

因八卦山地勢較高，距大里杙只有三十餘里，為前往大里杙必經之地，林爽文乃在八卦山設卡豎旗，支架大礮。乾隆五十二年十一月初四日黎明，海蘭察帶領巴圖魯等二十餘人至八卦山一帶，索倫佐領阿木勒塔等首先上山仰攻，巴圖魯等鎗箭齊施，林爽文軍不敵，八卦山遂為清軍攻佔。福康安謀解嘉義之圍，原帶廣西兵丁及四川屯練已有五千名，復於普吉保營內挑選得力新舊兵丁六千餘名，另帶義民千餘名前往征戰，分為五隊，義民分兩翼搜索道路。初八日，清軍啟程，黎明時行抵崙仔頂，遭遇伏擊，林爽文軍由兩旁竹林蔗田及村庄內施放鎗礮，向清軍蜂擁衝殺。福康安沉著布置，鄂輝、穆克登阿帶領屯練降番扼守右首東庄溪橋，普爾普、侍衛春寧、參將吳宗茂等帶兵在左首各庄堵截，義民分投焚砍竹林蔗田及各處草寮，巴圖魯、侍衛等勇往衝殺，林爽文軍敗退，清軍於是打通道路。隨後又攻克埤長庄、西勢、潭仔、三塊厝、海豐庄等處，並將各庄房舍悉行燒燬。當海蘭察進至距嘉義七里的牛稠山地方時，林爽文軍萬餘人四面圍裹而至，海蘭察率隊渡過大溪，衝入陣內，搶上山梁，攻克山後竹柵，即於是日酉刻入城。天色已黑，雷雨交作，福康安連夜前進，帶兵入城，嘉義被圍五月有餘，屢次救援，皆被阻於途，福康安等一日一夜之間立解重圍，無怪城中兵民「歡聲震地。」孫士毅亦奏稱「兩邊跪了許多百姓，也有笑

---

65 《臺灣檔》（臺北，國立故宮博物院），乾隆五十二年十一月初二日，更定諸羅縣擬寫縣名清單。

的，也有哭的，聽得福將軍也在馬上墮淚[66]。」是役，林爽文軍被殺八百餘名，騎馬指揮頭目陣亡六名。福康安在城內撫慰兵民後仍回牛稠山安營駐劄。據柴大紀奏稱嘉義久被圍困，縣城斷糧，花生地瓜俱盡，但取油粃舂末與蕉根同煮作食。而福康安認為柴大紀過甚其詞，因福康安進城時，面見柴大紀「形貌並非勞瘁，馬匹亦皆臕壯。」初十日，福康安搜捕會黨至大崙地方時，適恆瑞亦帶兵打通半天厝等庄前來會合。十五日，舒亮帶兵進攻大肚溪，牛罵頭義民則由大肚山向下抄襲，前後夾攻，林爽文軍潰散，清軍連破北大肚、南大肚、王田庄、內灣等十五庄。

　　臺南大排竹地方是南路會黨的重要根據地，莊大田恐清軍巴圖魯等馳馬衝突，故預將庄外舊有溝礮刨挖寬深，並於溪河下流築堤壅水。乾隆五十二年十一月十六日，海蘭察、恆瑞、鄂輝等帶領巴圖魯、侍衛進攻大排竹，越過溪河，決放溪水，清軍同時並濟，焚燬草寮，殺死會黨百餘人，遂克大排竹。是日，普爾普等亦同時擊敗茅港會黨四五千人。是夜，普爾普駐劄灣裏溪。二十日黎明，福康安等進攻斗六門，約行十餘里即遇林爽文軍萬餘人分據大埔林、中林、大埔尾三庄，阻截道路，此三庄在嘉義境內，東西相去各數里，互為聲援。福康安命恆瑞、普吉保等進攻大埔林，鄂輝、袁國璜等進攻大埔尾，左右並進，海蘭察帶領額爾登保等專攻中林，福康安帶領張芝元等往來策應。海蘭察一路首先攻克中林，恆瑞、鄂輝繼克大埔林、大埔尾，清軍窮追二十餘里，沿途砍殺六七百人，福康安稱「積屍遍野，無暇割取首級」，

66　《宮中檔》，第 2774 箱，212 包，52865 號。乾隆五十二年十二月二十二日，孫士毅奏摺。

足見戰況的慘烈。日晡時追至菴古坑，該處原為會黨首領蔡福的根據地，周圍挖壕立柵，外釘木板，內築土牆，防守堅固。福康安等帶兵直抵柵前，乘勢攻入，遂攻取菴古坑。斗六門距菴古坑三十餘里，為四達之地，福康安等乘勝往攻。會黨最畏懼清軍騎馬衝突，故於前往斗六門的路口開挖陷坑，密佈竹籤。此時稻田已收割，泥濘漸乾，福康安乃繞道由稻田行走。二十一日，清軍抵斗六門，四面圍攻，用利刃長刀砍倒竹圍，破其隘卡，遂克斗六門。是役，林爽文軍被殺千餘名，各村庄居民三百餘名亦遭清軍屠戮。二十二日，清軍進攻水沙連山口，福康安由山右搜入，海蘭察、恆瑞、普爾普由山左搜入。林爽文軍搬眷入山，以千餘人護送車輛緣山梁行走，另以千餘人為後衛，由蔣挺騎馬執旗往來指揮，粵兵、屯練、降番於蕉林竹圍內攀緣先上，海蘭察直前馳射，蔣挺腿中箭受傷被擒，巴圖魯、侍衛等先後趕殺三百餘人，林爽文軍眷屬車牛中礮驚逸，自相踐踏，傷亡枕藉。清軍直攻大里杙，乃檄調埔心、二林舊存兵丁移駐水沙連山口。二十四日申刻，清軍抵平臺莊，距大里杙迤南五里。大里杙東倚大山，南繞溪河，砌築土城，密設大礮，內立竹柵兩重，城外溝礮重疊，防守森嚴。清軍渡河，林爽文軍在城上施放鎗礮。清軍大隊甫過溪，林爽文軍即自城內擁出，眾至萬人，三面圍裹，鎗箭如雨，林爽文軍屢敗屢進，聲勢壯盛，且天色昏暮，福康安乃令兵丁在田礮溪邊分隊排開抵抗，欲俟次日探明路徑進攻。是夜，林爽文軍分隊襲營，往返撲壓，攻勢甚銳。二十五日卯刻，清軍分路進攻，衝入城內，張火、林素、林快等重要頭目及會黨二百餘名被殺，劉懷清、林茂等被擒，起獲林爽文軍大小礮一百六十餘尊，鳥鎗二百三十

餘桿，稻穀六千餘石，牛八百餘隻，旗幟刀矛不可勝計。福
康安命兵丁將城堡夷平，焚燬房屋，鎗礮器械交彰化縣運往
鹿仔港封貯，所獲稻穀則散給義民作為口糧，牛隻衣物分賞
兵丁。林爽文見清軍長驅直入，知難抵敵，已先於二十四日
夜間攜帶家眷由大里杙東首僻徑遁入內山[67]。

　　乾隆五十二年十二月初四日，福康安自平林仔發兵往攻
集集埔。林爽文預為退守地步，已先於集集埔臨溪設卡，據
險扼守。初五日，福康安前往察看山勢，見集集埔南北斜對，
兩山之中橫繞濁水溪，林爽文軍阻溪自固，在陡崖上壘砌石
牆，橫塞道路。福康安隨派普爾普、許世亨等由山路進攻，
福康安、海蘭察等進至溪邊，山上石牆內鼓聲大作，林爽文
軍萬餘人於牆內連放鎗礮，清軍亦以火力制壓，兼用大礮轟
摧，雙方相持不下，海蘭察率領巴圖魯等乘馬渡溪，福康安、
鄂輝督兵繼進，廣東、廣西、貴州屯練兵丁泅水而過，攀援
上山，推倒石壘，擁入牆內，追殺十餘里，並焚燬附近草寮
一千餘間。是役，計擒獲會黨百餘名，殺死二千餘名，奪得
大小礮二十六尊，鳥鎗一百九十七桿，刀矛九百四十五件，
鉛子四萬八千顆。會黨於潰散時滾跌下山及被趕入溪中淹斃
者不可勝計。據福康安奏稱「河灘山下，賊屍遍地縱橫。」
此時普吉保等亦攻克草嶺隘卡，由山路來會。據後來被俘的
會黨重要頭目供稱「早聽得林爽文說要拼命打這一仗，若再
不支持，就逃到內山去了。」足見此役實為決定雙方勝負的
主要關鍵。因集集埔一帶大山重疊，竹樹茂密，路徑叢雜，
處處可以奔逃，福康安等不敢窮追，故命普爾普駐剳科仔坑，

67　《宮中檔》，第 2774 箱，211 包，52511 號。乾隆五十二年十一月
　　二十五日，福康安奏摺。

普吉保駐剳林圯埔，葉有光駐剳藤湖口，謝廷選駐剳流藤坪，舒亮駐剳龜仔頭，格綳額駐剳清水溝。同時福康安因據報林爽文家眷藏匿水裏社，即遣義民首楊振文、舉人曾大源曉諭社丁杜敷前往擒獻。因水裏社距清軍大營七十餘里，山徑甚多，恐林爽文中途邀奪，故另派副將張芝元等帶領兵丁一千名前往援應。是月十三日黎明，張芝元等遇見杜敷帶同生番百餘人將林爽文之父林勸，母林曾氏，弟林壘，妻林黃氏在途中圍守，擒送清軍。同時被俘的尚有林爽文軍師僧悟天及重要頭目阮和、陳泮等。據阮和供稱林爽文逃入埔裏社後，餘黨眾二千餘人仍聚集小半天，據險堅守。是月十八日，福康安、鄂輝等為一路，海蘭察、恆瑞等為一路，俱由前山進攻，普爾普帶同張芝元等另為一路，於是日四鼓前進，繞過大山，三路夾攻。因小半天草深樹密，路徑逼窄，陡險難行。林爽文軍在山頂樹立木柵，柵內壘石作牆，搭蓋草寮，又將道旁大樹砍倒，橫塞路徑。清軍攀藤登陟，蟻附而上，林爽文軍在柵內投石放鎗。清軍前仆後繼，普爾普率領粵兵屯練先登，攀倒木柵，林爽文軍敗退，林追、林二、林添、孫東湖、王若敬五名被擒，其餘被殺者二百餘人。林爽文一日不獲，清軍一日不能撤，但三月以後，臺灣氣候漸熱，清軍內如屯練黔兵等素不耐濕熱，易生疾病，故擒捕林爽文等人實刻不容緩。據社丁杜敷稟報林爽文率眾六七千人由埔裏向北路潛匿，福康安一面飭通事王松帶領獅子頭社番於要路迎頭堵截，一面令海蘭察、鄂輝等由龜仔頭連夜分路追趕。二十四日夜間，林爽文軍在東勢被生番截殺四百餘人，餘眾沿山北退走。二十五日，清軍追至搜揀社、麻薯社一帶後即分兩路前進，先後趕殺二千餘人。二十七日，清軍行抵獅仔頭社，

見山溝內屍骸「縱橫遍地，數里不絕」，河溪中淹斃尤眾。據稱林爽文等於二十五日途經獅仔頭社時因日夜行走，腿腳多已腫脹，過河時已淹斃一千餘名，社內生番堵截去路，又被殺二千餘名。林爽文隨從僅剩二百名，從貓裡社（苗栗鎮）向北潛逃。

　　乾隆五十三年（1788）正月初一日，清軍拏獲假扮林爽文的賴達一名，據供林爽文因聞三貂各社生番防堵嚴密，不敢前往，而在打鐵寮一帶山谷樹林內藏匿。因炭窯與南港仔山口相通，出山不遠即係海岸，恐林爽文向海口逃逸，福康安即派清軍由後壠至中港，另自竹塹至桃園沿山密佈防堵，福康安、海蘭察、鄂輝、舒亮、普爾普、六十七、春寧等分別在各隘口四路圍截，並揀派巴圖魯、侍衛二十員、貴州、廣東屯練兵丁數百名改裝易服，扮作村民，會同淡水義民差役及社丁通事等分投搜捕。是月初五日，在老衢崎地方捕獲林爽文與何有志、林琴、陳傳、吳萬宗、賴其壠等。福康安派舒亮帶領章京弁兵將林爽文等裝入木籠押解赴京[68]。首獲林爽文者是義民高振，但福康安於奏報時卻略而不提。清高宗曾諭福康安究係何人首獲林爽文，令其查明覆奏。據《彰化縣志》謂林爽文自知不免，乃投於所善高振家曰：「吾使若富且貴」，振縛之以獻[69]。惟據福康安於覆奏時稱清軍恐路徑不能諳習，侍衛章京中亦無認識林爽文者，或致當面錯過，故選派淡水義民首及社丁通事帶路作為眼目。正月初五日，巴圖魯侍衛翁果爾海等四員，貴州外委盧應朝，廣西把總譚金

68　《宮中檔》，第 2774 箱，213 包，52963 號。乾隆五十三年正月初四日，福康安奏摺。

69　《彰化縣志》，卷 11，頁 367，見《臺灣叢書》，第 1 輯，第 6 冊。

魁等，及屯練都司阿忠等至老衢崎地方時，義民首高振見林
爽文與何有志一同逃走，恐其驚逸，即告知翁果爾海等三十
餘人一同圍住，將林爽文拏獲解送。福康安具摺指出高振等
首先探知林爽文蹤跡，告知清軍，由侍衛官兵等一同上前圍
拏，因首先下手者為高振，故奏請賞戴藍翎，並給千總職銜[70]。
林爽文解京後經大學士、軍機大臣等議奏除何有志、林漧等
因病先行誅戮外，林爽文與陳傳等俱按律凌遲處死，梟首示
眾。

　　林爽文等被俘後，北路各處村莊，民心甫定，仍須留兵
鎮撫。福康安即命普吉保留駐東埔蚋，遊擊夏承熙留駐斗六
門，都司田智留駐南投，副將徐鼎士留駐大里杙，都司陳士
份留駐彰化，都司朱龍章留駐淡水，北路一帶統共留兵四千
八百名。至於南路方面，莊大田軍主要分佈於鳳山縣、水底
寮、大目降等處。清軍平定北路後，南路會黨多退踞近山一
帶，偶亦至郡城及山外村庄遙放鎗礮。莊大田等佔據嘉義東
南大武壠地方，以為負嵎堅守之計。大武壠地方，大山圍繞，
溪深嶺峻，山僻路徑，處處皆通，內有四十餘庄如噍吧哖街、
大湖庄、樂陶庄、后崛臘等俱為莊大田軍的重要根據地，並
出沒於虞庄、加撥庄、赤山保等處。福康安認為欲進兵南路，
必先直搗大武壠，以覆其根本，並堵截通往鳳山之路，故飭
令山豬毛義民在旗尾庄、番薯寮要隘堵截，一面令永慶帶領
總兵陸廷柱、巴圖魯侍衛果爾敏色、副將官福等就近由府城
往攻水底寮以牽制莊大田軍。大武壠西面則派蔡攀龍帶兵駐
剳灣裡溪，烏什哈達駐剳哆囉嘓、梁朝桂駐剳茅港尾，鄭國

---

70 《宮中檔》，第 2774 箱，215 包，53493 號。乾隆五十三年三月十
　　三日，福康安奏摺。

卿駐劄白水溪一帶。其東面一帶內山生番，則諭令熟悉番情
的貢生張維光、生員王宗榮、通事黃彥、黃三才、王和等前
往曉諭各社生番協同堵勦，並令臺灣縣知縣王露差貢生張維
光密諭大武壠內粵庄、番社招集義勇以為內應，佈署就緒後，
福康安即於五十三年正月十四日分路進攻大武壠，普爾普帶
領格繃額等由內山僻徑直趨大武壠北面，鄂輝帶領許世亨等
由西面哆囉嘓一帶進攻，參將特克什布、遊擊葉有光沿山搜
索。莊大田及林爽文之弟林勇往攻郡城，分軍擾灣裡溪欲截
斷郡城要路。福康安、海蘭察帶領袁國璜等於十五日劄營灣
裡溪。十六日，清軍進攻牛莊，莊大田軍阻溪迎拒，水深流
急，恃險抵抗，終因眾寡不敵，黨眾被殺五百餘名，其中重
要首領一名，項上掛印一顆，鐫刻「定南將軍蘇魁」字樣，
被俘者七十餘名。清軍乘勝進擊，十九日，抵南潭、大目降
（臺南新化鎮）一帶，莊大田軍被殺六百餘名，是時常青亦
帶兵自沙岡來會。因湳仔仙至噍吧哖各處草寮俱為粵民焚
燬，莊大田軍遂退至大武壠山口把截。鄂輝一路猛撲山梁，
攻克莊頭社，莊大田軍被殺三百餘名，被擒百餘名。普爾普
一路亦由內山大埔進攻大武壠隘口，莊大田軍自山溝內分作
兩路猛撲清軍，普爾普帶領格繃額等分投抵禦，雙方激戰半
日，莊大田軍被殺四百餘名，被擒一百二十餘名，大武壠遂
為清軍攻取。福康安將前後所俘會黨計四百九十餘名於軍前
屠戮後即帶兵南下，莊大田軍已再度佔踞枋寮。二十六日，
海蘭察等遇莊大田軍二千餘名從沿山抄截清軍後路，海蘭察
一面命穆克登阿等防備南路，一面命許世亨等回兵迎擊，海
蘭察則自率巴圖魯、侍衛等由蔗園內橫衝會黨，射死陳建平、
曾大達等騎馬指揮頭目十餘名。清軍傷亡雖較輕，但義民首

鄭其仁因引導先行而遇伏陣亡。莊大田既遭敗績，乃率眾數千人潛往瑯嶠（屏東縣恆春鎮）。瑯嶠路徑崎嶇，樹林深密，山內十八社皆係生番。福康安欲四面圍拏，以防竄逸出海，一面密令該處民人假意容留莊大田，一面曉諭各社生番在沿山隘口堵截，佈置既定，隨令烏什哈達帶領水師及廣東兵丁乘舟由海道前往，海蘭察等則由山路進發。二月初四日，清軍行抵楓港，莊大田等由柴城欲往蚊率社，為生番所阻。是月初五日黎明，福康安等由楓港發兵，越箐穿林，約行二十餘里，莊大田軍由樹林內突出攻擊清軍前隊，因眾寡懸殊，莊大田軍被殺三百餘名，被擒一百四十三名，清軍直追至柴城。福康安為欲生擒莊大田等，隨命穆克登阿帶領屯練降番為一隊，許世亨、岱德帶領貴州官兵各一隊，梁朝桂、張朝龍帶領廣東官兵各一隊，恆瑞、王宣帶領廣西官兵一隊，山豬毛義民首劉繩祖帶領粵庄義民為一隊，都司莊錫舍及北路義民首黃奠邦等各帶義民共為一路，自山梁挨次排下直抵海岸。烏什哈達所帶水師兵丁適值順風，連檣齊至，密佈於沿海各處，水陸並進。海蘭察、鄂輝帶領袁國璜、六十七及巴圖魯等往來衝殺，自辰至午，莊大田軍被殺二千餘名，其餘投海被水師兵丁放鎗斃命及泅水被擒殺者屍浮海面，不計其數。莊大田等潛匿樹林山溝內，清軍分投搜捕，侍衛博斌、都司張占魁及山豬毛義民首鄭福等首先擒獲莊大田，林躍興一名則為義民首高振拏獲。其餘莊大韭、許光來、簡天德、許尚及其家屬等八百餘名同時被擒，柴城居民及各社生番縛獻者計三百餘名，俱於軍前被戮。莊大田素患吼喘病症，清軍追趕時於樹林內因黑夜墜馬跌傷頸項於押赴府城後被殺。旋據報林爽文弟林勇等在大板埒地方奪取船隻，福康安即命

烏什哈達帶領水師前往圍拏。莊大田家屬見清軍查拏緊急，欲往山後暫避，舵工不肯駛行，即將舵工許誥砍傷，棄船登岸。但清軍義民已預先埋伏於潭底、灰窯窟一帶，遂將莊大田養子莊天義、莊天勇、孫莊阿莫、婿楊田、莊大田妻莊童氏及葉省、蔡福等家屬四百九十餘名擒獲。林勇等在大武壠為普爾普所擒，莊大田次子莊天畏據報已為生番所殺[71]。

清廷對臺郡的善後措施

　　林爽文之役自乾隆五十一年十一月二十七日天地會黨攻陷大墩正式豎旗起事開始至乾隆五十三年二月初五日莊大田等被俘清軍平定臺灣南北路止，前後歷時一年又三個月之間，大致可劃分為三個階段：自乾隆五十一年十一月至五十二年二月，計三個月，屬於第一個階段。天地會黨連陷彰化、淡水、諸羅、鳳山等廳縣，清軍居於劣勢，節節失利。福建水師提督黃仕簡、陸路提督任承恩相繼渡臺，惟因清軍兵單力薄，綠營怯懦，彼此因循觀望，老師糜餉，貽誤軍機；自乾隆五十二年三月至同年十月，計七個月，屬於第二個階段。清廷將黃仕簡、任承恩革職送京，閩浙總督常青、參贊恆瑞、藍元枚先後東渡，屢次請兵赴援，但是會黨日聚日眾，漸知攻守，林爽文與莊大田南北呼應，聲勢甚盛。柴大紀困守諸羅，岌岌不保，常青株守府城，一籌莫展，清軍東堵西禦，陷入南北各自為戰的局面；自乾隆五十二年十一月至五十三年二月，計四個月，屬於第三個階段。會黨方面糧餉不繼，器械缺乏，泉粵村民，誓不兩立，清廷命將軍福康安、參贊

71　《宮中檔》，第 2774 箱，214 包，53220 號、53275 號，福康安奏摺。莊天勇、莊阿莫、莊童氏，《彰化縣志》依次作莊天養、莊阿若、盧氏。

海蘭察等統領巴圖魯、侍衛，湖南、貴州、廣西兵丁及四川
屯練降番連檔東渡，軍威既振，遂解諸羅之圍，連克斗六門、
大里杙，繼破集集埔、小半天、大武壠，終於生擒林爽文、
莊大田等，南北兩路遂告平定。在歷次戰役之中，會黨固然
慘遭屠戮，惟清軍傷亡亦重。就福康安咨送兵部陣亡清軍名
冊所載，自乾隆五十一年十一月起至五十二年十月止，陣亡
官弁計一百四十一員，滿漢兵丁計四千零九十五名。又自五
十二年十一月福康安等奉命進兵臺灣起至五十三年二月平定
南路止，節次打仗陣亡漢屯官弁兵丁計四百七十八名。至於
無著潰兵據福康安等奏報當彰化、嘉義、淡水、鳳山及岡山
營汛初次失陷時共潰散無著戍兵八百八十二名，郝壯猷在鳳
山失事時共潰散無著戍兵八十九名，徵調兵一千二百九十二
名，魏大斌赴援嘉義潰散戍兵七十一名，楊起麟等再援嘉義
潰散戍兵三十八名，合計無著潰兵達二千三百七十二名之
多。又據戶部題本所開列四川屯土弁兵傷亡共計二千八百七
十八名[72]。

　　清初駐守臺灣的戍兵是由福建水師陸路各標營派撥，調
集廈門，經水師提督點驗配渡，輪班更換。惟各兵丁內，其
有手藝之人及親族在臺者甫經班滿，又藉端換防，老弱充數，
其不願渡臺者每於廈門逗留不進，遷延時日。各營戍兵離營
散處，不能按期操演，技藝生疏，即遇操演之期，亦復虛應
故事，不按名到齊。自總兵至守備衙門皆有兵丁聽候差遣，
分為旗牌、伴當、內丁、管班四項，各由目兵管領，分班輪
值。其在外自謀生理兵丁，多在此四項內掛名貼錢，代班差

---

72 《明清史料》，第 4 本，頁 361。乾隆五十四年十二月十一日，戶
　 部題本。

操，名為包差。總兵營私牟利，備弁相率效尤，兵丁貿易離營包庇娼賭，將惰兵驕，曠伍滋事。林爽文等起事時，柴大紀因存營兵少，不能即時前往查辦，藉口返回府城調兵征勦，會黨逼近城池，仍不敢帶兵出城作戰。因此，柴大紀雖有守城之功，其激變釀亂之罪，實難輕貸。清高宗屢稱綠營積習，最為可惡，勇於私鬥，怯於公戰，平時強取民物，騷擾嚇詐，臨陣畏葸不前，捏詞謊報，往往遇敵先行奔潰，未見敵人即行施放鎗礮，竟有因聞鎗礮聲音而恐懼戰慄者。至於浙省綠營兵丁，向來懦弱，更遜閩省。清高宗南巡時，閱看閩浙兵丁技藝，見浙兵畏怯退縮，頗為不堪。閩粵等省駐防滿兵，累世受朝廷厚恩，但安逸年久，沾染惡習，置技藝於不問，打仗時不過隨眾行走，臨陣脫逃，私自覓船內渡，甚至僱轎乘坐。清廷最精銳的勁旅實為海蘭察、鄂輝等所率領的東北索倫猛將與四川屯練降番，清軍征討林爽文後期，每役必與，屢建殊勳，惟犧牲慘烈，傷亡甚夥。

　　林爽文未能攻下府城，彰化、諸羅等處得而復失，鹿耳門與鹿仔港亦未能扼守，都是林爽文的失策。其軍火糧餉缺乏，或檢拾清軍遺留的彈片，或將牆上年久石灰煎熬成硝，並在北路生番山裏私換硫磺配製火藥[73]，但僅能取自南北兩路，隨取隨盡，不能久支。而且器械粗陋，俱非利器。福康安曾將所獲會黨兵器挑選解送軍機處，除竹盔、紙甲奉旨交學藝處外，其鐵尖竹弓二張，撒袋連箭二付，半截刀二把，撻刀二枝，鉤鐮刀二枝，牛角叉二枝，三角叉二枝，竹篙矛二枝，竹篙鎗二枝，鳥鎗二桿，礮二個，奉旨於紫光閣及熱

─────────────

73　《軍機處檔・月摺包》，第 2778 箱，161 包，38807 號，林爽文供單。

河萬壑松風閣每樣各貯一件。此外竹藤牌一面，亦貯紫光閣，皮藤牌一面則貯萬壑松風閣[74]。其軍需各項補給，尤為困難，清軍方面則從內地各省絡繹運送，源源接應。然而林爽文失敗的主要關鍵實因遭遇義民的強烈反對，惟所謂義民與會黨，實即當時民間分類械鬥的對立團體。林爽文起事就是憑藉民間的力量，以天地會為基礎，並標舉反清復明的口號。但由於番漢、閩粵、漳泉多種對立團體的存在，而產生與會黨誓不兩立的敵人。當林爽文起事以後，南北兩路會黨固然如響斯應，然而由民間自存的對立團體所組成的廣大義民，亦形成一股不可抗拒的強大力量。清廷為嘉獎義民，曾屢飭地方官查明優賞，「如係務農經生理者，即酌免交納賦稅。若係首先倡義紳衿，未有頂帶者，即開列名單，奏明酌予職銜，以示優異。」清高宗以廣東、泉州民人急公嚮義，故賞給匾額，令福康安遵照鉤摹，徧行頒賜，以旌義勇。同時為了將漳人從會黨中分化出來，清高宗復諭將臺郡全屬應徵地丁錢糧悉行蠲免，以示「一體加恩，普施惠澤」之至意。福康安曾指出南路山豬毛粵庄係東港上游，粵民一百餘庄，分為港東、港西兩里，因康熙年間平定朱一貴，號為懷忠里，在適中之地建蓋忠義亭一所。林爽文、莊大田起事後，曾遣涂達元、張載柏執旗前往招引，兩里民人誓不相從，將涂達元、張載柏即時擒斬。粵民齊集忠義亭，供奉萬歲牌，同心堵禦，挑選丁壯八千餘名，分為中左右前後及前敵六堆，按照田畝公捐糧餉，由舉人曾中立總理其事，每堆每庄各設總理事、副理事，分管義民，劉繩祖等充任副理事。清高宗為獎勵義民，特頒御書褒忠匾額，並賞給曾中立同知職銜，南北路平

---

74 《上諭檔》，方本，乾隆五十三年七月初十日，奉旨。

定後，福康安奏請賞戴花翎。其教授羅前蔭協同管理義民，
頗著勞績，福康安奏請照曾中立之例賞給同知職銜。義民副
理事劉繩祖、黃袞、涂超秀、周敦紀四名最為出力，俱請賞
戴藍翎[75]。各處義民，除少數由地方官衙門招募充當外，多由
紳衿舖等招集，義民每日口糧亦多由義民首捐貲備辦。捐納
四品職銜楊振文、文舉人曾大源，世居彰化。林爽文起事後，
拒絕加入反清陣容，棄家避至泉州。福康安在大擔門候風時，
將楊振文、曾大源帶赴鹿仔港，招募義民，隨清軍進勦，經
福康安奏請賞戴花翎，曾大源因年齒尚輕，予以知縣實缺，
恐不諳民社，福康安指出臺灣風俗以得授京職為榮，故奏請
將曾大源以內閣中書補用。旋奉旨曾中立同知實缺補用，曾
大源准照所奏，職員楊振文原以開墾地畝謀生，杜敷係屬社
丁，不願出仕，俱以翎頂榮身。嘉義縣義民首黃奠邦、鄭天
球、王得祿，元長庄義民首張源懃等隨同清軍打仗，搜拏會
黨，購線招出會黨頭目，離間會黨，又各差義民假扮會黨，
四出偵探敵中情事。淡水義民首王松、高振、葉培英，東勢
角義民首曾應開，熟諳內山路徑，深悉番情，奉諭前往屋鰲、
獅子等社，在各要隘地方堵截會黨，福康安奏請將各義民首
分別賞給翎頂，並於平定南北路後奏請賞給黃奠邦巴圖魯名
號，張源懃、王得祿等換戴花翎。

　　乾隆五十二年十二月，臺灣軍務即將告竣，一切善後事
宜必須大員籌辦，清廷即命福建巡撫徐嗣曾將撫卹難民、估
計城工、清查入官田產等事宜，妥籌議奏，旋命福州將軍魁
倫渡臺協理善後事宜。當清廷將諸羅縣改名嘉義縣後，福康

75　《軍機處檔・月摺包》，第 2778 箱，161 包，38806 號。乾隆五十
　　三年二月十九日，福康安等奏摺錄副。

安復奏請將「臺灣」二字另易嘉名，福康安奏稱「臺灣土語調殺為臺，而呼官字又與灣字無異[76]。」但清高宗認為「臺灣地方自聖祖平定後，設立府縣，即以臺灣命名，沿用至今。其土語與字音，偶有訛用之處，亦無甚關係，況並未前聞，自不當輕議更改。即此時另改他名，而臺灣二字沿習已久，人亦必仍稱舊名，是即更改亦屬無謂[77]。」

　　臺灣產米雖甚豐饒，惟米價漲跌幅度極大，其主要原因實為變亂或兵燹。自林爽文起事以後，全府米價每石俱在三兩以外。清廷先後將乾隆五十二、三年分臺灣府屬應徵地丁錢糧悉行蠲免，惟各處久經兵燹之後，未遑耕種，生理維艱。內地各省先後撥到米糧共三十二萬餘石，除撥過兵糧外，存米僅七萬餘石。清軍雖陸續分起內渡，但尚未全撤，必須廣為平糶，以減市價。臺灣府屬一廳四縣內查出難民大口共四十四萬八千八百七十八口，小口共二十一萬八千九百七十口，計應給賑銀十六萬七千五百餘兩。難民中有煢獨殘疾等及極貧而難以度日者，大口共十四萬一千九百六十八口，小口共八萬六千九百七十二口，尚須展賑一月，共應支給賑銀五萬五千六百三十餘兩，並給銀修蓋草寮計九萬八千餘間，需銀二萬四千五百餘兩，合計賑銀約二十四萬七千六百餘兩。府城所存米石僅足支放兵糧及平糶之需，不敷散賑，因此，福康安、徐嗣曾等奏請每石以三兩折結，惟按之舊例實覺較多，仍先照舊例給予二兩折結[78]。

---

76 《宮中檔》，第 2774 箱，212 包，52830 號，乾隆五十二年十二月十九日，福康安奏摺。

77 《大清高宗純皇帝實錄〉，卷 1297，頁 4。乾隆五十三年正月己卯，上諭。

78 王世慶撰〈清代臺灣的米價〉，《臺灣文獻》，第 9 卷，第 4 期（民

　　林爽文起事以後，漳州民人固然紛紛響應，即泉州民人亦有被裹脅附從者，其後雖經投出，清廷不得不貸其一死，但已不便仍令其留在原地，以免再滋事端，必須酌量遷徙內地安插。因西北各地路程遙遠，解送既煩，中途尤恐逃脫，而江浙廣東濱海省分，皆有海道可逕達臺灣，亦不便遷往，祇有貴州、湖南、廣西等省適於安插。徐嗣曾等奉旨將投出會黨詳加查核，以示區別，除脫逃復獲陳泮一名仍解京審辦外，其阮和等九十名自投出後即隨同清軍作戰，帶領路徑，擒獻亦多，均交與延建各鎮總兵令其入伍食糧，以藉資約束。至李祖生等一百餘名則發往湖南、貴州、廣西煙瘴地區分縣安插，交與地方官嚴加管束。分撥既定，即於乾隆五十三年（1788）五月令其搬取眷屬登舟配渡，以十餘人作為一起，由廣東官兵押赴內地交李侍堯按指定省分分起解送。其餘為林爽文等裹脅附從被清軍所俘獲者則發往吉林、黑龍江等處，分給滿洲兵丁為奴，以防其逃回原籍。全郡所遺田土房屋既未便仍撥給漳泉村民令其徒享利益，自應將其田產查明入官，另行分撥。清廷因念熟番向化日久，於軍興以來並無附從林爽文者，而且淡水等處所招集鄉勇多為熟番，故曾議及將入官田產比照四川屯練舊例，分給熟番耕種，按則例升科，令其安居管業，自為守護，藉此招撫生番。乾隆五十三年四月，福康安等奉旨稱內地兵丁渡臺防守，若無恒產，恐所得錢糧不敷資給，可將入官田產酌量分撥作為補貼，換班時仍令前後交代收取餘息。經福康安等妥籌議奏後指出臺灣近山地方，原係荒蕪土地，居民開墾後稱為埔地，可於此項

埔地內撥給番民自行耕種，不需另給糧餉，仿照屯田舊例，
將壯健熟番挑作屯丁，設立屯弁，以埔地畝數定屯丁多寡，
約計數目可得四五千人，田畝漸闢，人數尚可增多，番性樸
實強壯，能嫻技勇，無事時各力田疇，防守隘口，如有越界
滋事民人及逃犯盜匪，皆可令其緝捕。所有撥給番丁埔地，
即照番田定例，概免升科。至於戍兵有操防之責，往返更替，
不能自行耕種，福康安等乃奏請將入官田畝交與地方官經理
收租，會同各處駐劄營員按名散給，每名先借銀二兩，撥產
後徵收歸款。林爽文及會黨要犯在原籍的祖墳，俱被刨挖。
至於應行解京緣坐犯屬年在十五歲以下者，則解交內務府閹
割，充當太監，以備內廷洒掃之役，首先解到內務府者為莊
大田孫莊阿莫，其餘分三起陸續解京，第一起：陳泮子即陳
尚德，年十二歲。陳文德，年十歲。陳瑞，年六歲，許光來
子即許番江，年四歲。陳梅子即陳水來，年十歲。林水子即
林喂，年十歲。陳寧光孫即陳大振，年四歲，張益光子即張
媽福，年七歲。陳斌又名陳武郎子即陳生，年十三歲。陳芳，
年七歲。賴水子即賴問，年五歲。林顏子即林寧，年十四歲。
湯喜子即湯璧，年十五歲。洪地子即洪海成，年十四歲；第
二起：賴達弟即賴乞，年十一歲。林侯子即林好，年十一歲。
涂龍弟即涂唱，年十一歲。何榜子即何泉，年九歲。林士芳
子即林伙，年七歲。蘇藍子即蘇水，年十三歲。吳機子即吳
回，年十二歲。李井子即李祖青，年十歲。李祖聖，年六歲。
番他覓即他覓是子埒仔，年十四歲。張壽子即張老，年六歲。
張繼，年四歲。莊刊子即莊魯，年九歲。朱安子即朱柯，年
五歲。林乾子即林盛，年六歲。陳來子即陳恩，年十四歲。
李運子即李媽為，年五歲。徐雪子即徐生，年十歲。以上共

三十四名俱於乾隆五十四年（1789）正月二十七日起解；第三起：郭彩子即郭耀，年十三歲。郭添，年八歲。郭完，年五歲。以上三名於同年二月初八日起解入京[79]。

　　林爽文起事之初，臺灣戍兵既無作戰能力，其防守城池亦未得力，俱賴義民保衛地方，如府城、諸羅、鹿仔港等處，會黨大隊屢次進攻，得以固守無事，實藉義民之力。南北兩路會黨聲勢既盛，不得不多招義民，地方文武認為多增一千鄉勇，即減去一千黨夥，所以義民眾多，因未經訓練，打仗進攻，雖不能獨當一隊，用以防守地方維持治安，則頗為奮勇可恃，十分得力。乾隆五十二年十二月，嘉義等處先後收復，不需多人防守，福康安即將中路各處官給口糧義民大加裁減。南北兩路平定後，各處義民陸續歸庄，所有自備刀矛，俱令其逐件繳銷，發交地方官改鑄農器，散給貧民耕種，俾無私藏軍械之弊。是年十月，清高宗曾諭軍機大臣稱臺灣五方雜處，泉州、漳州、廣東三處民人互相搆釁，欲乘戰勝兵威，酌為遷徙，依其籍貫各為一庄，相離既遠，爭端可杜。惟因南北兩路地方寬廣，房舍多寡，田畝腴瘠，既難適得其平，而派往查辦各員又不能不假手於胥役，辦理稍有未妥，轉恐紛爭滋事。若令義民仍守世業，查明附從會黨者即行遷徙，又屬難於區別。村民各有田產，安土重遷，一時概令離析，勢難辦理。閩粵民人各分氣類，彼此鄰近，即偶有舉動，不能合成一氣，轉可互相糾察，按籍遷徙之議遂作罷論。而且民風之淳薄，全視吏治為轉移。乾隆五十三年四月，福康安等奏請整頓吏治，添調佐雜各員。南路鳳山縣城移建埤頭

---

79 《軍機處檔‧月摺包》，第 2778 箱，165 包，39376 號，乾隆五十四年三月，覺羅伍拉納咨呈。

街後，其舊城地處海濱，乃將下淡水巡檢一員移至鳳山舊城駐劄。下淡水在東港上游，南達水底寮，將阿里港縣丞一員移駐下淡水，其阿里港地方，因與新移鳳山縣埤頭街相近，一切可歸知縣管理，足資稽察。北路斗六門地當衝要，原設巡檢一員，官職卑微，另添設縣丞一員，歸嘉義縣管轄。大武壠山內村庄甚多，形勢險要，除安設汛防，撥兵駐守外，仍將原設斗六門巡檢一員移駐大武壠。臺灣道府向係三年俸滿，乾隆四十九年（1784），改為五年。因海疆重地，必需久任，福康安等又奏請將各廳縣照道府成例，一律改為五年報滿，俾能多歷歲時，以盡心民事。臺灣向來祇派御史前往巡視，職分較小，不能備悉地方情形，有名無實。自乾隆五十三年（1788）二月起正式將巡臺御史之例停止，改由福建督撫、福州將軍及水師陸路兩提督每年輪派一人前往稽察。同時臺灣道向係調缺，福建督撫及各官因臺灣道出缺，視為利藪，往往夤緣徇情。為釐剔弊端，清高宗格外賞給臺灣道按察使銜，俾有奏事之責，遇有地方應辦事件，即可專摺奏事。

臺灣負山面海，外控澎湖，原設臺澎水陸兵丁共一萬二千一百七十六名，除水師四千一百六十三名外，南北兩路計八千零十三名，分撥汛防。但因生齒繁盛，從前荒廢土地，日闢日增，村落相連，野無曠土。自大雞籠以至枋寮，南北綿亙千餘里，近山一帶地方如大里杙、水沙連、大武壠、水底寮等處最稱險遠，溪深嶺峻，外則番社環居，內則流民雜處，向因人跡罕至，未設汛防，而各縣城內兵力較少，不足以防衛。乾隆五十三年四月，福康安等奏請於各處緊要地方及通衢大路，每處添兵一百數十名不等，並將各海口水師酌為移撥，均於徵兵內挑補，指定營分，派歸原營官管轄。臺

灣戍兵向由內地撥換，清高宗曾飭將戍兵一半換防，一半酌
募當地義民社番充補。惟福康安等認為臺地甫平，新募兵丁
難資防禦，故奏請仍於內地撥派，分班輪換。但此等兵丁籍
隸漳泉者居多，須令泉州之兵在漳人村庄附近防守，其籍隸
漳州之兵即以防守泉人各庄，彼此互相監視，可以防微杜漸，
而他府之兵，與之互相錯處，易地駐防，以杜亂謀。而且福
康安奏添戍兵係於內地督提一標及福寧、海壇、汀州、金門、
建寧五鎮標內抽撥渡臺，因此，籍隸漳泉兵丁已較前減少，
更易於稽察。因臺灣向無馬兵，福康安等又奏請於巴圖魯、
侍衛及各官繳回馬匹內酌留一百匹，改設鎮標馬兵一百名，
北路協標馬兵一百名，所需馬匹，則由內地各營抽調，換班
時留交接戍兵丁。

　　自康熙年間以來，臺灣府廳各縣俱未建立城垣，僅以莿
竹木柵編插。朱一貴起事後，全臺俱陷，但在五十日之內，
復為清軍收復，未嘗不是得力於莿竹容易攻克。閩浙總督覺
羅滿保曾議建城垣，因雍正年間吳福生又再度發難，清世宗
鑒於臺民多亂，曾頒無須改建磚石城垣之諭旨。無城雖難於
防守，但失之易，復之亦易，是以久未建城。林爽文起事後
攻陷縣城，屢復屢陷，就是因為莿竹不易防守。清高宗認為
與其失之復取，既煩征討，又駭眾聽聞，不如有城可守，有
備無虞。而且國帑充盈，府城廳縣五處城垣，動用銀兩不過
百萬，何惜而不為。乾隆五十三年（1788）正月，清高宗命
德成馳赴臺灣會同徐嗣曾等估勘城工。同年四月，福康安、
德成、徐嗣曾率同隨帶司員及道府等踏勘，並會銜具奏。據
稱郡城舊址周圍共長二千六百七十餘丈，大小八門，城臺八
座，舊式矮小，城身通用木柵，內外排插，高一丈一二尺至

七八尺不等，不足以捍禦，自應改建城垣。德成等指出府城東南北三面均可依照舊址興修，惟西面臨海，舊排木柵已多朽廢，又當潮汐往來日受沖刷之區，若就原址施工，必甚費力。即使向內移進二三十丈修建，卻因其間又有港汊數道，為商民船隻避藏颶風之所，不便施工。經德成等勘得小西門至小北門，有南北橫街一道，遠距海岸，計一百五十八丈餘尺，形勢曲折，於此興修，則較舊址可收減一百五十二丈餘尺，足稱完固。但郡城地方土性浮鬆，若用磚石修砌，必須下釘椿木，再立根腳，需費頗多，而且石料產自內山，距城甚遠，拉運艱難，河道淺狹，舟行不易，至於磚塊一項，原可設窯燒造，但因沙土燒磚，有欠堅實，況柴價昂貴，殊費經營，因此，德成等指出一切物料，應按臺灣則例，俱在內地購辦，按例核算，用磚成砌，約需銀三十八萬六千餘兩，帑費繁多，若用石成砌，更為浩大。經德成等妥議後奏請修築土城，城身通高一丈八尺為率，頂寬一丈五尺，底寬二丈，舊有各城臺七座，上截一律加高八九尺不等，新添西門券臺一座，並添建城樓八座，卡房十六座，看守兵房八座，共計照例辦買土方工匠等價約需銀十二萬四千餘兩，費省而功倍[80]。嘉義縣城，較府城為小，計通長七百四十四丈餘尺，原係土城，距山約二里，形勢扼要，自可悉照舊規加高培厚，添建城樓券臺等項，共約需銀四萬三千八百餘兩。此外如彰化、鳳山、淡水等處城圍仍用莿竹栽插繞城，加浚深壕。其中彰化縣城於八卦山上添設石卡一座，以捍衛縣城。鳳山縣城逼近龜山山麓，地勢低窪，氣象局促，其城圍衙署民房已被焚

80　《軍機處檔・月摺包》，第 2778 箱，161 包，38837 號。乾隆五十一年四月十一日，德成等奏摺錄副。

燬殆盡，居民遷回者甚少，故於城東十五里埤頭街移建新城，插竹為城。

乾隆五十三年（1788）五月，福康安、徐嗣曾於〈清查臺灣積弊酌籌善後事宜〉一摺中臚列善後章程十六款，其要點如下：

一、各營操演宜設法稽查以核勤惰。水陸各營按照操演鎗箭之期，兵丁等齊集教場逐名點驗，將備帶同弁目親往校閱，分別等第，開單登記呈報，總兵官親自較查，其分防營汛，不論衝僻地方，均一律按期操演，一體開單呈報，委員親往查察，總兵官將查閱原單及抽驗各營兵丁技藝名冊等第，統於年底彙送總督衙門察核。

二、水師兵丁按期出洋巡哨。水師將弁按期親自出洋周歷各處，實力哨查，不得裝點軍容，應將出汛回汛日期報明督提各衙門稽核，如能擒拏盜賊匪徒者，准其記功陞用，其在內港往來虛應故事者嚴參究辦。

三、嚴總兵巡查之例以肅營制。總兵巡查全郡，一切供應夫價，盡行革除，不許絲毫派累，出差兵丁應照內地出差官兵給與差費之例，酌給盤費，所有巡閱地方，務須北自淡水石門，南至鳳山水底寮，不論衝僻汛地，一律按汛操閱兵丁技藝，點驗屯番，巡查後將營伍地方情形據實陳奏。

四、兵丁貿易離營等弊宜嚴行禁止。將各處營汛兵房一律趕緊興修，分派安設，於充公叛產內酌給兵丁收取餘息以為貼補當差之用，各鎮將都司守備等應嚴行約束，除操演日期按名點驗外，平時仍派員逐日稽查，如不居住兵房，在外游蕩，即行革伍枷號半年，遞回原籍，嚴加管束，永不許食糧入伍。

五、禁革四項目兵名色以杜包差之弊。自總兵至守備衙門所置旗牌、伴當、內丁、管班四項目兵名色，應全行禁革，總兵署內酌留差遣班兵一百名，副將酌留八十名，參將以下至守備，照此按等遞減，分防千總准留兵十名，其餘悉令歸營，不得藉端曠伍。

六、換防戍兵宜分交水陸提督互相點驗。臺郡戍兵係由內地水師陸路各標營派撥輪班更換，調集廈門，經水師提督點驗配船渡洋，陸路提督駐劄泉州府，距廈門甚近，應令親赴廈門互相點驗，倘有應名充數及屢次藉端換防情弊，立時究參駁回另換。

七、海口城廂各礮位宜清查安設以資守禦。臺郡海濱遼闊，沿海口岸舊設礮臺數十處，應照舊安置，外禦內守，以備不虞，其改建城垣之處，亦應相度形勢，添置礮位，以資守禦。

八、嚴禁搶奪械鬥以靖地方。臺郡盜案，按照新例從嚴究辦。械鬥殺人及起意糾約者，均照光棍例擬斬立決，傷人之犯，從重問擬發遣。搶奪案件，聚至十人以上及雖不滿十人，但執持器械倚強肆掠者，為首之犯照糧船水手搶奪例，以強盜律治罪，為從各犯，發新疆給種地兵丁為奴，其搶奪人數在三人以下審有糾謀持械逞強情形及雖未逞強而數在三人以上者，均照回民搶奪例發極邊煙瘴充軍。

九、清查臺灣戶口搜拏逸犯以別奸良。編查保甲，原有定例，應實力奉行，登記戶籍，開載姓名人口，無業游民犯事到官，即在笞杖以下者，亦押令回籍。在臺安分良民情願攜眷者，由地方官查實給照，准其渡海，由地方官將眷口編入民籍，地方官盤獲內地逸犯從優獎敘。

十、嚴禁私造器械旗幟以靖地方。民間除菜刀農具外，如弓箭、腰刀、撻刀、半截刀、鏢鎗、長矛之類，一概禁止，倘若私藏寸鐵，即行從重治罪。各村聚眾械鬥，多用旗幟號召，即使不肯助鬥的村庄，亦須豎立保庄旗一面，方免蹂躪，隨同官兵打仗的義民亦各製造一旗，以示進退，俱應嚴定章程，若有私造旗幟者，即照私造軍器一體治罪。

十一、賭博惡習宜從嚴懲治。嚴禁賭博，地方文武員弁實力稽查，有犯必懲，即壓寶跌錢之類，亦從重枷杖，押遞回籍，如敢不服拘拏，照拒捕之例治罪，各弁兵徇隱故縱勒索錢文者以枉法論，若失於查察別經發覺雖訊無得賄情弊，亦即革伍枷責示儆，並令各汛弁每月出具並無賭博切結，呈報總兵查核。

十二、臺灣文武各官應責成巡察大員隨時核奏。因臺灣孤懸海外，鎮道各員恃有重洋間阻，恣意妄為，通同徇隱，應令將軍督撫提督大員，分年巡察，出具考語具奏，其備弁佐雜則咨部存案。

十三、臺灣道員准令具摺奏事以專責成。臺郡道員遇有緊要案件，雖准會同總兵會銜具奏，但鎮道體制不相統屬，應令道員專摺奏事，毋庸與總兵會銜，並將營伍是否整飭，兵丁曾否操演之處，按月呈報督撫查考。

十四、請開八里坌海口以便商民。淡水八里坌港口寬闊，可容大船出入，距五虎門水程約有六七百里，淡水為產米之區，內地商船多收泊八里坌，載運米石，管口員弁藉端需索接受陋規，徒有封禁之名，毫無實際，應明設口岸，以便商民。

十五、沿海大小港口私渡船隻宜嚴加申禁稽查。應責各

港口員弁實力稽查，如能拏獲私渡民人，即將船隻貨物賞給兵丁，以示獎勵，並飭內地沿海地方一體申明禁例，實力訪拏積慣船戶客頭，以清私渡之源。

十六、臺灣南北兩路宜安設舖遞修治道路船隻以肅郵政。臺灣郡城距廳縣治所遼遠，向來遞送公文俱係番社應役，但番社相距較遠，馳遞不能迅速，遇有要事，信息難通，應仿照內地安設舖遞，每三十里一舖，遞送文報，於封面上填寫時刻，以備稽考[81]。

福康安等將善後章程及審擬案件辦理就緒後，即於乾隆五十三年五月初九日由鹿耳門登舟內渡，十四日，抵廈門，凱旋官兵亦分起內渡。據福康安奏稱福州駐防一起官兵在鹿仔港更換大船，候風放洋時，有領催蘇楞額等乘坐哨船，已至港口，未上大船，陡起風暴，漂至大洋，正在危險，忽有異鳥飛集船頭，以示神祐，漂流兩日夜，果未覆沒，適於黑水洋遇救，軍裝搬運甫畢，見原坐哨船下有數丈大魚浮出水面，哨船登時沈沒。清高宗以官兵渡臺，多獲平穩，疊徵靈異，皆賴天后助順，故先後降旨令李侍堯等修葺天后宮，並御書聯額二份，於廈門、興化兩處懸掛。及平定林爽文後又降旨在天后舊有封號上加增顯神贊順四字，並御書佑濟昭靈匾額一面，交福康安等於沿海口岸廟宇敬謹懸掛[82]。平定林爽文之役，以福康安、海蘭察、鄂輝、普爾普、舒亮等人功績最著，職分亦大，故奉諭於臺灣府城及嘉義兩處共建生祠，塑立像貌，祠內設立木牌，書寫功臣官階姓名，俾使該處民

---

81 《軍機處檔・月摺包》，第 2778 箱，161 包，38873 號。乾隆五十三年五月初九日，福康安等奏摺錄副。

82 《大清高宗純皇帝實錄》，卷 1303，頁 2。乾隆五十三年四月戊申，上諭。

人「望而生愓，日久不忘」，並繪從征二十功臣像於紫光閣。清高宗以大功告藏，特將辦理顛末，御製生擒林爽文、莊大田紀事語、平定臺灣功臣像贊序、御製碑文各一篇，用滿漢文書寫發交福康安、李侍堯於臺灣府城及廈門等處配建碑亭，勒石鎸刻，以紀其事。

　　　　廣東總督臣孫士毅跪
　　　　廣東巡撫臣圖薩布跪

奏為續獲會匪提省質訊錄供附驛奏

聞事竊照饒平縣等獲會匪許阿惱賴阿恩林阿俊涂阿醬四犯經臣孫士毅訊供具

奏咨會關省查等勾引人賴阿邊梁阿步等訊供移覆核辦在案嗣接饒平縣程焜票報續獲入會林功裕一犯所供傳授暗號勾引入會情節與許阿惱等大略相同據臬司姚棻將各犯錄供解審臣等督同在省司道逐一研鞫據林功裕供認向在閩省平和漳浦各處唱戲與平和縣林邊鄉人林三長認為同宗上年六月林三長勾引入會令從劍中爬過設誓教以三指芋炯哪茶及過搶奪之人用三指按住胸膛為號問從那裏來只說水裏來三字便知同會并傳授歌句有洪水漂流及李桃紅木立斗世等字林三長曾經告以有朱洪德係食仙桃孕生約有十五六歲係閩省詔安縣雲霄人張掖掛告知該犯並未見過未洪德等語其言殊屬不

經但其所誦歌句亦有木立斗世之詞隨提齊三面對質除涂阿醬一犯堅供從外許阿安人黃阿瑞勾引入會該犯自認入會惡與初惱賴阿恩林阿俊三犯亦自認入會惡與初供無異惟詰其歌句何與林功裕互異始據供稱所傳歌句尚有洪水漂流李桃洪及朱洪及犯弟結拜共姓洪等字與閩省咨覆溪鳳花亭之洪朱二犯均有影響令其逐解許阿協則稱賴阿邊勾引入會時曾經告以洪李桃是頭人姓名係福建汀州人但現在汀州與否當時未說明白有平和縣磨塘人張阿和及賴阿步在旁聽見賴阿恩則稱梁阿步勾引入會時曾經告以有本會頭人洪李桃年四十多歲俗家住漳浦縣榕樹腳向在漳州龍溪縣東門外福連寺做和尚該犯亦未曾見面林阿俊則稱梁阿步勾引入會時告以頭人係李九陶是平和縣小溪鄉人另有洪李桃是和尚原籍住止亦與賴阿恩所供相符臣等伏查該犯等同

八一會而會中隱語及咒犯姓名俱不符合自
係會犯眾多彼此轉傳顛例所致但糾約入會
之犯俱有姓名住址　臣等自應一面洛會閱
省密拏一面再行詳悉詢供　臣孫士毅現在遵
旨前赴惠潮一帶督緝查拏如遇有續獲匪犯惟有
悉心研究使之無可隱藏不留餘孽所有　臣等
會訊供情理合恭摺附此次由驛之便奏
聞並繕入會匪犯林功裕供單敬呈
御覽伏乞
皇上睿鑒謹
　奏
乾隆五十二年二月　二十七　日

《宮中檔》，乾隆五十二年二月二十七日，孫士毅等奏摺

臣福康安郭輝晁

奏為詳查天地會根由的籌辦理恭摺具
奏事竊細臺灣民習俗悍擄竊成風結會科盟尤
為惡習所有天地會名目起自内地輾轉私傳
又有一種游手匪徒生事擾民名為羅漢脚以
天地會人衆勢強利於糾擄無不聽從入會若
非會内之人即行擄奪是以稍有身家及負販
營生者亦多畏其擄奪不得不從以致南北兩
路日聚日多一經厲縣查拏動輒抗官拒捕此
次林典文謀逆不法即由糾合會匪而起其林
典文入會又係嚴烟傳授五十二年正月内常
青訊取賊匪楊咏供詞其奏據稱聽得嚴烟說
起會的根源是廣東有個洪二房和尚居住後
溪鳳花亭同一個姓朱的年緝十五六歲不知
名字也不知住在那裡等語並經孫士毅逐處
密查不但並無其人抑亦並無其地臣等到臺
灣後屢將天地會根由訊問賊犯僅知取烟吃
茶俱用三指說話不離本字字暗號不能備卷
其詳及孥獲林典文研究再三匪不供吐因係
解京要犯未便用刑嚴訊隨思嚴烟係首先在
於臺灣傳會之犯且係有名賊目必須嚴拏跟

究當即嚴密查緝已將該犯拏獲臣等親加研訊嚴烟即係莊烟又名嚴若海係漳州平和縣人於乾隆四十八年藉賣布為名來至臺灣四十九年在溪底林爽文閒知會內人眾便於糾搶即聽從嚴烟入會五十一年八月林爽文復約同林泮林領林水返回何有志在車輪埔飲酒約會各處村庄互相傳習遂致拒捕戕官釀成逆案臣等以該犯既係臺灣首先傳會之人則天地會傳自何人起自何地必知備細綱其遂一跟究據供這天地會閒說是朱姓李姓起的傳自川內年分久遠了有個馬九龍糾集和尚四十八人演就驅遣陰兵法術分投傳教後來四十八人內死亡不全只有十三人四處起會那在廣東起會的具萬和尚俗名徐喜如今在那裡實不知道又有趙明德陳丕陳彪三人從廣東惠州府來到漳州詔安縣雲霄地方傳會這雲霄有個姓張的不知名字因面上疤痕甚多綽號叫做破臉狗他常留趙明德等在家居住附近高坑菴馬坑廟子仔峽石磜尾溪都是傳會之處乾隆四十八年陳彪借行醫為名到平

和縣緣傳我入會的傳會的這些人是陳彪告訴我的其會都未見過又閒得陳丕也曾到過臺灣傳會如今早回內地去了等語臣將因何興起此會如何煽誘不法嚴切訊問嚴密堅不承認加以刑嚇始終供稱凡傳會時在僻靜地方設立香案排列刀劍令在刀下鑽過即傳給會內口號結為弟兄連父母妻子不許告知也不寫帖立薄那起會的朱姓叫朱鼎元幫同個洪字暗號所以叫做洪二房賊旗上書寫洪號字樣并有五點二十一隱語都是取洪字的意思曉得暗號就是同會即素不認識之人有事都來幫助等語究此外有無不法語句據該徒犯前查奏之語

朱鼎元李姓實在不知名字他們兩家傳下一安雲霄地方傳會自必深知此會根由即應從此根查澈底嚴究現已密派姿升賫信知未可定現據供出趙明德陳丕陳彪三人在詔奪與嗑搶奪相近或竟係自四川省傳來亦不可以所供無搒置之不辦且天地會聚眾搶臣鄧輝在川年久亦未聞有此事但既有此語任內查緝嗑嗑遍加親歷並未聞天地會名目圖架詞傾陷其起會之朱鼎元李姓又無實在下落供訊詞甚為閒爍臣福康安前在四川總督

會李侍堯孫士毅不動聲色嚴密訪察俟閒廣得有根據如果起自川省即飛咨川省一體嚴密查辦李侍堯孫士毅俱係曉事之人必能辦理妥協斷不致張皇漏洩至臺灣天地會情形臣等連日訪察其首先傳會之人藉端煽惑眾衆結盟原屬心懷叵測而附從入會者因紉衆奪等事即須互相幫助雖搶其威好之家不敢不隨同前往是以會內之人有因飲錢助鬥心生退悔者可見邪教惑人之事一時圖利相聚必不能始終合夥串通一氣即如阿里港股戶陳國英原曾入會從逆嗣以莊大田前索銀錢

士毅從前查奏之語大暑相同臣等研究的姦徒編造暗號詞語圖煽誘實堪痛恨而云四十餘人都會驅遣陰兵法術等語甚屬妄誕不經其由川省起會傳至廣東之處並不能指實川省粵省是何縣分與孫士毅前奏乾隆三十二年起自漳州之語不符竟係逆匪等本與粵人不合又因粵人聚集義民拒賊出力希

不遂將伊父母殺害復逃至山豬毛卑庄俱死
義民因粵庄不肯收留勒交穀石氣忿剚死又
有本係會內之人因畏懼干連即充當義民隨
同勦賊如義民首賴水魏奴等俱曾入天地會
賊匪滋事之初即捐資招集義民打仗出力即
此可知入會之人並非全行從賊自大兵進勦

以來仰賴

皇上天威赫濯
　廟謨精詳官軍疊勝長驅得以屢灭克捷凡係贼會匪
　當羽望風潰散不能復行糾集而有從賊會匪
　人數衆多業已蕩除殆盡問有未殺逸犯上緊
　辦拏日有就殺者審明後即行正法此等匪徒
　斷不能復行漏網至此外義民民等亦有曾
　經入會者經此番大加懲創之後再行追
　懼不敢復蹈惡習若於人心甫定之時再行追
　究從前紛紛查辦轉致兹　 　　　　 　玆滋疑慮驚天地會並
　無經像無憑指實或密告計詭索之端轉於地
　方無益惟有嚴密確查首先傳會之人以絕其
　源其來臺灣傳會者除嚴烟外尚有陳丕一犯
　是否實已潛回內地押尚藏匿村庄現仍一體
　查拏究辦並責成地方官永遠嚴行禁止凡有

拜盟立會即非天地會名目亦即嚴懲示儆不
但不使有糾搶之事並不得存結會之名以仰

副我

皇上綏靖海疆整飭民俗之至意除將匪犯嚴烟另
行派員解京外理合據實具
奏伏乞

皇上睿鑒謹
　　奏
　　　方恊李侍堯等

乾隆五十三年三月初六日

　　　《宮中檔》，乾隆五十三年三月初六日，福康安等奏摺

傳播派生

——清朝後期臺灣天地會的派生轉化

　　林爽文起事期間，諸羅縣崎內庄人李效，乘間倡言天地會夥黨欲來庄搶掠，庄民惶恐，紛紛逃避，李效乘隙攫取村民遺失財物。清軍平定南北兩路後，百姓歸庄，李效恐被告發，且慮出入遭人暗算，而於乾隆五十四年（1789）六月間，糾邀陳高陞等人結盟拜會，相約凡遇打架及官差拘捕時，彼此出來相幫抵禦。李效等人結會以來，因可任意出入遊戲，所以取名為遊會[1]。林爽文起事失敗以後，餘波蕩漾，地方官在閩粵內地及臺灣大肆搜捕逸犯，以致會黨案件層出不窮。由於天地會的逸犯潛匿各地，繼續活動，甚至企圖復興天地會，因而直接或間接地加速了天地會及其他各種秘密會黨在臺灣和閩粵等內地各省的傳播與發展。

　　謝志是廣東客家人，自幼隨同父母來到臺灣彰化，平素肩挑為生。乾隆五十三年（1788），清軍平定北路天地會後，逸犯陳信逃至南投，借住於素識的謝志家中。謝志看見他的衣包內藏有天地會誓章一紙，內載「有福同享，有禍同當，一人有難，大家幫助。若是不救，及走漏消息，全家滅亡，刀下亡身」等字樣。謝志問陳信天地會如何結法？陳信即傳

1　《軍機處檔·月摺包》，第 2744 箱，175 包，42241 號。乾隆五十四年十一月初六日，臺灣鎮總兵官奎林奏摺錄副。

授天地會的盟誓儀式及隱語暗號，教他排設香案，在神前宰雞歃血鑽刀，對天立誓，一人有難，大家幫助，如若負盟，刀下亡身。立誓畢，將誓章在神前焚化，吃了血酒，會內的人相見，用左手伸三指朝天做暗號。張標籍隸漳州，他移居南投後，因與當地泉州籍移民向不和睦，仇家甚多，欲糾人結會，以防備泉人。乾隆五十五年（1790）七月二十八日，張標遇見素識的謝志，二人閒談，起意糾人結會。謝志表示「既欲糾人結會，何不復興天地會？」並告知結會儀式。二人遂商定先邀幾個同心的人各去分邀，以期人多。張標隨後邀得吳順光、張阿秀等八人。謝志思及入會之人，應給與憑據。又想：「大家若肯忠心興會，多多招人，便有福氣。」於是令人刻了圖記一個，上刻「福忠興萬合和」六字，凡入會者，即將圖書印給紙片，以為憑據，入會者共計 10 人，即張標、謝志及張標所邀吳順光、張阿秀、蕭翁、陳把、江元祿、林祿、張夜、張文等 8 人，俱為基礎會員，於同年九月初二日在南投虎仔坑訂盟結會，共推張標為大哥，排設香案，在神前宰雞歃血鑽刀。謝志取出天地會舊誓章，與張標等在神前跪讀，然後將誓章在神前焚化，並與眾弟兄分飲血酒。謝志又將天地會用左手伸三指朝天的舊記號，傳授給入會眾弟兄[2]。隨後，張標另又添邀賴束等六人，於九月十五日在張標家中結會一次。張夜轉邀張英等四人，於九月十八日在張夜家內結會。陳把轉邀王受等三人，於九月十九日在陳把家中結會。吳順光轉邀陳光等三人，亦於九月十九日在吳順光家中結會。張文轉邀陳蘭，於九月二十日在張文家中結會。張

2　《明清史料》，戊編，第 4 本，頁 445。乾隆五十六年三月十一日，
　　臺灣鎮總兵官奎林等奏摺移會。

阿秀轉邀張萬等六人，於九月二十一日在張阿秀家中給會。蕭翁轉邀陳和等三人，於九月二十二日在蕭翁家中結會。林祿轉邀施莫等二人，於九月二十三日在林祿家中結會。江元祿轉邀楊呈等二人，於九月二十四日在江元祿家中結會。謝志轉邀施鍊一名，於九月二十五日在謝志家中結會。張標等復興天地會，先後入會者共計四十九人，其中除謝志籍隸廣東外，其餘多隸福建漳州，例如陳和是漳州府平和縣人，寄居臺灣嘉義縣醬寮庄。張標籍隸漳州，向與泉人不睦，他復興天地會的目的，主要是為了防備泉州籍移民。

　　吳祖生原籍漳州府龍溪縣人，寄居淡水廳貓裏地方。乾隆五十五年（1790）九月間，吳祖生聽聞彰化縣民張標等在南投地方糾人重興林爽文天地會，並聞欲俟稻穀收成，尚須做總會。吳祖生起意糾人往與張標入會，就向平素相好的杜渺、黃再、吳堅、吳束、張宣、何院、林翰奇、林元因、林智等九人商定，並託他們代為邀人，預定糾邀一百多人，聲勢不小，則張標不敢小看他。過了幾天，杜渺轉邀吳年等四人，又迫脅莊器等三人入會，吳堅轉邀張奪等四人，張奪轉邀林弼等二人，張宣轉邀陳在等二人，陳在轉邀柯賢等二人，吳束轉邀林萬壽等二人，楊香轉邀鄭田一人，黃再轉邀杜贊一人，何院轉邀謝夏一人，林翰奇轉邀羅太白等二人，林元因轉邀劉彿一人，林智轉邀趙潮一人，羅太白轉邀吳寬一人，吳寬轉邀鄭井一人入會，另外又有迫脅引誘入夥者，合計已有三十餘人，九月底，因聞張標被捕，吳祖生即通知杜渺等暫行歇手。乾隆五十六年（1791）三月，吳祖生計劃在原邀三十餘人的基礎上，添邀二、三百人，然後到本年冬成後，

自行結會，但於四月十六日就被淡水營拏獲了[3]。

　　吳光彩籍隸福建泉州府同安縣，於乾隆五十四年（1789）七月內渡海入臺，在彰化縣埔心庄居住，與村人張阿秀交好。乾隆五十五年（1790）七月間，張標復興林爽文天地會，張阿笑聽邀入夥。同年十月，張阿秀等被拏正法，吳光彩起意邀人結會，為張阿秀報仇。乾隆五十七年（1792）三月間，吳光彩與素來相好的吳基同至陳潭寮內閒談，吳光彩一聞陳潭提及糾人結會搶奪，並問明天地會的結拜儀式，吳光彩即引為同心。同年四月初九日，吳光彩、吳基與張標案內逸犯王都、張英、吳刊三人同至陳潭寮內，由王都等傳授結拜天地會的方法，吳光彩、陳潭等分頭邀人。吳光彩隨後邀得陳僭等九人入會，未幾破案，陳潭等被拏獲正法[4]。吳光彩逃入內山。因聞社丁首黃漢入山查拏，吳光彩即從內山繞至南路內山躲避，在界外沿山腳下挖食地瓜度日。九月十五日，吳光彩被黃漢同南路兵役進山拏獲。後來被綁赴市曹正法[5]。張標、謝志等復興天地會被捕後，俱照謀叛律擬斬立決。但是，結盟拜會案件，仍舊層見疊出，因此，當吳光彩結會案件辦理結束後，福建水師提督哈當阿奏請將結會者均行斬決，原奏稱：

> 臣等查看會匪情形，堅供不能吐實情，甘心受刑愿死，實是積習已深，牢不可破。臣哈當阿視其光景，竟與

3　《天地會（五）》，頁386。乾隆五十六年九月二十二日，福建水師提督奎林等奏摺錄副。

4　《明清史料》，戊編，第5本，頁445。乾隆五十八年十二月十一日，福建水師提督兼臺灣鎮總兵官哈當阿等奏摺。

5　《天地會（五）》，頁401。乾隆五十八年十月初二日，福建水師提督哈當阿奏摺。

新教回子無異。雖據各犯供稱糾人入會，原為搶劫拒
捕，彼此相幫，然人數一眾，難保必無別生不法之事。
總在文武認真辦理，斷不可心存化大為小之見。況張
標、吳祖生兩案，甫經奎林等從嚴辦理，該犯等尚不
知畏法，復敢糾結多人入會，此等匪徒，其居心頑梗，
已可概見，實堪髮指。臣等見該犯等如此心齊，想所
邀之匪徒，未必盡情供出，亦斷不止六十餘名。嚴加
刑訊，仍不得其實。臣等受恩深重，畀以海疆重任，
無不仰體皇上好生之德。但遇此等匪徒，臣等稍有天
良，斷不肯絲毫寬縱，惟竭盡血誠，實力追究，俾無
枉縱而根株。現將供出未獲之犯，勒限按名嚴拿務獲
外，恐尚有黨羽，仍飭營縣改裝易服，不動聲色，密
訪嚴緝，以靖地方，而安良善。臣等更有請者，嗣後
再有匪徒結會，如經糾人及甘心入會者，均行斬決，
或聽誘被脅，而素非良善，亦難輕縱，應行絞決，毋
庸擬發新疆，可免到彼又起煽惑之漸。且使全臺匪徒
知所儆畏，或可馴化其性[6]。

　　福建水師提督哈當阿奏請將結會時經糾人及甘心入會
者，均行斬決，其聽誘被脅者，亦應行絞決，從重辦理。然
而結盟拜會的風氣，並未因此停止。廖山、陳水、張廷路、
李爵等人均籍隸福建漳州府龍溪縣，葉釵籍隸泉州府同安
縣，各在臺灣挑賣鹽、魚、水果等小本生意，因人地生疏，
慮被欺壓，先後加入天地會，冀免被人欺侮。林爽文起事以
後，先後潛回內地，於乾隆五十七年（1792）被拏獲。同年，

6　《天地會（五）》，頁395。乾隆五十七年八月初六日，福建水師提
　　督哈當阿等奏摺錄副。

福建泉州破獲臺灣天地會逸犯陳蘇老等改設會名案件。陳蘇老、蘇葉等籍隸福建泉州府同安縣，向在臺灣耕種度日。乾隆五十一年（1786），陳蘇老等曾拜臺灣天地會頭目李水為師。林爽文起事以後，陳蘇老等隨同入夥。林爽文被捕後，陳蘇老等竄入內山，幫同內山生界原住民種地。乾隆五十七年（1792）四月間，陳蘇老等因事隔年久，潛赴海邊，詐稱遭風難民，搭船內渡。同年五月間，陳蘇老至素好的晉江縣民陳滋家探望，蘇葉、陳池、洪廷賀、楊拂送、姚訓、黃飽、莊堆等先後繼至，各道貧難。陳蘇老與蘇葉、陳滋等起意搶奪，因人數無多，力量不足，陳蘇老憶及臺灣天地會成員到處糾約，互相幫助，無人敢欺，於是傳授三指訣，並教令入會之人，須架起雙劍，先從劍下鑽過，焚香設誓，受拜為師。陳蘇老隨後又至蘇葉家中，添邀王培等四人入會，令其各自糾邀。陳蘇老、蘇葉、王培等輾轉糾邀，多達二百餘人。陳蘇老見會員眾多，心想三指手訣，為眾所周知，恐難分辨，又因天地會查拏嚴緊，於是改造「龘驫」名色，以暗代「天地」二字。並因林爽文曾用「順天」年號，於是令素能刻字的吳牛刊刻「龘驫」二字，及「順國源分」印板一塊，用黃紙印刷，分給會中成員，輾轉散發，作為暗號。同時又編造口訣「天一成水水成仙，地二成火共水連，此卦合成天地格，到時變化萬千千」等四句，令入會之人誦習，以便互相照會。據陳蘇老供稱：「前在臺灣入會，只圖免人欺負，後見林爽文作逆，隨同入夥，並非有名股頭，實沒受過偽職。今事平日久，逃回原籍，無計謀生，因思改設會名，共圖搶劫。至捏用順國字樣，不過假托臺灣根源分來，可以驚嚇鄉愚，即所

編口訣，亦指暗合天地二字，實無另有別情[7]。」陳蘇老令會
中成員各備刀械，搶奪時如遇兵役查拏，即行抵拒。訂期於
八月十五日各赴村鎮鋪戶分頭劫掠。但在滋事以前，即被訪
拏。蘇葉見事機敗露，即通知陳蘇老、洪廷賀等，囑其乘勢
搶劫村民，得錢逃遁。是年七月二十二、三等日洪廷賀帶領
陳芳等八人至新店鄉，進入洪文麟店內搶劫番銀五十圓，錢
二十四千文。又搶得洪振源鋪內錢十三千，番銀三十四圓。
七月二十四日，至馬巷地方，途遇驛夫陳祖、黃啓遞送臺灣
各衙門文冊赴省城，洪廷賀等懷疑是稟拏會黨公文，隨將陳
祖、黃啓用繩勒斃，棄屍井內，並將各文冊燒燬。同日，蘇
葉等十五人亦在同安縣孫厝鄉搶劫孫宿家衣物二十餘件，錢
十二千五百文，紋銀十一兩。陳滋等八人亦在馬巷下廟搶得
陳朝家內衣箱一支，錢十八千文。此案先後拏獲二百二十七
名，經閩浙總督覺羅伍拉納恭請王命，分別凌遲斬決者一百
十一九名，請旨即行正法者三十九名，其餘一百六十九名，
發配黑龍江給索倫、達呼爾為奴，仍照例刺字[8]。陳蘇老等由
臺灣潛回福建同安縣內地，將「天地」二字改造為「鷰鸞」
字樣；所編造的歌詞內亦嵌入「天地」二字；刊刻圖印中「順
國源分」表明是從臺灣順天國根源分來。因此，福建同安縣
所取締的鷰鸞會，就是臺灣天地會的派生現象。林爽文起事
失敗以後，天地會逸犯的繼續活動，更加助長了閩粵等省秘
密會黨的發展，會黨林立，名目繁多。
　　陳光愛原籍福建，住居臺灣鳳山縣境內的和尚庄。他與

7　《天地會（五）》，頁461。乾隆五十七年九月十五日，閩浙總督覺
　　羅伍拉納奏摺錄副。
8　《大清高宗純皇帝實錄》，卷1413，頁3，乾隆五十七年九月壬子，
　　上諭。

呂恭、林牛、吳媽記、鄭續、黃亨、陳周等六人，往來最密。
乾隆六十年（1795）正月初二日，呂恭等人在陳光愛家中拜
年吃酒，呂恭等慫恿陳光愛結會，呂恭等表示願為頭人，分
頭邀人入會。陳光愛應允，隨後邀得鄭待等二十七人，呂恭
邀得彭裕等十六人，林牛邀得陳潮老等十二人，吳媽記邀得
董添等九人，鄭續邀得葉海等十一人，黃亨邀得陳雄等十二
人，陳周邀得林和等十五人，以上共一百零九人。同年正月
二十六日，陳光愛等帶領所邀弟兄齊至和尚庄附近烏山後僻
靜處，設立香案，排列牲醴香燭，弟兄們俱呼陳光愛為大哥，
拜天立誓，歃血飲酒而散。正月二十八日，呂恭、林牛到陳
光愛家中，呂恭稱：「從前臺灣所結各會懲緣等待邀人，不即
起事，以致敗露被拿。今我等所邀人數少，當在外面先說程
香庄人已歸和尚庄，各庄多有附從，定日豎旗攻縣，庄民自
必驚恐搬逃，人心一動，必有多人附和。可以乘機先攻石井，
若搶得汛上鳥鎗，彼時既有器械，附和之人更多，即可攻縣[9]。」
眾人商定，呂恭等四處播散謠言。陳光愛見庄民搬遷，以為
人心已動，決定起事，訂於二月初四日夜間攻打石井汛。是
日午前，庄民李聰明探聞陳光愛等已定於是夜往攻石井汛
地，即與素來交好的陳益等商謀，邀得陳雄等十七人，約定
二更時分同至相近石井汛處所，等候動靜。三更時分，陳光
愛率眾圍攻石井汛地，李聰明即跟隨在後面附從。陳光愛攻
打汛地時，被汛兵放鎗打死弟兄七名，又聞府城官兵將到，
隨即逃散。李聰明是萬丹街人，他潛回後，被義民首等所誘
擒。是年閏二月十一日，萬丹街義民首貢生李登元、武生李

9　《天地會（六）》，頁3。乾隆六十年三月十七日，福建水師提督哈
　　當阿奏摺抄件。

必魁將李聰明誘至李文記家中飲酒後，即通知萬丹汛弁帶兵往捕，解至鳳山縣城審訊。福建水師提督哈當阿審擬陳光愛等結會一案時，主要是援引謀反大逆律審理，陳光愛、呂恭、林牛、鄭續、吳媽記、黃亨等六名均依謀反大逆律凌遲處死，陳聰等五十八名入會滋事，均依謀叛皆斬律擬斬立決，於審明後恭請王命，俱綁赴市曹，分別凌遲、斬決，仍梟首示眾[10]。陳光愛等糾眾結會，拜天立誓，但各犯供述結會經過時，並未供明會黨名目，學者多視為天地會[11]。臺灣天地會多以漳州籍移民為骨幹，亦以漳州庄為數最多。陳光愛所領導的會黨，卻以泉州籍移民所佔比率較高。例如住在萬丹街的李聰明，其原籍為泉州府同安縣。住在程香庄的葉海，其原籍也是同安縣。此外，如葉告、許凜、邱幫、邱庇、簡沮、林才、陳潮老等人的原籍，都是同安縣，但多在臺生長。陳光愛等邀人結會後，不久即起事攻打汛地，與初期會黨的活動，頗不相同。正因起事倉猝，人數有限，缺乏組織，只是一群烏合之眾，以致一夜之間即失敗逃散。

　　陳周全又名陳周，原籍福建泉州府同安縣，自幼在臺灣生長。乾隆五十七年（1792），陳周全返回同安縣原籍後，曾經加入陳蘇老等倡立的鬮黐會。陳蘇老等被捕以後，陳周全逃回臺灣鳳山，賣糖度日，與和尚庄陳光愛等人交好。乾隆六十年（1795）正月二十六日，陳周全與陳光愛等人結拜天地會。陳光愛起事失敗後，陳周全逃往西螺等地藏匿，後來又逃匿彰化湖仔庄泉州同鄉馬江家中。同年二月間，臺灣因

10　《天地會（六）》，頁4。
11　秦寶琦著《洪門真史》（福州，福建人民出版社，1995年3月），頁67。

青黃不接，又因內地米價昂貴，船戶來臺買米過多，以致市
價日長，每石賣至四、五千文，值銀五兩上下[12]，彰化城內饑
民因而有搶米事件，地方官率兵前往鎮壓。陳周全等商量結
會起事，有同夥王寧、蔡三元、蔡比、蔡雙茂等人各幫助番
銀千百圓不等，作為糧餉。陳周全將會黨成員分作漳、泉、
粵三股，以晉江人洪棟為軍師，以陳光秀等人為將軍。陳周
全起事陣營中有不少人是陳光愛案件的逸犯。三月初十日，
軍師洪棟建議先攻鹿仔港，再取彰化。陳周全定於三月十二
日夜間四更齊攻鹿仔港。馬江、陳光秀等率眾人攜帶竹篙槍、
半斬刀等前赴埔鹽庄會齊，十三日晨攻陷鹿仔港，十四日晨
乘勝進攻彰化縣城，不利，轉攻八卦山，同日夜晚，攻破彰
化縣城。商民鄭載是廈門人，乾隆五十八年（1793），前往鹿
仔港開設米鋪生理。乾隆六十年（1795），鄭載在理番廳充當
行保。他曾親眼目覩陳周全等攻陷鹿仔港情形，他在供詞筆
錄中有一段內容稱：「這三月十三日卯時，有陳光秀、陳周全
等在鹿港街聚眾豎旗謀逆的事，攻破鹿港，理番同知朱慧昌、
游擊曾紹龍俱被殺害，小的是眼見的。後來聞得彰化縣於十
四日晚也被攻破，緣今年正月內陳光愛等在南路鳳山地方鬧
事，被城守營陳游擊、代理府朱同知帶兵剿捕。陳周全等脫
逃，文武懸賞緝拏未獲。本年三月十三日早，在鹿港地方土
名湖仔庄內聚匪，糾眾攻破鹿港地方[13]。」由鄭載供詞，可以
知道陳周全等就是陳光愛一案的逸犯，攻破鹿仔港的時間是
三月十三日早，十四日晚攻破彰化縣城。廖協是彰化縣馬鳴
潭庄人，他曾參加攻打彰化縣城及八卦山營盤的戰爭。據廖

12　《天地會（六）》，頁 15。乾隆六十年四月初九日，寄信上諭。
13　《天地會（六）》，頁 47，鄭載供詞筆錄。

協供稱：「乾隆六十年三月十三日，陳周全們攻破鹿港。十四日，廖川來招我入夥，我跟廖川們去攻彰化縣城、八卦山營盤，與官兵打仗。適下大雨，官兵槍礮不能施放，後見八卦亭火起，大家就乘勢擁上[14]。」彰化縣城內見八卦山火起，兵丁已無守志，陳周全乘天黑攻佔縣城，釋放囚犯，知縣朱瀾遇害。陳周全張貼告示，其內容如下：

> 大盟主朱，為曉諭安民事。諸我兄弟等，今爭天奪國，
> 招賢納士，敬老慈幼，矜孤恤寡之念，開釋兵役房科。
> 無罪不許強索財利，搬搶物件，如敢故違，立斬示眾。
> 爾鋪民等，切勿驚惶，各安生業毋違。特示。功豎濟
> 仰。天運乙卯三月十六日給[15]。

三月十六日的告示，書明「天運」年號，陳周全為大盟主，但假借朱姓為號召。三月十七日，陳周全率眾攻打斗六門，不利，即與馬江率領三百餘人往攻犁頭店巡檢署，是晚屯駐於柴坑仔。三月十八日，攻打田中央，失利。都司焦光宗趁勢奪取彰化縣城，義民亦奪回鹿仔港。陳周全逃至埔心庄，於三月二十三日被捕。陳周全起事，人數無多，聲勢不大，不久後即被擒殺。據閩浙總督覺羅伍拉納奏稱，義民首楊仲舍等招集義民二千餘人，假意投入陳周全陣營中，出其不意殺死會黨數百人，拏獲陳周全[16]。此案先後被斬者計五百餘人，內一百四十人被凌遲斬決。對照被捕各犯供詞，可以知道陳周全陣營內入夥各犯的原籍，分隸福建漳、泉及廣東客家等庄。例如張廷原籍廣東海陽縣，龍梗是廣東揭陽縣人。

14　《天地會（六）》，頁58，廖協供詞。
15　《天地會（六）》，頁11，告示。
16　《天地會（六）》，頁21，乾隆六十年四月十一日，寄信上諭。

王贊原籍泉州府晉江縣，楊吉原籍泉州府惠安縣。林起、林
洒、吳大憨、賴肅等都是漳州籍移民。其起事成員包含漳州、
泉州與廣東等籍移民。乾隆六十年（1795）五月十四日寄信
上諭有一段諭旨云：

> 據覺羅伍拉納、楊廷理奏，漳、泉民人素分氣類，從
> 前林爽文滋事時，該犯籍隸漳州，是以泉州人充當義
> 民。此次賊首陳周全籍隸泉州，漳州人充當義民，以
> 為口食〔實〕等語。漳、泉民風最為習悍，屢經大加
> 懲罰，尚不知悛改。今若欲使之默化潛移，一改積習，
> 無論哈當阿、楊廷理等不能道德齊禮。況臺灣地方向
> 分漳、泉、粵三庄，伊等類聚群分，遇有事端，彼此
> 轉得互為牽制。即如林爽文、陳周全滋事時，悉賴有
> 義民，是以要犯得以就擒，迅速集事，否則僅恃該處
> 弁兵，安能似此克期成功！甚或漳、泉之人串通一氣，
> 勾結滋擾，剿捕豈不更覺費手。是該處民情不睦，亦
> 只可聽其自然，倘有械鬥仇殺情事，地方文武原可隨
> 時查拿，按律懲治。但此意該鎮道惟當默存諸心，又
> 不可使漳、泉人知覺，轉啟朋比為奸也[17]。

　　引文中已指出陳周全等人籍隸泉州府同安縣，因此，漳
州人充當義民，這種現象在雍正及乾隆初期，並不多見。從
前引〈寄信上諭〉，可以說明清廷治臺的措施是屬於一種矛盾
的消極性治臺政策，對臺灣的社會發展產生嚴重的負面作用。
　　陳周全起事失敗以後，仍然餘波蕩漾，結盟拜會活動，
並未停止。原籍泉州府晉江縣人施蘭竟為復仇而糾人結會。
施蘭住居彰化縣，兄弟二人，其兄施斐曾從陳周全攻打鹿仔

17　《天地會（六）》，頁36，乾隆六十年五月十四日，寄信上諭。

港、彰化縣城，後來被捕正法。施蘭心懷不甘，欲為其兄報仇，於是糾人結會。施蘭被捕後供述結會經過頗詳，節錄一段供詞如下：

> 年三十八歲，原籍晉江縣人，寄居彰化縣。父親已故，母親吳氏尚在。兄弟二人，哥子施斐過繼伯子為嗣。乾隆六十年三月，賊匪陳周全作亂，那時我在淡水生理，哥子施斐從賊為匪，被拿正法。後來我回到彰化，聽得人說哥子係被陳周全逼脅隨行，並非甘心入夥。我以哥子既被脅從，不該正法，死有冤抑，所以心裡不願，要與哥子報仇，起意招人謀反。七月十三、四等日，陸續招了施來、施獻、施象、施協、施臺五人入夥，連我一共六人。八月初二日到我家裡會齊，我排列香案三牲酒醴，又把米斗盛米插了兩把半斬刀，一同拜天立誓，不可走漏風聲。如有背心，必遭殺戮。賭咒已畢，宰雞一隻，把雞血滴入酒內，和眾人分吃血酒。又用銅錢一個，錢邊鑿了兩痕，掛在胸前做暗號。我對施來們說，每人名下要多招人馬，俟招齊再行會商，擇日起事。正在結會，見有一人推門進內，問要買龍眼麼？我因被那人看見，怕他漏泄，隨問他姓名。據說姓黃，名三，我就叫他入夥。黃三不肯，我要把他殺害，黃三應允。吃酒一完，黃三就逃走不見。到八月二十日，我同施來們聽聞營縣查拿，隨即逃避[18]。

施蘭等模倣天地會入會儀式結盟拜會，其結會的原因，主要是為其兄施斐冤死復仇。福建水師提督哈當阿認為施蘭

18　《天地會（六）》，頁50，施蘭供詞。

拜天立誓，分吃血酒，與臺灣歷辦天地會無異。同年十月十二、十八、十九等日，施蘭、施來、施獻、施協等先後被捕。陳光愛、陳周全、施蘭等結會活動，都是林爽文天地會的餘波，但其規模都不大，焂起焂滅，歷時很短。

　　由於地方官嚴厲取締結會活動，重懲天地會成員，為掩人耳目，天地會逸犯，多改換會名。乾隆末年，臺灣鳳山縣境內出現的小刀會，就是以天地會為模式而改設的小刀會。這個小刀會的倡立者為鄭光彩，他的原籍是福建漳州府龍溪縣，自幼生長在臺灣鳳山縣境內，向來與陳旺、魏東、楊骨等人交好。鄭光彩等四人俱無恒業，起初靠著為人看守田園度日，後來竟勒令附近各庄每年給與工錢，聲稱代其保守田園，如不依從，即強割偷竊。附近各庄居民雖然怨恨，但都害怕允從，歲給工資，惟廣東客家庄人不服，聲言欲行告官究辦。鄭光彩慮及結仇甚多，恐被告發查拏時，無人幫助，因而思及從前天地會內之人，遇事互相幫助，大家都怕他，於是起意結會。乾隆五十九年（1794）五月初間，鄭光彩與陳旺、魏東、楊骨相商，陳旺等因天地會名目易於招搖，必須改換會名，以掩人耳目。四人議定分路糾人入夥，擇日排設香案，歃血飲酒，拜天立誓，各人置備小刀一把，隨身攜帶，變名小刀會。一人有難，大家幫助。鄭光彩糾得侯旋等十二人，又逼脅蔡侯等七人。陳旺、魏東、楊骨三人共邀得洪贊等三十一人，合計共五十四人，於同年五月二十三日同到鹽埔庄楊骨家中會齊，備辦牲醴香燭，拿到庄外僻靜空埔排設，共推鄭光彩為大哥，陳旺為二哥，魏東為三哥，楊骨為四哥，眾人拜天立誓。鄭光彩與陳旺等四人口稱：「會內的人都要齊心，如一人有事，眾人協力相幫，背盟之人，立死

刀下。」又由鄭光彩為首，各人挨次將左手食指用刀割破，滴血酒中分飲。約定各人置備小刀一把，用牛角做柄，隨身攜帶，以為暗號，又可做器械。當天因蔡侯等十六人臨時害怕，鄭光彩與陳旺把他們的手指強割而散。鄭光彩因楊骨家房屋窄小，怕人識破，又不能聚集多人，所以另在近山的柳仔林無人處所，搭蓋草寮數間，作為聚集之所，以便多多糾人入會。但在五月二十八日才開始搭草寮，不料就被首告破案[19]。同年六月初六日，柳仔林地保向鳳山縣稟報保內柳仔林地方，近有多人在地搭蓋草寮，夜聚晝散，蹤跡詭秘。六月初九日，鳳山縣民人施水赴福建水師提督兼管臺灣鎮總兵官哈當阿衙門首告鄭光彩等人結拜小刀會，並稱施水自己係被鄭光彩迫脅入夥的。營縣據報後，即於初九日夜間密往查拏。小刀會成員聞風先逃，兵役僅拏獲鄭光彩、魏東、莊徑三名。哈當阿即令臺灣府知府遇昌馳赴南路，會同署參將敏祿、鳳山縣知縣張祥辰四路堵截。六月十九日，據知府遇昌稟報先後緝獲楊骨等三十四名。小刀會成員容納了漳州籍和泉州籍移民，例如鄭光彩是漳州府龍溪縣人，陳旺是漳州府海澄縣人，魏東、楊骨原籍都是泉州府同安縣。但無論漳州或泉州，多生長鳳山等地，原籍意識較淡薄。小刀會逸犯未獲到案者頗多，他們藏匿各處，仍繼續活動。

　　嘉慶二年（1797）十二月，臺灣淡水的小刀會，也是以天地會為模式而倡立的秘密會黨，其倡立人為楊肇。他的原籍是福建漳州府漳浦縣人，徙居淡水廳鹿寮庄，與鄭化、張聳、許圍、蔡香、吳興、林疵、楊銳等人素相熟識。嘉慶二年（1797）十二月初間，楊肇同鄭化等閒談，起意倣照天地

19　《天地會（六）》，頁76，鄭光彩等供詞。

會結盟，同心舉事，大家應允。楊肇即於十二月初十日，備辦雞酒，邀同眾人到吳興家裡結會，大家推楊肇做會首，鄭化等七人都做頭目，拜天立誓，歃血飲酒，鑽刀定盟。楊肇口稱：「一人有事大家幫，泄漏機關劍下亡。」又議定暗號，總以三指取物，同會人相見，可以不問自知。因天地會名目張揚，變名小刀會。商同鄭化等分路糾人，照樣盟誓。後來楊肇糾得陳賞等二十四人入會。十二月二十日左右，各人糾約入夥者共一百多人。楊肇心想閩粵庄民素分氣類，必須激成械鬥，掩飾結會情形，以便乘間豎旗起事，於是製作了「漳泉滅廣」布旗。十二月二十五日，楊肇率眾各帶器械同往焚劫水梘頭（淡水鎮水源里）等庄，大家攜帶的器械，主要是半斬刀、竹篙串、木棍等，被殺害的都是廣東客家庄民，包括：魏華古、曾玉生、魏彩雄、龍添馨、魏廷芳、鍾路坤、曾玉鳳、曾茂生、林添麟九人。楊肇等正要舉事，不料文武官兵已得信息，連夜趕去捉挐。當天因大雨，天氣寒冷，所糾夥黨只到一半，眾人都驚慌逃散，蔡香、吳興等被捕，楊肇知悉不能逃散，所以聽從義首何繪投首，其餘鄭化等人先後被捕[20]。楊肇等所倡立的小刀會，也是以天地會為模式，其基本成員是以福建漳、泉移民為主。例如楊肇、林疪、楊銳等是漳州府漳浦縣人，張聳、林標等是漳州府龍溪縣人，許圍是漳州府南靖縣人，鄭化、蔡香是泉州府同安縣人，吳興是泉州府安溪縣人，陳英是泉州府晉江縣人。在楊肇等人供詞中亦稱「閩廣各分氣類」、「漳泉滅廣」等字樣，具有濃厚的閩粵分類意識。但因結會不久就被查禁，並未造成大規模的閩粵分類械鬥。

---

20 《天地會（六）》，頁82，楊肇等供詞筆錄。

　　嘉慶三年（1798）七月，嘉義縣民徐章等亦倡立小刀會。徐章原籍福建漳州府漳浦縣，住居嘉義縣，向無本業，嘉慶三年（1798）七月初間，與相好的胡杜猴、陳尉會遇。大家說起窮苦，商量糾夥搶劫，又恐兵役查拏，徐章即起意結會，胡杜猴、陳尉應，因天地會名目容易張揚，所以改名小刀會，各置小刀防身，並可拒捕抵禦。隨後徐章糾得胡番婆、李印、李對、蘇周光、張狗五人，胡杜猴糾得胡倦等五人，陳尉糾得王兆等四人，胡番婆又糾得康疊一名，一共十八人，於七月初九日，在嘉義茅港尾荒埔會齊，各出錢三百文，買備牲醴香燭，排列空地，眾人推徐章做大哥，大家拜天立誓，言定各再邀人入夥搶劫，倘被兵役查拏，都要齊心協力，相幫拒捕，如若背盟，立死刀下。立誓後，徐章同胡杜猴各拿小刀架住，陳尉率同眾人都從刀下鑽過。日後路上相遇，伸出兩指，問要到那裡去，他伸出一指回說：「本要到這裡來。」就知是同會兄弟，以作暗號[21]。同年七月二十日，據嘉義縣知縣吳球稟報密會營員查拏，徐章等即聞風逃散。福建水師提督兼管臺灣鎮總兵官哈當阿據稟後即飭府縣會營員嚴拏，先後拏獲徐章、陳尉等十二名，於八月二十二日審擬斬立決，綁赴市曹正法。徐章等結拜小刀會後，胡番婆又轉糾張戰入會。徐章等被捕後，胡番婆等六人逃逸未獲。嘉慶四年（1799）五月，胡番婆被捕，照例擬斬立決，張戰擬絞立決。

　　嘉慶三年（1798）九月間，鳳山縣破獲汪降等聚眾結會案，是年九月初九日，原籍泉州府安溪縣的楊保，途遇交好的李南，告知楊保，已與汪降等糾人結會，原圖攻搶縣城，因事敗露，恐被拏獲，現在趕緊糾人，訂於九月十三日夜間，

21　《天地會（六）》，頁88，徐章供詞。

在半屏山會齊，即於是夜乘間進城搶殺，楊保應允入會。九月初十日，藍命、趙海途遇交好的鄭回，鄭回告知藍命等已與汪降結會糾人，並囑轉糾他人入會，藍命等允從，趙海轉糾戴老等人。此外，李南、蔡光輝、余印、王捷、王傳、陳光庇、吳光傳、陳九宗等先後入會。至期，汪降率眾各持刀械到半屏山，汪降因所糾黨夥僅止數十人，不敢舉動，又見官兵上山查拏，眾人遂畏懼逃散。

嘉慶五年（1800）三月，嘉義有陳錫宗等結拜小刀會案件。徐章等人被正法後，其重要幹部胡杜猴逃逸未獲。嘉慶五年（1800）三月，胡杜猴潛回嘉義，與原籍漳州府海澄縣寄居嘉義挑賣雜貨的謝商等人共同擁戴陳錫宗為首，復結小刀會，以吳泰為軍師，入會的除陳錫宗、謝商、胡杜猴外，還有王思謙、陳綿、戴助、蔡忠、謝雪梅等二十餘人，後來又輾轉糾人，入夥者日增。會中原約於早收成熟，得有稻穀時，定期於五月間舉事。約定分路糾人入會，齊心協力，大家幫扶。謝商即糾得鄭億等人入夥。四月初三日，股頭王珠即樣仔珠同夥侯紅被嘉義縣兵役拏獲破案，陳錫宗聞知事泄，即於四月初五日傳齊眾人商議起事。謝商又糾得陳琛等十三人前往幫助，大家允從。隨即駕坐陳琛船隻駛至灣港停泊，留鄭河等三人看船，謝商即與鄭億等十六人同至陳錫宗家，已經齊集四百多人。陳錫宗吩咐先攻鹽水港營汛同巡檢衙門，搶奪器械錢糧。當晚四更時候同至鹽水港，謝商跟同陳錫宗、胡杜猴等攻搶巡檢衙署，陳錫宗首先擁入佳里興巡檢衙署，殺死巡檢姜文炳及兵丁吳銘恩等十餘名，焚燬鹽水港汛防。因汛官奉差緝拏盜匪，不在營汛，又因黑夜，猝不及防，以致未能抵抗。眾人一同回至陳錫宗家中，探聞官兵

前來剿捕，陳錫宗令各人在沿途埋伏拒敵。臺灣鎮總兵官愛新泰等派撥兵役五百名，即於四月初六日連日出城，馳往剿捕。四月初七日午刻，行抵木柵地方，木柵以北，沿途竹林密箐之內，俱有持械會黨，逐段伏截，官兵不敢前往。四月初八日黎明，官兵分隊前進，行至十里曾文地方，雙方激戰，各有傷亡，會黨向北敗退，官兵尾追至茅港尾地方紮營，此時會黨七、八百人。四月初九日黎明，會黨增加至千人，四面圍攻官兵營盤，陳錫宗從東北角手執紅旗督隊猛撲，官兵鎗礮並施，陳錫宗中礮落馬身故，同夥傷亡百餘人，餘眾逃散，會黨先後被捕者多達四百餘人[22]，其為首各犯，分別按照反逆律凌遲處死，或各照謀叛已行律斬決，俱從重懲辦。同年四月間，鳳山縣會首蔡光興聞知嘉義鹽水港小刀會起事，亦欲附和，隨即糾得蔡受等四十二人，於四月初七日夜間往攻萬丹汛，放火焚燒汛房。官兵隨後拏獲三十五名，其中杜富、三吧六等是原住民，其中杜富是加拔社熟番，聽從素好的李滔糾邀入夥，他被捕後照律斬決，綁赴市曹正法，傳首梟示。

嘉義縣人郭定是陳錫宗小刀會案內逸犯，嘉慶六年（1801）十一月初五日，郭定從內山逃出，潛匿於嘉義縣屬許秀才庄白啓家中。白啓素無恒業，與林烏番、李權、柯瓊、鍾添送、楊美交好。林烏番聞知郭定到白啓家藏躲後，即同往探望，郭定懇求設法救援。白啓即起意再結小刀會，糾人攻搶鹽水港，計劃起事，眾人俱各允從。隨於十一月初七日

---

22 《天地會（六）》，頁95，臺灣鎮總兵官愛新泰奏摺錄副；同書，頁107，閩浙總督玉德奏摺錄副；同書，頁117，臺鎮總兵官愛新泰奏摺錄副。

夜間，林烏番等五人齊赴白啓家中，連郭定、白啓及白啓轉糾的王諧，一共八人，攜帶牲醴香燭，赴許秀才庄荒埔排列，推白啓為大哥，林烏番等六人為頭目，王諧為軍師，一同拜天立誓，歃血訂盟，言明各自招人入會，並訂於十一月十一日夜間，各帶所糾夥黨，赴洲仔地方會齊，先攻鹽水港汛防，奪取鎗礮刀械後，再行起事。白啓又令王諧刊刻「大將軍白」四字木戳，用黃綾剪成尖角旗式，上蓋戳記，臨時分給夥黨。後來白啓糾得蔡光嬰等九人，林烏番糾得蔡獻等五人，李權糾得黃力等七人，郭定糾得陳傳等二人，柯瓊糾得郭烏番等二人，郭烏番又轉糾林景一人，鍾添送糾得葉青彩等四人，楊美糾得謝樺等六人，眾人各持器械，於十一月十一日夜前至洲仔荒埔齊集。白啓隨令王諧將糾到夥黨，逐名登簿，查點人數，僅止四十四名。聞知營縣已有防備，恐難抵敵官兵，不敢動手。因知武生蔡廷光養有馬匹，隨帶糾到夥黨赴蔡家搶刼，戳傷二人，復令眾人分頭多招夥黨，改期再聽信息[23]。十一月十五日，臺灣鎮道訪聞白啓等再結小刀會信息後，即選派兵役查拏，計拏獲首夥三十六名，俱被凌遲斬梟，其餘王四湖等人逃逸未獲[24]。

　　白啓小刀會案平息後，鳳山縣境內又有李順等糾拜小刀會案件。李順素無恒業，他與王語、胡老生、陳經、吳平等人交好。嘉慶九年（1804）八月初八日，李順等人在吳平家會面，共談貧苦，李順起意結拜小刀會，冀圖搶奪，眾人允從。李順隨後糾得黃大添等七人，王語糾得陳突等四人，胡

23　《天地會（六）》，頁127，嘉慶七年三月初一日，臺灣鎮總兵官愛新泰奏摺。

24　《宮中檔》（臺北，國立故宮博物院），第2712箱，55包，7396號，嘉慶七年二月十三日，閩浙總督玉德奏摺。

老生糾得鄭添月等四人，吳平糾得陳願一人，首夥共二十一人，於八月十四日夜間齊赴崎仔頭庄荒埔排列牲醴香燭，共推李順為首，拜天立誓，同吃雞血酒結拜小刀會，將同夥姓名寫立會單。李順見黨夥齊心，於是計劃在十月間晚稻收成後搶得糧食後聚眾起事。李順等結會以後，會員陳經又糾得魏滔一人，吳平又續糾得吳表一人，合計二十三人。因營縣兵役訪聞密拏，李順情急，提前起事。會員陳願曾做裁縫，李順令其製造紅心綠邊方旗一面，並通知會中弟兄於八月二十五日夜間攻搶水底寮汛防，得有軍械後即豎旗起事。但因夥黨人少，不敢動手，李順隨將旗幟焚燬，分路逃散。後來被捕要犯共十九名，李順照謀逆律凌遲處死；王語等十三名，照謀叛已行律斬決[25]。逸犯吳平潛往北路沿山一帶，求乞躲避。是時，海盜蔡牽夥黨蔡九、謝基等奉命來臺勾結。吳平與謝基素識，即聽從謝基糾邀，收受銀圓，應允招人入夥，欲俟蔡牽海盜船隻到臺，即在岸接應。嘉慶九年（1804）十一月十二日，臺灣府知府慶保訪獲蔡九、謝基、吳平三人，俱照例斬決正法，傳首梟示[26]。

　　乾隆末年至嘉慶年間，臺灣小刀會的活動，十分活躍，案件頻傳，遍佈於南北兩路，各地小刀會都倣效林爽文天地會模式，舉行盟誓儀式，其所以變名小刀會，主要也是由於乾隆中葉臺灣小刀會已是耳熟能詳，家喻戶曉。因此，一方面可以說明乾隆末年以後的小刀會，多為林爽文天地會的餘波蕩漾，一方面也說明探討清代後期臺灣小刀會的發展不能

25　《天地會（六）》，頁132，嘉慶十年二月初十日，臺灣鎮總兵官愛新泰奏摺錄副。
26　《天地會（六）》，頁134，嘉慶十年四月二十二日，臺灣鎮總兵官愛新泰奏摺錄副。

忽略乾隆中期小刀會活動的背景。由於結盟拜會風氣的盛行，家無恒業的游民，動輒糾眾結拜小刀會，到處搶奪，對臺灣社會造成嚴重的侵蝕作用。道光三十年（1850），彰化縣民林連招等結拜小刀會，是年八月，林連招等被捕，其黨夥藉機尋仇報復，率眾攻庄，焚搶殺掠，為害地方。彰化縣團練局總理林媽盛具呈控訴小刀會荼毒地方的嚴重情形，其呈詞內容云：

> 竊盛蒙縣諭舉團練局總理，守法奉公。緣有著匪林連招等倡立小刀會，糾黨強派，焚搶擄勒，閭閻受害，嗟莫勝言。道光三十年八月，縣主訪聞飭拏，當獲會首林連招一名解辦。適有督憲劉訪拏要犯林開泰，黨搶拒捕，泰被鄉勇當場格斃，稟驗欲梟示眾，該匪家長求懇領埋。詎料泰子林有理、林有田、弟林天和不知歛跡，膽糾會首林顏仙、林老成、林海瑞等率夥攻庄，焚搶擄殺，報復前讎，稟縣彈壓，諭令暫移避禍。上年二月間，盛雇工犁春，匪等偵知，招集會匪林傑、林尫、林希等百餘猛，預伏瑞等巢穴突出亂銃齊發。挑工林彥、林概、劉尫、黃天來四人逃走不及，均被擄，在理父墓前斬首分形，令黃江水等堆柴燒屍滅跡。盛聞報飛稟縣主剿辦，理等如虎負嵎，兵役畏威，莫之敢攖，疊稟府道各憲暨沐協臺委巡捕黃、北投汛沈，於五月二十四日帶同兵役鄉勇馳往下南勢庄圍拏，林連招等抗拒，黨林象等殺傷兵丁陳玉成，搶去軍械，橫將鄉勇張慈、洪明、沈和三人擄割耳鼻，捆拋落水溺斃，屍親生員張飛騰等叩驗在案。嗣蒙道憲委員張，會同文武帶兵赴阿罩霧庄圍獲林有理等，遭林二埤等

把持包庇騙限捆送，致文武空回，僅獲燒屍之黃江水
等，訊認起出林彥、林概碎骨交領確據，其劉屺、黃
天來二屍，未蒙起驗，兇要杳無一獲。匪藉埠等包庇，
憝不畏法，猖獗日甚，製造火藥礮臺，遍插禾稻，稱
作糧食，攻庄搶擄，男女驚逃，田屋盡遭遷占，節叩
各上憲，均批嚴緝。無如縣主畏威縮首，兇匪欺控莫
何，愈肆荼毒，復行攻搶局勇謝祺、黃山等店屋財物，
叩縣勘追未追，可憐盛及局中鄉勇有田莫耕，棲身無
地，生死銜冤，不得已萬里上叩[27]。

　　由引文內容可以說明臺灣小刀會首領林連招夥黨攻庄報
復，焚搶擄殺，燬屍滅跡的殘暴情形，為害鄉里，顛覆社會
治安，地方官畏威縮首，不敢過問。

　　咸豐年間（1851-1861），臺灣小刀會亦頗活躍。《重修臺
灣省通志》咸豐四年（1854）四月記載，「是月、漳、泉附近
一帶之天地會首要黃位，浮海襲踞大雞籠。」同年五月記載，
「五月，北路協副將曾玉明會同彰化人林文察，率鄉勇攻之，
黃位敗走竹塹沿海。」咸豐八年（1858）記載，「是年，小刀
會黨人黃位等再攻打雞籠，旋平之[28]。」原書將天地會與小刀
會混為一談，黃位究竟是天地會或是小刀會？原書記載，並
不一致。現存《月摺檔》含有〈剿辦臺灣各屬沿海口岸內來
小刀會出力文武官紳人等擇優獎敘清單〉，清單中開列剿平小
刀會有功人員的姓名、職稱、請獎事實、獎賞內容列出簡表
於下。

27　《軍機處檔‧月摺包》，第 2780 箱，22 包，87490 號，咸豐二年
　　十一月十三日，都察院左都御史花沙納奏摺附件，林媽盛呈詞。
28　《重修臺灣省通志》（南投，臺灣省文獻委員會，民國 83 年 6 月），
　　頁 187-188。

表1：咸豐八年剿辦臺灣沿海口岸內來小刀會
出力文武官紳獎敘簡表

姓　名	職　稱	請　獎　事　實	獎　賞
丁曰健	知府銜署淡水同知	自閩粵分類，瘡痍甫復，適值內來小刀會匪聯艍滋擾，佔踞雞籠港口，該員會同各路舟師，水路夾攻，登時剿逐，該匪竄退下海，乘勢追襲，擊破匪船多隻，擒斬匪犯無數，最為出力。	賞戴花翎
鄭元杰	賞加知府銜即補同知直隸知州	該員於前署鳳山縣任內，探聞小刀會匪敗竄臺洋，欲圖勾結，不惜重資僱募水勇船筏，調集屯丁，會同水陸員弁，在於沿海口岸，設法堵剿，擊退匪船，先後拏獲首夥會匪林伶等十八名，所需兵勇口糧等項，悉係自行捐辦，實屬遇事奮勉，始終出力。	賞戴花翎
冉正品	花翎候選知府分發陝西同知	該員前任澎湖通判任內，督帶兵勇擒獲會匪多名，併於嘉義縣任內，購獲斗六門匪徒戕官謀逆要犯，洵屬出力。	送部引見
沈時熙	補用同知候補知縣	該二員前署嘉義縣、鳳山縣任內，探聞小刀會匪船竄擾淡屬雞籠口岸。	賞加運同銜
張啓煊	即補同知	立即僱募水勇，會營設防，嚴密堵捕，該匪船連幫竄至，希圖登岸滋擾，復經督飭兵勇，約會舟師，水陸兜捕，該匪船不能攏岸，分竄駛逸，藉保無虞，洵屬防堵出力。	賞加知府銜
曾玉明	陞署臺灣北路協副將	該員任事勇往，克復噶瑪蘭廳，奉委統帶赴淡剿捕，會同在地文武，督率備弁，分路攻擊，轟斃賊匪數百，生擒匪犯無算，立將雞籠收復，該匪竄退下海，復即會同舟師水陸兜捕，大加懲創，戰功疊著。	賞加勇號
林文察	義首	該義首探聞會匪滋擾，不惜重資，募勇紆道兜捕，斬獲首級五顆，該匪潰亂，我軍得以乘勢攻擊，登時收復，該義首之力居多，實屬急公勇往可嘉。	賞給六品翎頂

資料來源：《月摺檔》（臺北，國立故宮博物院），咸豐八年六月
　　　　初六日，清單。

由列簡表可知咸豐年間的臺灣小刀會，就是廈門內來小刀會，其滋擾地區包括澎湖及臺灣沿海，從鳳山、雞籠到蘇澳等沿海各口岸。福建臺灣鎮總兵官邵連科等具摺指出內來小刀會船隻，分股游奕臺灣、澎湖洋面後，「牽佔商漁船隻，迫脅入夥，到處窺伺，復竄至噶瑪蘭廳屬蘇澳及淡水廳屬雞籠，勾結土匪，登岸滋擾，繼則焚房戕官於斗六，王辦響應於崗山[29]。」邵連科等具摺時已指出斗六、岡山民變，都是由內地廈門小刀會滋擾勾結所引起。丁曰健後來具摺時亦稱，前任淡水同知時，於咸豐四年（1854）與總理義首藍翎六品銜范義亭等剿辦小刀會黃位等，克復雞籠[30]。由此可知黃位、林伶等人都是小刀會股首，而不是天地會成員。

福建臺灣鎮總兵官邵連科、按察使銜福建臺灣道裕鐸原摺對臺灣兵勇防堵廈門小刀會滋擾臺灣沿海口岸的經過，奏報頗詳。其原摺指出，咸豐三年（1853），廈門小刀會被官兵擊敗以後，即下海潛逃。咸豐四年（1854）五月初十日，廈門小刀會船隻九艘聯綜潛至淡水廳所屬香山港口游奕。邵連科適在內山辦理閩粵分類械鬥案件尚未蕆事，據報小刀會船隻潛來滋擾後，邵連科即移師中港，親率署澎湖協副將黃進平、護臺協右營都司祝延齡帶領官兵馳抵香山，並督同署淡水同知丁曰健等所帶兵勇，一齊轟擊，小刀會船隻亦以礮還擊，臺灣兵勇環攻，擊壞小刀會船一艘，其餘船隻退走。

香山洋面屬於艋舺營管轄，因香山港內缺少船隻，官兵只能在岸邊攻擊，未能入海追擊。邵連科於小刀會船隻退走

29　《月摺檔》（臺北，國立故宮博物院），咸豐八年六月初六日，邵連科等奏摺抄件。

30　《月摺檔》，同治二年十一月二十二日，臺灣道兼理學政丁曰健奏摺抄件。

後，隨將漳泉和閩粵分類械鬥兩案加緊辦竣，趕回臺南府。咸豐四年（1854）六月初間，淡水廳艋舺營又稟報小刀會船隻聚集十餘艘竄至雞籠洋面窺伺行刦。署同知丁曰健率領役勇，會合陸營官兵，由旱路前進，於六月初四日馳抵雞籠。代理參將李朝安督帶營哨，淡水廳僱用商船，添配弁兵馳往，約定於六月初七日水陸兩路夾攻。但因風向不順，舟師未能如期駛至雞籠，小刀會船隻先已遠離。代理參將李朝安跟蹤小刀會船隻，六月初八日，李朝安追至煉子寮外洋，與小刀會船隻相遇，商船開礮攻擊，自卯至未，互相礮轟，擊破小刀會船一艘，另一艘沉沒。滬尾營外委宋銳駕坐新瑞春商船逼近小刀會船隻時，被小刀會拋擲火礶燒燬船蓬練索，延及藥艙燃燒，商船沉溺，弁兵舵水同時陣亡，李朝安揮船攻擊，小刀會船隻始退走，駛至雞籠口外，署同知丁曰健會同署艋舺營陸路守備陳光輝帶領兵勇在港口岸邊礮臺開礮攻擊，擊中小刀會船隻一艘，其餘船隻駛出外洋。兵勇四路查拏落水小刀會黨夥，其中把總龔朝俊擒獲小刀會陳仰一名，兵役總董等人緝獲小刀會沈治等八名。

　　咸豐四年（1854）六、七月間，小刀會船隻或二、三艘，或三、五艘，甚至十餘艘，屢次駛至蘇澳、龜山、大坑窖等處游奕，蹤跡不定。噶瑪蘭調署通判楊承澤等激勵紳士義首多僱壯勇，分佈扼要處所及口岸一帶，嚴加防堵。楊承澤等指出，小刀會意圖窺伺蘇澳，以為根據地，於深夜派出夥黨潛行登岸，張貼告示，勸誘居民。兵勇巡獲私貼告示的小刀會成員王潘一名，格斃三名，奪獲大杉板船一艘。小刀會夥黨又乘夜縱火，以亂兵勇軍心。署通判楊澤、署都司黃遇春與義民首總理魏雙任等商議，就計引誘，將進口大船擊壞一

艘，奪獲杉板船二艘。小刀會見蘇澳人心堅定，防範愈密，計無所施，於是相率退走。

咸豐四年（1854）閏七月二十四日，小刀會船隻十八艘由蘇澳駛入雞籠口內，與烏帆船暗通，並勾結噶瑪蘭土匪，登岸滋擾，張貼告示，煽惑民心，並有進入噶瑪蘭報復及覬覦艋舺、竹塹之謠，以致人心惶惶。邵連科檄委護北路協副將曾玉明就近督帶隊伍，星夜馳往會合淡水廳營及臺協艋舺、鹿港各營師船水陸夾攻。小刀會盤踞雞籠後逼脅居民入夥，肆行搶掠，並在雞籠之南添築石圍，安礮固守，又遣夥黨分赴金包里、馬鍊等庄勒派銀米，經副將曾玉明、署同知丁曰健等先後督率兵勇截擊，小刀會夥黨退走獅毬嶺。同年九月初七日，曾玉明、丁曰健等率同紳士義首人等分兵五路進攻；曾玉明親統大隊督帶義首林文察等由大路仰攻獅毬嶺；丁曰健督同廩生潘永清等各帶壯勇由大武崙進攻；署艋舺縣丞馬克惇同紳士陳維藩等帶勇由月眉嶺進攻；義首范義廷等帶領壯勇由間道抄至海埔殺入，以斷小刀會後路；把總沈登龍、義首許乃彬等各帶兵勇由暖暖合剿，噶瑪蘭廳營所派兵勇則在三貂嶺腳堵遏，以防小刀會黨夥奔逸。盤踞在獅毬嶺的小刀會黨夥突見兵勇漫山遍野，倉皇拒守，憑高施放鎗礮，各路兵勇攻破石圍，超越前進，義首林文察、壯勇謝旺首先擊斃執旗頭目二名，義首范義廷帶勇由海埔涉水殺入，擊斃執旗頭目一名，兵勇鎗礮環攻，刀砍矛刺，戰果豐碩。據邵連科等統計，「斃賊二百餘人，陣擒吳齊等三十二名，斬取首級九十七顆，各匪奔竄四船，又在海坡截殺百餘名，擁擠落海死者八、九十名，奪獲旗幟八面，大礮四門，鳥鎗

二十一桿，刀械五十八枝[31]。」兵勇大獲勝仗，收復雞籠。九
月初九日，官兵用小舟暗裝引火之物燒燬小刀會船隻二艘，
李朝安等駕坐兵船由外夾攻，又擄獲小刀會船隻四艘，起出
大礮四門，其餘船隻逃至嘉義縣下湖洋面窺伺。護臺協右營
都司祝延齡率領幫船與小刀會船隻接仗，開礮擊沉小刀會船
隻一艘，追至澎湖花貓外洋，遭到澎湖右營署守備陳國銓所
帶舟師圍攻，被擊沉四艘，擄獲一艘，生擒小刀會股首林馬
超等人，其餘三艘乘間竄逸，李朝安等帶領兵船追至鳳山縣
東港外擊沉小刀會船隻三艘，署南路營參將曾元福等緝獲小
刀會首領林伶等十八名。在澎湖方面，據署副將黃進平等稟
報先後擊沉小刀會船隻二艘，擄獲一艘，水陸擒獲首從各犯
共一百九十名，臺澎洋面一律肅清。小刀會股首吳齊於獅毬
嶺之役被俘後供出，先與黃位、黃得美起意攻陷廈門佔踞城
池戕官焚署後被官兵擊敗逃竄下海，刮奪商漁船隻共二十餘
艘，於咸豐四年（1854）五、六兩月分幫潛竄來臺，分作水
陸兩股，黃位為水路元帥，吳齊為陸路元帥，另有軍師、先
鋒等名目。內地廈門小刀會滋擾臺灣後被捕就地正法者，多
達一百八十名。因其活動多在海上，未深入臺灣陸地，所以
並未造成重大的破壞。

　　清朝後期，臺灣會黨活動，是以兄弟會和添弟會的規模
較大，歷時較久。乾隆年間林爽文天地會的起事，主要是彰
化漳泉分類械鬥激化的產物；道光年間，淡水廳兄弟會活動，
則是閩粵分類械鬥激化的產物。就會黨名稱而言，兄弟會的

---

31 《清宮月摺檔臺灣史料（一）》（臺北，國立故宮博物院，民國83
　　年10月），頁361。咸豐八年六月初六日，福建臺灣鎮總兵官邵
　　連科等奏摺抄件。

取名，頗能突顯民間金蘭結義或異姓人結拜弟兄的含義及其精神。道光六年（1826）四月間，彰化縣及淡水廳境內廣東客家庄，被漳泉閩人焚搶，廣東客家庄居民憤圖報復，遂與閩籍移民引發分類械鬥。其起因主要是由於盜匪李通與客家庄居民黃文潤挾嫌糾鬥起釁。〈寄信上諭〉指出，「此次臺灣匪徒滋事，始因盜匪李通挾粵民黃文潤家格殺盜夥之嫌，欲圖報復，並非分類械鬥。迨至匪徒乘機造謠煽惑搶掠，粵民逃至淡水，再圖勾結報復，而閩人亦集眾互鬥，始成分類之勢[32]。」在閩粵分類械鬥期間，由於兄弟會即同年會的倡立，更加助長了分類械鬥的聲勢，對社會造了更大的破壞。閩浙總督孫爾準具摺指出，巫巧三、嚴阿奉平日賭博游蕩，不安本分，因屢受閩人欺侮，於是各自邀人入會。隨後有羅弗生等入夥，結盟拜會，取名兄弟會，因會中均以兄弟相呼而得名。大家議定日後與人爭鬥，同心協力，互相幫助，講求忠心義氣，兄弟們雖不能同年同月同日生，但願同年同月同日死，因此又名同年會。會中共同推舉巫巧三和嚴阿奉為首。會首巫巧三率領兄弟會先後攻打蘆竹湳（頭份街西南）、南港、中港、後壠等處各漳泉村庄。當兄弟會夥黨攻打中港街時，巫巧三等人用刀殺斃男婦三命。又在後壠商同吳阿生、傅祥淋、巫巧文等人擄獲素有嫌隙的泉州庄居民朱雄、趙紅二名，綑縛樹上，一併支解，斷其手足，砍下頭顱，並剖開肚腹，挖取心肝，撩棄滅跡，手段兇殘，泯滅人性。嚴阿奉則與未經入會的劉萬盛等起意糾眾出鬥，肆行焚殺，或擲鏢槍，或放竹銃，或縱火燒屋，或殺斃人命，或搶奪財物，形

---

32 《清宮諭旨檔臺灣史料（四）》（臺北，國立故宮博物院，民國86年10月），頁3420，道光六年八月二十二日，字寄。

同盜匪。其中番割黃斗乃等人引領三灣內山生界原住民潛出助鬥刮掠。噶瑪蘭閩人吳鄭成以閩粵分類為由糾同吳四海等人搶掠廣東客家庄財物，搆釁尋鬥[33]。

　　參加閩粵分類械鬥被捕的廣東籍移民包括兄弟會首領巫巧三等四百二十餘名，各要犯多供出他們的犯罪事實。例如劉幅生供認年三十四歲，原籍廣東陸豐縣。謝老五年四十一歲，原籍廣東嘉應州。道光六年（1826）五月間，田寮庄粵籍移民與中港庄人互鬥，黃幅萬糾邀劉幅生等人入夥，謝馨恩糾邀謝老五等人入夥，同往攻打蘆竹濫、南港、中港等漳泉各庄，各用鐵鏢戳傷閩人。漳泉各庄氣燄更盛，其刮掠報復，亦無所不用其極。許霞、施點原籍是泉州府晉江縣人，俱於是年四月間聽從閩人黃源糾邀，連日攻搶廣東客家庄，附和的閩人不計其數。許霞、施點隨同許排、許存等經過瓦窯厝客家庄時，望見草寮失火，人多擁擠，許霞乘火打刮，搶得過客衫褲一套，施點搶得犁耙一張，賣錢花用[34]。彰化縣民李通等造謠焚搶廣東客家庄，延及嘉義縣境內。福建臺灣道孔昭虔審擬各要犯，並經刑部議覆，其中巫巧三等七十六名，因罪情重大，於審訊後恭請王命綁赴市曹分別凌遲斬決，傳首犯事地方，懸竿示眾。其餘各要犯的犯罪事實，可根據刑部奏摺列出簡表如下。

33　《軍機處檔‧月摺包》，第 2747 箱，25 包，57516 號，道光六年十一月二十五日，閩浙總督孫爾準奏摺錄副。

34　《軍機處檔‧月摺包》，第 2747 箱，34 包，59574 號，道光八年二月二十三日，福建臺灣鎮總兵官劉廷斌等奏摺錄副附清單。

表 2：道光六年閩粵分類械鬥要犯簡表

姓　名	供　認　犯　罪　事　實
李　奇	焚搶一次，糾竊殺人一次。
李文強	聽糾攻搶一次，夥劫鄭潮布店一次，夥搶邱英生錢物一次，夥竊行強一次。
宋　合	糾眾攻庄三次，在林仔庄外擄殺粵民一人，夥同林淄焚搶嘉義境內廣東庄。
沈　池	夥同焚搶殿仔林、環地廳等處，放火得贓。
吳　奇	焚搶三疊溪庄，搶劫銀物，殺死粵民一人。
林　殿	攻庄四次，放火一次，夥劫搜贓二次。
胡　盆	夥同焚搶，放火得贓。
陳光明	械鬥殺人一次，糾劫一次。
黃來成	攻庄焚搶一次，殺死一人。
楊　凜	糾人放火攻庄多次，在大埔心庄外殺死粵民一人。
鍾　來	攻庄八次，放火一次，糾眾毆斃一人，夥劫搜贓一次。
蘇光明	焚搶二次，糾劫拒捕傷人一次，為首強竊逞兇一次，夥劫搜贓一次，夥竊行強一次。

資料來源：《軍機處檔・月摺包》，第 57516 號，管理刑部事務托
　　　　　津等奏摺。

　　由簡表中所列李奇等十二人可以說明臺灣分類械鬥過程中常見的犯罪行為，主要為焚搶、糾竊、夥劫、攻庄、殺命、拒捕，為害閭閻。福建臺灣道孔昭虔具摺指出林殿等犯因疊次焚搶糾竊及殺命輪姦，兇殘淫惡，俱依強盜殺人放火燒人房屋姦污他人妻女例斬決梟示。陳光明等犯械鬥殺人糾劫為首二罪相等從一科斷，依臺灣械鬥照光棍例擬斬立決。因各犯情罪重大，於審明後即移交文武員弁監視行刑，就地正法，傳首梟示。孔昭虔原奏，於道光七年（1827）四月二十七日

奉硃批「刑部議覆」，刑部議覆時，均照孔昭虔原奏完結。

　　同治初年，戴潮春所領導的會黨，也對臺灣社會造成重大的衝擊。戴潮春，字萬生，原籍福建漳州府龍溪縣，來臺後寄居彰化縣四張犁庄。關於戴潮春所領導的會黨名目，諸書記載，並不一致，或作八卦會，或作天地會，互相歧異。《重修臺灣省通志》記載，咸豐十一年（1861），戴潮春「召集黨眾，立八卦會，一稱天地會，辦團練，自募鄉勇三百，隨官捕盜。知縣高廷鏡給戳重用。豪盜斂手，咸歸約束。八卦會者祀五祖，會眾互稱兄弟，自是轉相招納，黨勢日盛，多至數萬[35]。」《臺灣通史·戴潮春列傳》有一段記載：

> 戴潮春，字萬生，彰化四張犁庄人。籍龍溪，祖神保，樂善好義，有名鄉黨中。生四子：長松江，松江有子七人，潮春其季也。家素裕，世為北路協署稿識。兄萬桂與阿罩霧人爭田，不勝，集殷戶為八卦會，約有事相援，潮春未與也。咸豐十一年，知縣高廷鏡下鄉辦事，潮春執土棍以獻。北路協副將夏汝賢以其貳於己，索賄不成，革其籍。時萬桂已死，潮春家居，乃集舊黨，立八卦會，辦團練，自備鄉勇三百，隨官捕盜。廷鏡大喜，給戳重用。彰屬固不靖，殺人越貨，時見於塗。而潮春善約束，豪強斂手，行旅便安，至有捐巨款始得入會者，以是黨勢日盛。八卦會者，祀五祖，事在宗教志。不數月，多至數萬人。同治元年春，廷鏡免，以雷以鎮接之，仍用潮春。而會眾滋蔓，

35　《重修臺灣省通志》（南投，臺灣省文獻委員會，民國83年6月），卷1，大事志，頁190。

漸不能制[36]。

　　引文中指出戴潮春之兄戴萬桂，因為與人爭田，所以邀集殷戶結拜八卦會。戴萬桂身故後，戴潮春又集舊黨，復興八卦會。《臺灣通史・宗教志》對八卦會奉祀五祖的描述，頗為詳盡，節錄一段如下：

> 林爽文、戴潮春之役，亦以天地會、八卦會為號召。天地會者相傳延平郡王所設，以光復為旨，閩粵之人多從之，故爽文以起事。而八卦會者，環竹為城，分四門，中設香案三層，謂之花亭，上供五祖，中置潮春祿位，冠以奉天承運大元帥之號。旁設一几，以一貴、爽文為先賢而配之。入會者為舊香，跣足散髮，首纏紅布，分執其事。凡入會者納銀四錢，以夜過香，十數人為一行，叩門入。問從何來？曰從東方來。問將何為？曰欲尋兄弟。執事者導跪案前，宰雞。誓曰：會中一點訣，毋對妻子說，若對妻子說，七孔便流血，宣示戒約，然後出城，張白布為長橋，眾由橋下過。問何以不過橋？曰有兵守之。問何以能出？曰五祖導出。又授以八卦隱語。會眾相逢，皆呼兄弟，自是轉相招納，多至數萬人，而潮春遂藉以起事矣[37]。

　　引文中已指出林爽文起事是以天地會為號召，戴潮春則以八卦會為號召，就會黨名目而言，天地會與八卦會不可混為一談，八卦會不等於天地會。天地會等會黨的會員證，稱為腰憑，其本底樣式，大都內畫八角形的八卦數層，每層各

36　連橫著，《臺灣通史》（南投，臺灣省文獻委員會，民國 81 年 3 月），卷 33，頁 983。

37　《臺灣通史》，卷 22，頁 655。

刻隱語詩句，以為暗號，腰憑因形似八卦，故又習稱八卦，八卦會或因此得名。邵雍撰〈臺灣八卦會起義述略〉一文認為戴潮春不用天地會的名義是為了隱蔽，原文指出，「八卦會供奉五祖，配祀朱、林，清楚地表明以戴潮春為首的八卦會和天地會是一脈相承的，實為天地會的別稱[38]。」八卦會可以歸入臺灣天地會系統內，但就現存檔案而言，卻不見「八卦會」名目。《軍機處檔・月摺包》同治元年（1862）四月初五日閩浙總督慶端奏摺錄副[39]、《月摺檔》同治元年四月二十四日閩浙總督慶端奏摺抄件[40]，俱作「添弟會」。入會成員俱授以「八卦隱語」及八卦腰屏，會外之人或因此稱添弟會為「八卦會」，並非為掩人耳目。

據閩浙總督左宗棠、福建巡撫徐宗幹奏報，「同治元年二月間，臺屬彰化縣逆匪戴萬生等攻陷縣城，佔踞斗六地方[41]。」戴潮春率領添弟會攻陷彰化、斗六以後，蔓延日廣，全臺震動。同治元年（1862）三月初五日，臺灣道孔昭慈調募兵勇六百名馳赴彰化剿辦添弟會，並令紳士團練職員林晟等募勇助戰，嘉義營外委鄭連陞帶勇內渡馳赴泉州求援，另檄署淡水同知秋曰覲等率勇協剿。三月十七日，署淡水同知秋曰覲、署北路協副將林得成、署臺灣協中營游擊游紹芳、署彰化縣知縣雷以鎔等督軍分路進攻，行至大墩犁頭店地方時，遭遇

38　邵雍撰〈臺灣八卦會起義述略〉，《歷史檔案》，1990年，期4（北京，歷史檔案雜誌社，1990年11月），頁97。

39　《軍機處錄副奏摺》（北京，中國第一歷史檔案館），同治元年四月初五日，閩浙總督慶端奏摺錄副。

40　《月摺檔》（臺北，國立故宮博物院），同治元年四月二十四日閩浙總督慶端奏摺抄件。

41　《月摺檔》，同治四年五月十八日，閩浙總督左宗棠等奏摺抄件。

添弟會數千人抵抗，兵勇接仗雖然獲勝，但因林晟所募之勇內變倒戈，兵勇傷亡眾多，秋曰覲、游紹芳及在城文武官員均殉難。三月十八、十九兩日，添弟會以大隊圍攻彰化縣城，臺灣道孔昭慈、嘉義營參將夏汝賢、試用通判鈕成標等督帶兵勇，登陴固守，鎗礮齊施。添弟會大隊愈聚愈眾，蜂擁登城。三月二十日黎明，彰化縣城失陷。臺灣道孔昭慈巷戰受傷後服毒自殺身亡，所帶臺灣道關防亦被搶失。參將夏汝賢、署千總郭得升、把總郭秉鈞、外委吳國佐等同時遇害，其餘員弁，多不知下落。添弟會攻陷漳化縣城後，即乘勝分路攻撲嘉義、鹿港等處，嘉義縣、臺灣縣、鳳山縣境內的會黨，相繼響應。戴潮春攻陷彰化縣城後，出示安民，下令蓄髮，自稱大元帥，又稱東王，洪欉為北王，林晟為南王，陳弄為西王，戴印為三千歲，董九仙為香主大師，廖阿戇為宰輔，陳明和、宜水生為元帥，王光岱為將軍，江有仁為副元帥，陳卯、余茂勝、林寶、黃旭等人為先鋒，王文、徐海戇、王進才、陳番江等人為旗首。曾玉明曾任臺灣鎮總兵官，經福建巡撫瑞璸統率臺勇馳赴浙江溫州，進剿太平軍。曾玉明聲望較高，為臺灣地方官所信服，呼應較靈。因此，閩浙總督慶端奏請飭令曾玉明將所部臺勇交由參革道員張啓煊接統後，即飛渡臺灣，調募得力兵勇，親自統率，馳赴彰化進剿，並勸令各庄頭人募集義勇策應[42]。

　　添弟會黨夥攻陷彰化縣城後，臺灣鎮總兵官林向榮即派千總鄭天才帶領兵勇馳赴嘉義茅港尾，署嘉義營參將湯得升帶領兵勇馳赴斗六，署南路營守備趙品帶領兵勇馳赴鳳山縣阿公店等處扼堵，署安平協副將王國忠則帶領兵勇馳赴嘉義

42　《月摺檔》，同治元年四月二十四日，閩浙總督慶端奏摺抄件。

防堵。臺灣府城設局練勇，署臺防同知秦煦選募屯番，委署臺灣道湛敏琛、代理臺灣府知府馬樞輝督同在城文武防守。總兵官林向榮隨後亦親率兵勇二千二百名馳赴嘉義進剿。三月三十日夜間，添弟會分路攻撲兵勇營盤，總兵官林向榮督軍進擊，鎗礮環攻，雙方傷亡眾多。四月初二日，添弟會大隊圍攻斗六營盤。四月初四、初五、初六等日，添弟會大隊圍攻嘉義縣城，副將王國忠、都司顏常喜等率領兵勇抵禦，會黨傷亡頗眾。署守備劉國會同嘉義縣知縣白鸞卿擒獲添弟會元帥宜水生，就地正法。四月初十日，總兵官林向榮行抵嘉義縣城外二十里的幫碑箚營，被添弟會大隊四面包圍，添弟會另股攻撲鹿仔港，勒派貲財。鹿仔港地方人士施、黃、許三姓募集泉人抵禦，勇首施九梃招募壯勇六百名，協團作戰，頗有斬獲。添弟會以漳州籍移民為基本成員，對泉州庄進行焚掠，引起泉州庄的同仇敵愾，總兵官林向榮極力聯絡泉州庄，軍威頗振[43]。但因添弟會起事後戕官陷城，林向榮未能事先籌防，奉旨撤任，由曾玉明兼署鎮篆。五月十一日，曾玉明統帶精兵六百名渡海抵達臺灣，督率官兵練丁先後於大腳佃、崙仔頂、秀水、安東等庄擊敗會黨，副將王國忠等在海豐等庄擊敗會黨，署淡水同知鄭元杰會同勇首林文明率同兵勇馳往大甲防守。

斗六是嘉義和彰化連界之所，彰化縣城失陷後，兵勇必須全力扼守斗六，方可使嘉義以南資為屏障。林向榮為欲先固藩籬，徐圖進取，所以由嘉義移駐斗六，會合曾玉明一路，以便兩路夾擊，然後可收復彰化縣城。戴潮春因見曾玉明等所率兵勇，屢獲勝仗，先後攻燬馬鳴山等處會黨基地，於是

43　《月摺檔》，同治元年六月初四日，閩浙總督慶端奏摺抄件。

商議留林晟一股固守彰化縣城，藉以牽制曾玉明。戴潮春則潛避內山指揮調度，並派人糾約嘉義地區的會黨首領嚴辦率眾猛攻斗六，阻扼外援，斷塞糧道，林向榮只得困守斗六土城。九月十七日夜間，斗六土城被添弟會黨攻破，林向榮親自督率兵勇奮力抵禦，終因會黨圍裹眾多，林向榮寡不敵眾，力竭陣亡，副將王國忠、遊擊顏常春、管理糧臺候補同知寧長敬等均各戰歿，斗六都司劉國標不知下落。林向榮所部為臺灣府城精銳，林向榮陣亡後，其所部精銳亦全軍覆沒。添弟會攻陷斗六土城後，環繞嘉義縣城各地面，都被會黨四面圍堵，道路不通，曾玉明被添弟會牽制，不能分兵南顧，嘉義縣城岌岌可危。十二月以後，嘉義縣城被添弟會圍困日久，城中糧盡，只得以野菜草根充飢。福建臺灣道洪毓琛具摺指出，「臺灣孤懸海外，遇有寇警，全賴在地紳民選練團勇，助官堵剿，以佐兵力所不及。歷次辦理逆案，俱隨同保奏，以是同仇敵愾，人盡知兵。上年彰化逆匪攻陷彰城以後，延今一年有餘，未能蕆事，當賊氛初熾，四路響應，尚不至全臺告警者，皆仗城鄉各紳士相助之力。署鎮臣曾玉明統兵至鹿港紮營，鄉民設局助餉抽厘，庄丁合八庄義民幫同官兵疊次攻破賊壘數十處[44]。」當添弟會圍困嘉義縣城期間，城內紳民日夜登陴守禦，查拏奸細，各郊商接濟兵糧火藥，紳士王朝輔等會同參將湯得陞、知縣白鸞卿乘間出擊，使添弟會不敢逼近嘉義縣城。署水師提督吳鴻源抵臺後，於同治二年（1863）正月初十日整隊北上，沿途庄眾，多請領義旗。洪毓琛具奏時，曾將嘉義守城及助官兵作戰各員紳民分別開列清單呈覽。例如陳于邦是總理團練武生，迭次帶勇隨同文武各員剿

44　《月摺檔》，同治二年八月二十五日，福建臺灣道洪毓琛奏摺抄件。

殺會黨；總理林淵源僱募義勇，會同官兵擊敗滾水坪庄會黨：義首陳康泰帶勇守城，並招集義民隨同官兵大小數十仗，斬殺甚多；義首羅冠英統帶練丁千名幫同官兵攻克四張犁會黨基地；義首陳澄清自備資斧，固守塗庫街地方，並隨同官兵作戰；義首何國棟管帶精銳勇隊助戰，並措資添募壯丁隨同官兵作戰，屢獲勝仗。由於紳民的効力，嘉義縣城始賴以保護無虞。

　　同治二年（1863）九月初八日夜間，革職提督吳鴻源攻破會黨股首嚴辦所踞新港。署水師提督曾元福於九月初十日自鹿港帶領兵勇由海道前往嘉義軍營。會黨股首陳亞狗偵知曾元福一軍已赴嘉義，彰化境內王宮、二林等處義民村庄，已無外援，陳亞狗即知會嚴辦派出會黨攔截官兵，並由小埔心攻打二林等處村庄。當太平軍方興未艾時，臺灣鄉勇，亦奉命內調，援剿太平軍。其中調赴浙江軍營進剿太平軍的臺灣鄉勇，大半是徙居彰化的漳州籍移民，他們向來與會黨習熟，互通聲氣。鄉勇自從奉命撤回臺灣後，多加入臺灣添弟會，並將戰守兵法傳授給添弟會，更加助長了添弟會的勢燄。

　　自從添弟會攻陷彰化、斗六等城後，會黨勢力便從彰化、嘉義蔓延至鳳山及淡水廳南北兩路，道途梗塞，官兵觀望不前。必須檄調熟悉臺灣軍務的大員，增派大軍。丁曰健曾任淡水同知，咸豐四年（1854）間，剿平小刀會黃位，當時隨同剿辦小刀會的總理，義首大半尚在，對全臺民情地利，俱極熟諳。因此，廷議以丁曰健為臺灣道兼理學政。同治二年（1863）九月初四日，丁曰健奉命挑選閩兵四百名，派參將田如松統帶，作為前隊，配船先渡。丁曰健同解餉委員及親軍等另覓輪船，於九月初七日自福建羅星塔登舟。次日，駛

出五虎門。初九日，至淡水滬尾口登岸，初十日，馳至艋舺，先後接見署淡水同知鄭元杰、候補知縣白驥良及紳士耆民等詢問各路軍情[45]。彰化縣城內添弟會股首林晟、陳鱝探知丁曰健已抵淡水，即將大舉進攻，於是密遣奸細至大甲附近蕉坑等地連絡會黨股首劉阿昧，糾聚會黨於吞霄、後壠等處攔截丁曰健。丁曰健沿途添調兵勇，行抵吞霄後，即派義首鄭捷英、庄民鄭阿嬰等夜入蕉坑，出其不意，掩捕股首劉阿昧，割取首級。丁曰健隨即統兵進紮彰化縣境內竈頭地方，並派知縣王楨、守備陳捷元、義首范義亭等分水陸兩路進剿會黨。

　　參將林文明是林文察胞弟，兄弟二人都住彰化。林文察因剿小刀會有功，奉命統率所部臺勇赴浙江援剿太平軍，先後克復處州郡城等處，奉旨調補福建福寧鎮總兵官。彰化縣添弟會起事後，福州將軍耆齡奏請飭令林文察暫回彰化督率勇練會合官兵相機剿辦，並飭其胞弟參將林文明預挑舊部臺勇二千六百名、生界原住民四百名在彰化先行佈署。林文察隨即於同治二年（1863）九月初十日由泉州帶印起程馳赴蚶江配渡。十月初二日，開駕放洋。十月十四日，進鹿耳門，由安平登陸，馳抵臺灣府城後，即接見道府廳縣各員，詢查各路軍情。十月二十二日，林文察統率兵勇由府城拔營移駐嘉義[46]。茄投庄是一個軍事據點，東與竹坑水師寮毗連，西與水裡港、福州厝犄角。茄投庄由添弟會股首陳鱝固守，他常與內山四塊厝會黨會合彰化縣城內會黨出擊官兵營盤。十月十四日，臺灣道兼學政丁曰健派遣候補知縣白驥良、營弁侯

45　《月摺檔》，同治二年十一月二十二日，臺灣道兼理學政丁曰健奏摺抄件。

46　《軍機處檔·月摺包》，第 2742 箱，15 包，93839 號，同治二年十月二十九日，林文察奏摺錄副。

元楨、義首劉維翰等率領粵勇四百名進入內山四張犁，會合候補通判張世英、義首羅冠英等所帶領的兵勇進剿犁頭店一帶會黨營壘，以牽制內山四塊厝等處會黨，使其不能出援茄投。丁曰健本人則率同周懋琦等前往梧棲港一帶登高勘察形勢，望見彰化縣城以北，以大肚溪最為險要，大肚溪又以茄投庄最為屏蔽。據丁曰健的觀察，茄投庄長亙十五、六里，廣闊四、五里，其形如船，東有飯店、水師寮等庄，如船之槳，而水裡港庄則為接濟茄投糧藥之處，且係由梧棲港至鹿仔港的間道，又是臺灣鎮總兵官曾玉明軍營的後路，由水裡港迤西一帶福州厝等處，添弟會村庄數十處，都是茄投的藩籬。丁曰健認為欲攻茄投庄，必先撤其藩籬，絕其後路，然後可以絕斷其船槳，始易得手。水裡港各庄外大路逼近海隅，漲潮時，不易立足。十月十五日黎明丁曰健派遣義首范義廷、姜啓邦、生員蔡惟斌等乘潮水尚未漲來時即帶領閩粵各勇練丁三千餘名往攻水裡港，又派都司銜守備陳捷元等分路進攻田中央、海陂厝等處，守備陳兆麟帶領兵勇往來策應，自辰至午攻破田中央等庄。添弟會黨夥退守竹圍，義首范義廷等猛攻水裡港庄，踹平庄外營壘四座，焚船百餘艘，潮水適至，范義廷即抽回勇丁，合攻海陂厝，砍破竹圍，生擒紅衣先鋒陳火河等人。內山方面，通判張世英、知縣白鸞良等路亦於十月十五日卯刻分為三路：一路由四張犁中路進攻石牌庄、棋盤厝；一路由賴厝埔進攻何厝庄；一路由壩仔街進攻西大墩。十月十六日夜半，義首范義廷帶領義勇火攻水裡港，守備鄭榮等分兵攻打福州厝一帶，添弟會黨夥首不能相顧，遂放棄水裡港，沿海敗退。十月十六、七等日，兵勇先後攻破八張犁、何厝庄、竹中腳、龜殼花、阿麻厝等大小二十餘庄，

焚燬海峰崙等處營壘，生擒添弟會股首林振、先鋒蔡大柴、陳友等人，鹿仔港至北斗大路始正式疏通。總兵官曾玉明軍營後患亦解除，茄投附近各庄周圍二十餘里，一律攻破。丁曰健分撥一軍駐紮彰化縣城以北中寮庄一帶，以阻扼彰化縣城的外援[47]。十月二十一日，丁曰健親率參將田如松等進攻茄投地方，以去彰化縣城屏蔽，乘勝進攻大肚下街、寮仔腳等六庄，逼近彰化縣城，十月三十日，兵勇攻克茄投庄。

　　林文察馳抵嘉義後，即飛調參將林文明由北路帶勇南下會師。十月二十九日，林文察具摺指出，「林戇晟、戴萬生等雖稱狡悍，而被佔地方，究止彰化、斗六蕞爾彈丸，乃剿辦兩年不得手者，良由要路村庄，皆被裹脅，在彼得聯為首尾，呼吸相通，而我則南北間阻，局散勢分，各路官軍，皆成孤立，兼彼竹圍盤固，本屬易守難攻，此所以坐曠遷延，時愈久而賊愈滋蔓，匪庄林立，上下百餘里，幾至皆賊藩籬，使我步荊棘也[48]。」林文察經過分析後認為，「欲利師行，首須能散裹脅；而欲分賊勢，尤須首尾並攻，虛實互用。」因此，林文察妥加佈置，由護理水師提督曾元福進紮石龜溪，林文察親督遊擊白英等，會同義首陳澄清力攻斗六，一面大張示諭，佈告遠近，聲稱必俟攻破斗六，然後進規彰化。其實，兵勇竟在彰化，而不在斗六，兵不厭詐。因西螺鍾、廖、李三姓向為斗六添弟會外援，林文察即派遣千總李廷龍帶領兵勇前往堵截。因遊擊許忠標等水師已抵鹿仔港，林文察即密扎許忠標會同參將林文明偵察彰化縣城動靜，乘機進取，一

47　《月摺檔》，同治二年十一月二十二日，臺灣道兼學政丁曰健奏摺抄件。

48　《月摺檔》，同治二年十二月二十九日，署理福建陸路提督福寧鎮總兵官林文察奏摺抄件。

面密約臺灣鎮總兵官曾玉明就近調度。十月三十日，因茄投庄已被兵勇攻破，次日晨，曾玉明即令都司游紹芳帶勇三百名攻打平和厝，守備顏逢春等帶領陸路提標興化營各兵四百名攻打湳仔港。鹿仔港同知興廉率領局勇三百名攻打詔安厝，**轟倒銃樓五座**，焚燒詔安、平和等厝外圍。會黨不支，退入彰化縣城內。

彰化縣城內添弟會黨夥，因派出大隊分援斗六，遊擊許忠標馳告總兵官曾玉明。十一月初一日夜半，丁曰健與曾玉明密商派遣紳士舉人蔡鴻猷等人尋覓溪南線民，混入彰化縣城內，同時約會林文察各帶兵勇會同都司方國恩於十一月初二日辰刻分隊而出，直抵彰化縣城西門外水景橋。丁曰健派范義廷等帶勇八百名，越過大肚山向南進攻柴坑庄，都司陳捷元等帶勇五百名從大肚溪中游進攻茄冬腳，知縣王槙帶勇五百名從大肚溪下游渡溪向東與范義廷等路會合進攻。丁曰健則帶領親軍率參將田如松帶兵四百名分紮於大肚溪南北兩岸，另遣通判張世英、知縣白驥良帶勇急攻內山犁頭店等處，以分會黨勢力。是日，自午至申，范義廷等路兵勇與會黨展開激烈戰爭，相持三時之久，雙方傷亡頗重。林文察一路攻破後港庄以後，會黨大隊即退守彰化縣城內，遊擊許忠標揮令各軍直逼彰化縣城下，曾玉明、丁曰健先後也抵達彰化縣城外。城上鎗礮齊施，至酉刻，兵勇收隊飽食。三鼓後，丁曰健等軍復攻縣城，突然城中伏火舉發，烈焰沖天，前派線民打開城門，曾玉明督同曾雲峰等首先從西門而入，丁曰健同時督軍從北門而入，城內會黨狂奔東門逃竄，兵勇追斬會黨首級四百餘名，其餘會黨由八卦山繞道竄入山路四塊厝。被擒會黨頭目包括元帥江有仁、先鋒陳卯、余茂勝、林寶、

黃旭等人，俱解交林文察收審。十一月初三日子刻，曾玉明等入城，卯刻，克復彰化縣城。林文察具摺亦指出，「以斗六之攻，墜我聲東擊西之術，一鼓而拔[49]。」

　　各路兵勇攻克彰化縣城後，曾玉明等即分兵攻克貓霧巡檢地方、犁頭店、西大墩、烏日庄及內山各路會黨村庄，招集流離，開圳勸農，籌辦善後事宜。林文察等進紮塗庫，會同曾元福等進攻斗六，先後攻破林杞埔內三十餘座會黨營壘，直逼斗六土城外。林文察一路進紮他里霧地方，各路兵勇輪日環攻斗六土城。但因會黨築壘儲糧，以為死守之計，而且斗六附近小溪洲、鴨母寮等三十餘庄久為會黨元帥張鶴、先鋒林福、張杞等所佔踞，以為斗六外援，所以兵勇腹背受敵。林文察即將兵勇分為十隊，派遣參將關鎮國等各帶兵勇，於十一月十五、十六兩日分投齊出並攻，且用大礮轟擊各會黨村庄，擒獲添弟會元帥張鶴、先鋒張杞、副元帥陳新婦仔、都督高江、丞相黃鳥、左將軍張光藝、右將軍高順雉、總兵官陳丁、尚書石君、副都督葉良、司馬戴烏番、股首謝阿成及江臭錦等人，犧牲慘重。但在斗六城中尚有會黨精壯數千人，糧食足支數月。林文察使用引蛇出洞的謀略，於十一月十七日晚密令各軍揚言彰化縣林晟聲勢浩大，急需分兵往剿，即於十一月十八日辰刻，佯將斗六外圍各營次第拔隊撤離，其實仍於當日黃昏後掩旗息鼓分伏於附近蔗林，僅留參將關鎮國、守備徐榮生等數營照舊駐紮，卻預積柴草於近營一帶空屋內，而於夜晚後放火延燒，烈焰飛騰，兵勇佯作慌亂之狀，四處奔竄，高聲吶喊，頗似營壘被偷襲的情

49　《月摺檔》，同治二年十二月二十四日，丁曰健奏摺抄件；同治二年十二月二十九日，林文察奏摺抄件。

形。斗六土城內會黨見狀，即由太平門突出，約有千餘人，直撲兵勇營壘，蔗林內預伏的兵勇則潛出其後，會黨腹背受敵，首尾不能相顧。都司陳兆熊等揮令兵勇攻入斗六土城，各路大隊兵勇繼進，會黨紛紛亂竄，兵勇擒獲添弟會軍師鍾合和、征南大元帥蔡四正、大都尉張老民等頭目，兵勇遂克復斗六土城，追擊會黨餘眾十餘里，擒斬添弟會先鋒張大目、副先鋒許阿箱、將軍何德旺等首夥約九十名，陣斬會黨四百五十餘名[50]。

當林文察等渡臺後，添弟會首領戴潮春即攜眷潛匿於彰化北勢湳庄。由於戴潮春尚未擒獲，署水師提督曾元福等即派隊跟追，一面札諭義首陳捷三等預至二八水官地廳等處攔截。臺灣道丁曰健派舉人陳肇興及紳耆總理等協助官兵遏阻戴潮春竄入內山生界之路。因斗六土城潰敗的會黨多潛伏於附近的石榴班庄，曾元福即於十一月二十七日揮令各軍攻破石榴班庄，然後命遊擊白瑛率所部兵勇百名回駐嘉義縣城，以杜絕後顧之虞。因都司周夢渭熟悉斗六情形，曾元福即命周夢渭委署斗六都司篆務，並撥勇丁五百名，令其管帶，以資彈壓。林文察攻克斗六土城後，即統所部由他里霧沿海前往彰化督隊赴內山四塊厝進攻添弟會林晟根據地。十二月初四日，曾元福親督大隊進紮彰化縣境寶斗地方，戴潮春率領會黨千餘人，會同北投股首洪欉所派援軍數千人屯聚於張厝庄。曾元福派人探查張厝庄附近村庄，據報張厝庄附近西南一帶周圍十餘里以內都是會黨所控制的村庄，官方指為「抗庄」或「匪庄」，抗庄林立，裹脅萬餘人，而且股首陳亞狗招

50 《軍機處檔·月摺包》，第 2742 箱，15 包，93803 號，同治二年十二月二十九日，林文察奏摺錄副。

集彰化、嘉義潰敗的會黨聚集於小埔心，不時出擊兵勇營壘，以聲援戴潮春。十二月初五至初八等日，曾元福派署臺灣城守參將關鎮國、義首廖財禪等各帶兵勇二千餘名，分為五路，剿熸目宣山、紅毛社、丙郎庄、頭崙仔等處抗庄大小四十餘處，生擒會黨軍師黃雜先等二十一人就地正法，張厝庄藩籬，因此盡撤。十二月初九日寅刻，各路兵勇同時進攻張厝庄，鎗礮環施，雙方相持六小時之久，會黨不支，遂於是日酉刻焚熸張厝庄，戴潮春率領死黨數百人冒煙突火逃往芋仔寮庄。此庄壘固濠深，戴潮春抵死固守，兵勇四面環攻。十二月十一日至十七日，兵勇不分晝夜，輪放大礮，轟塌庄內屋舍倉房銃樓鎗櫃。十二月十八日子刻，各路兵勇一齊躍濠突圍而入。戴潮春身穿黃衣，繞遁於竹林之中，千總陳朝忠、勇首林得勝等擒獲戴潮春，廩生洪鍾英等亦將軍師董九仙俘送軍營。曾元福、丁曰健等親提戴潮春等鞫訊。戴潮春供認與林晟等結會起事，自封為東王。曾元福等具奏時指出戴潮春「兇悍之勢，見於眉宇，就地紳民，觀者如堵。」曾元福等本擬將戴潮春檻送福建省城，但因重洋遠隔，風汛靡常，而將戴潮春在軍營極刑處死。董九仙被戴潮春奉為香主大師，善會符咒，四處煽惑，誘脅入會。與董九仙等同時被捕的會黨頭目還有三千歲戴印、元帥陳明和、宰輔廖阿戇、將軍王光岱、旗首王文、王進才等三十二人，俱分別凌遲處死。曾元福、丁曰健具奏時指出，「伏查該首逆滋事以來，攻陷彰化、斗六城池，戕害鎮道、太史暨副將參遊，通同文武員弁多人，竄擾淡嘉兩屬，蔓延數百里，脅從二十餘萬之眾，猖獗將近兩年，較之從前逆案尤甚，實屬罪大惡極[51]。」戴潮春

51　《軍機處檔‧月摺包》，第2742箱，16包，94151號，同治二年

領導的添弟會，其起事規模，並不亞於林爽文天地會，而會
黨氣燄之盛，較之林爽文之役，則有過之而無不及。戴潮春
被擒後，添弟會北王洪欉、西王陳亞狗及各股首，仍率會黨
恃險頑抗，林文察、曾元福等統帶兵勇，轉戰各地，直至同
治三年（1864）十一月初十日北王洪欉中礮斃命，十一月二
十一日丑刻轟燬北勢湳庄，擒斬新立北王洪瑤以後，軍事始
正式告蕆。戴潮春之役，歷時將近三年，攻城掠地，裹脅二
十餘萬人，可以說是清代後期規模較大的臺灣會黨起事案
件。邵雍撰〈臺灣八卦會起義述略〉一文有一段分析云：

> 八卦會起義長達五年，起義軍控制彰化縣城將近二
> 年，但沒有創立和使用自己的年號，更沒有像太平軍
> 那樣有創立新朝的打算，因此在政治上缺乏較強的號
> 召力。起義軍內部組織也不夠嚴密，首先是缺乏統一
> 的領導，起義軍中各王都是自封的，戴潮春、林日成
> 等人的印章上都有「受命於天，既受永昌」的八個大
> 字，因此戴潮春不可能像太平天國東王楊秀清那樣去
> 節制其他諸王，行使指揮權。當初葉虎鞭出於地方觀
> 念，拒不受命前往攻打鹿港，戴潮春只好對此聽之任
> 之，沒有給他必要的批評和處分。八卦會的組織十分
> 分散，據說當時在彰化一地「股首有名號者三百六十
> 餘人，其領簿為小頭者無算。」總的來說，八卦會各
> 股勢力基本上是各自為戰，自行其事的。其次，起義
> 軍內部不夠團結。儘管戴潮春在起義初期提出漳泉二
> 屬不相欺凌，方可協衷共濟，庶免分類之變，但這一
> 正確的主張，因缺乏必要的措施和保障而無法貫徹始

十二月十九日，曾元福等奏摺錄副。

終。在敵人的挑撥引誘下，泉州籍人分化了出來，除葉虎鞭、陳大慧投敵外，還有不少泉民加入了「義民」的隊伍，與起義軍為敵，如泉州二十四庄、快官三十五庄和美線街等處的情況即是如此。除了有漳、泉地域觀念之分外，起義軍首領們在失利時還互相埋怨，以致自相殘殺，如在大甲率眾響應起義的王和尚，後來在反攻大甲時因「譖陳梓生攻城不力，為梓生所殺」。另外，起義軍在軍事上不夠靈活，他們集主力長期圍攻嘉義，喪失了主動權。如果在形勢逆轉時，起義軍能及時進入內山，以此為根據地，那麼八卦會起義持續的時間很可能會更長一些。儘管八卦會起義存在上述失誤，但這次起義仍是應當充分肯定的，它再一次清楚地表現了臺灣人民不甘屈服清朝統治的可貴的革命鬥爭精神[52]。

　　戴潮春之役，在政治上缺乏號召力，會黨內部組織分散，缺乏統一的領導，各股勢力各自為戰，內部不夠團結，在軍事行動上喪失主動權，漳、泉分類意識十分濃厚等等，都是加速添弟會失敗的主要因素。但是，戴潮春起事，並不符合臺灣移民及原住民的整體利益，添弟會蔓延日廣，對臺灣社會造成了嚴重的侵蝕作用，付出了重大的社會成本。因此，戴潮春等倡立添弟會，領導會黨起事，是否應當加以充分肯定，是有待商榷的。

52　邵雍撰〈臺灣八卦會起義述略〉，《歷史檔案》，1990年，4期，頁101。

諭軍機大臣等，前據孫爾準奏，現在臺灣匪徒大肆
滋事，蓋因匪徒劫掠，擾害閭閻，黃潤等回閩，再圖匪徒
伏查結報，該地方文武官員若能即時至案，迅速往查李孝
勢，辦已使之良民多方保護，實為元惡已辦，現在李孝
理，鎮將拿獲匪犯多名，分別正法，其中匪犯其餘在逃
類，緝之明諳該地方，其餘各員功過，分別已止，具奏已經辦
著，即查明其時設法設計拿獲首惡，勒限安緝全獲
案辦，故將名將拿獲，別據其已辦，現在查拿
彩，提拔水決其汛，匪械鬥已復，勾結相率，其中狂港地方
未淨仿其匪情，於此彩化情形，元為可決水同妥須安
方，被據該督現報即飭令一律歸取，壹明戶口，給發銀兩安
述，墾論務分山上使一夫夫所進逐條查至決出
盡，豪傑分路逃捕涉淨盡三港地方查擒各汛出
武員弁分撥研訊附近兵力若數散勦匪徒
屬之區即督諸弁嚴拏察現在應辦槑撫勦撫
閩酌決暑督查察事辦現在安協理詞表任其分反
將決暑光查諳通之千總關捌協恭協同
泰捕之千總周兆麟等賞勦協恭賞加以
守備衛正賞設百里諭令知之
示戴編將此由四知之以